Essays in Persuasion
• 1931 •

约翰·梅纳德·凯恩斯文集

JOHN MAYNARD KEYNES

劝说集

[英]约翰·梅纳德·凯恩斯 著

李井奎 译

复旦大学出版社

中文版总序

约翰·梅纳德·凯恩斯 (John Maynard Keynes, 1883—1946) 是 20 世纪上半叶英国最杰出的经济学家和现代经济学理论的创新者, 也是世界公认的 20 世纪最有影响的经济学家。凯恩斯因开创了现代经济学的"凯恩斯革命"而称著于世, 被后人称为"宏观经济学之父"。凯恩斯不但对现代经济学理论的发展作出了许多原创性的贡献, 也对二战后世界各国政府的经济政策的制定产生了巨大而深远的影响。他逝世 50 多年后, 在 1998 年的美国经济学会年会上, 经过 150 名经济学家的投票, 凯恩斯被评为 20 世纪最有影响力的经济学家 (芝加哥学派的经济学家米尔顿·弗里德曼则排名第二)。

为了在中文语境里方便人们研究凯恩斯的思想, 李井奎教授翻译了这套《约翰·梅纳德·凯恩斯文集》。作为这套《约翰·梅纳德·凯恩斯文集》中文版的总序, 这里不评述凯恩斯的经济学思想和理论, 而只是结合凯恩斯的生平简略地介绍一下他的著作写作过程, 随后回顾一下中文版的凯恩斯的著作和思想传播及翻译过程, 最后略谈一下翻译这套《约翰·梅纳德·凯恩斯文集》的意义。

一

1883 年 6 月 5 日, 约翰·梅纳德·凯恩斯出生于英格兰的剑桥郡。凯恩斯的父亲约翰·内维尔·凯恩斯 (John Neville Keynes, 1852—1949) 是剑桥大学的一位经济学家, 曾出版过《政治经济学的范围与方法》(1891) 一书。

凯恩斯的母亲佛洛伦丝·艾达·凯恩斯（Florence Ada Keynes, 1861—1958）也是剑桥大学的毕业生，曾在20世纪30年代做过剑桥市的市长。1897年9月，年幼的凯恩斯以优异的成绩进入伊顿公学（Eton College），主修数学。1902年，凯恩斯从伊顿公学毕业后，获得数学及古典文学奖学金，进入剑桥大学国王学院（King's College）学习。1905年毕业后，凯恩斯获剑桥文学硕士学位。毕业后，凯恩斯又留剑桥一年，师从马歇尔和庇古学习经济学，并准备英国的文官考试。

1906年，凯恩斯以第二名的成绩通过了文官考试，入职英国政府的印度事务部。在其任职期间，凯恩斯撰写了他的第一部经济学著作《印度的通货与金融》（*Indian Currency and Finance*, 1913）。

1908年凯恩斯辞去印度事务部的职务，回到剑桥大学任经济学讲师，至1915年。他在剑桥大学所讲授的部分课程的讲稿被保存了下来，收录于英文版的《凯恩斯全集》（*The Collected Writings of John Maynard Keynes*, London: Macmillan, 1971—1983）第12卷。

在剑桥任教期间，1909年凯恩斯以一篇讨论概率论的论文入选剑桥大学国王学院院士，而以另一篇关于指数的论文获亚当·斯密奖。凯恩斯的这篇概率论的论文之后稍经补充，于1921年以《论概率》（*A Treatise on Probability*）为书名出版。这部著作至今仍被认为是这一领域中极具开拓性的著作。

第一次世界大战爆发不久，凯恩斯离开了剑桥，到英国财政部工作。1919年初，凯恩斯作为英国财政部的首席代表出席巴黎和会。同年6月，由于对巴黎和会要签订的《凡尔赛和约》中有关德国战败赔偿及其疆界方面的苛刻条款强烈不满，凯恩斯辞去了英国谈判代表团中首席代表的职务，重回剑桥大学任教。随后，凯恩斯撰写并出版了《和平的经济后果》（*The Economic Consequences of the Peace*, 1919）一书。在这部著作中，凯恩斯严厉批评了《凡尔赛和约》，其中也包含一些经济学的论述，如对失业、通货膨胀和贸易失衡问题的讨论。这实际上为凯恩斯在之后研究就业、利息和货币问题埋下了伏笔。这部著作随后被翻译成多种文字，使凯恩斯本人顷刻之间成了世界名人。自此以后，"在两次世界大战之间英国出现的一些经济问题上，更确切地说，在整个西方世界面临的所有重大经济问题上，都能听到凯恩斯的声音，于是他成了一个国际性的人物"（Patinkin，2008，p.687）。这一时期，凯恩斯在剑桥大学任教的同时，撰写了大量经济学的文章。

1923年，凯恩斯出版了《货币改革论》（*A Tract on Monetary Reform*，1923）。在这本书中，凯恩斯分析了货币价值的变化对经济社会的影响，提出在法定货币出现后，货币贬值实际上有一种政府征税的效应。凯恩斯还分析了通货膨胀和通货紧缩对投资者和社会各阶层的影响，讨论了货币购买力不稳定所造成的恶果以及政府财政紧缩所产生的社会福利影响。在这本著作中，凯恩斯还提出了他自己基于剑桥方程而修改的货币数量论，分析了一种货币的平价购买力，及其与汇率的关系，最后提出政府货币政策的目标应该是保持币值的稳定。凯恩斯还明确指出，虽然通货膨胀和通货紧缩都有不公平的效应，但在一定情况下通货紧缩比通货膨胀更坏。在这本书中，凯恩斯还明确表示反对在一战前的水平上恢复金本位制，而主张实行政府人为管理的货币，以保证稳定的国内物价水平。

1925年，凯恩斯与俄国芭蕾舞演员莉迪亚·洛波科娃（Lydia Lopokova，1892—1981）结婚，婚后的两人美满幸福，但没有子嗣。

《货币改革论》出版不到一年，凯恩斯就开始撰写他的两卷本的著作《货币论》（*A Treatise on Money*，1930）。这部著作凯恩斯断断续续地写了5年多，到1930年12月才由英国的麦克米兰出版社出版。与《货币改革论》主要是关心现行政策有所不同，《货币论》则是一本纯货币理论的著作。"从传统的学术观点来看，《货币论》确实是凯恩斯最雄心勃勃和最看重的一部著作。这部著作分为'货币的纯理论'和'货币的应用理论'上下两卷，旨在使他自己能获得与他在公共事务中已经获得的声誉相匹配的学术声誉。"

(Patinkin, 2008, p.689)该书出版后,凯恩斯在1936年6月"哈里斯基金会"所做的一场题为"论失业的经济分析"的讲演中,宣称"这本书就是我要向你们展示的秘密——一把科学地解释繁荣与衰退(以及其他我应该阐明的现象)的钥匙"(Keynes, 1971—1983, vol.13, p.354)。但是凯恩斯的希望落了空。这部书一出版,就受到了丹尼斯·罗伯逊(Dennis Robertson)、哈耶克(F. A. von Hayek)和冈纳·缪尔达尔(Gunnar Myrdal)等经济学家的尖锐批评。这些批评促使凯恩斯在《货币论》出版后不久就开始着手撰写另一本新书,这本书就是后来的著名的《就业、利息和货币通论》(Keynes, 1936)。

实际上,在这一时期,凯恩斯广泛参与了英国政府的经济政策的制定和各种公共活动,发表了多次讲演,在1931年凯恩斯出版了一部《劝说集》(*Essays in Persuasion*, 1931),其中荟集了著名的凯恩斯关于"丘吉尔先生政策的经济后果"(The Economic Consequence of Mr Churchill, 1923)、"自由放任的终结"(The End of Laissez-faire, 1926)等小册子、论文和讲演稿。1933年,凯恩斯出版了《通往繁荣之路》(*The Means to Prosperity*, 1933),同年还出版了一本有关几个经济学家学术生平的《传记文集》(*Essays in Biography*, 1933)。

在极其繁忙的剑桥的教学和财务管理工作、《经济学杂志》的主编工作及广泛的社会公共事务等等活动间歇,凯恩斯在1934年底完成了《就业、利息和货币通论》(《通论》)的初稿。经过反复修改和广泛征求经济学家同行们的批评意见和建议后完稿,于1936年1月由英国麦克米兰出版社出版。在《通论》中,凯恩斯创造了许多经济学的新概念,如总供给、总需求、有效需求、流动性偏好、边际消费倾向、乘数、预期收益、资本边际效率、充分就业,等等,运用这些新的概念和总量分析方法,凯恩斯阐述了在现代市场经济中收入和就业波动之间的关系。他认为,按照古典经济学的市场法则,通过供给自行创造需求来实现市场自动调节的充分就业是不可能的。因为社会的就业量决定于有效需求的大小,后者由三个基本心理因素与货币量决定。这三个基本心理因素是:消费倾向,对资本资产未来收益的预期,对货币的流动偏好(用货币形式保持自己收入或财富的心理动机)。结果,消费增长往往赶不上收入的增长,储蓄在收入中所占的比重增大,这就引起消费需求不足。对资本资产未来收益的预期决定了资本边际效率,企业家对预期的信心不足往往会造成投资不足。流动偏好和货币数量决定利息率。利息率高,会对投资产生不利影响,也自然会造成投资不足。结果,社会就业量在未达到充分就业之前就停止增加了,从而出现大量失业。凯恩斯在就业、利息和货币的一般理论分析基础上所得出的政策结论就是,应该放弃市场的自由放任原则,增加货币供给,降低利率以刺激消费,增加投资,从而保证社会有足够的有效需求,实现充分就业。这样,与古典经济学家和马歇尔的新古典经济学的理论分析有所不同,凯恩斯实际上开创了经济学的总量分析。凯恩斯也因之被称为"宏观经济学之父"。实际上,凯恩斯自己也更加看重这本著作。在广为引用的凯恩斯于 1935 年 1 月 1 日写给萧伯纳(George Bernard Shaw)的信中,在谈到他基本上完成了《就业、利息和货币通论》这部著作时,凯恩斯说:"我相信自己正在撰写一本颇具革命性的经济理论的书,我不敢说这本书立即——但在未来 10 年中,将会在很大程度上改变全世界思考经济问题的方式。当我的崭新理论被人们所充分接受并与政治、情感和激情相结合,它对行动和事务所产生的影响的最后结果如何,我是难以预计的。但是肯定将会产生一个巨变……"(转引自 Harrod,1950,p.545)诚如凯恩斯本人所预期到的,这本书出版后,确实引发了经济学中的一场革命,这在后来被学界广泛称为"凯恩斯革命"。正如保罗·萨缪尔森在他的著名的《经济学》(第 10 版)中所言:"新古典经济学的弱点在于它缺乏一个成熟的宏观经济学来与它过分成熟的微观经济学相适应。终于随着大萧条的出现而有了新的突破,约翰·梅纳德·凯恩斯出版了《就业、利息和货币通论》(1936)。从此以后,经济学就不再是以前的经济学了。"(Samuelson,1976,p.845)

在《通论》出版之后，凯恩斯立即成为在全世界有巨大影响的经济学家，他本人也实际上成了一位英国的杰出政治家（statesman）。1940年，凯恩斯重新回到了英国财政部，担任财政部的顾问，参与二战时期英国政府一些财政、金融和货币问题的决策。自《通论》出版后到第二次世界大战期间，凯恩斯曾做过许多讲演，这一时期的讲演和论文，汇集成了一本名为《如何筹措战费》(*How to Pay for the War*, 1940) 的小册子。1940年2月，在凯恩斯的倡议下，英国政府开始编制国民收入统计，使国家经济政策的制定有了必要的工具。因为凯恩斯在经济学理论和英国政府经济政策制定方面的巨大贡献，加上长期担任《经济学杂志》主编和英国皇家经济学会会长，1929年他被选为英国科学院院士，并于1942年被英国国王乔治六世（George VI）晋封为勋爵。

自从1940年回到英国财政部，凯恩斯还多次作为英国政府的特使和专家代表去美国进行谈判并参加各种会议。1944年7月，凯恩斯率英国政府代表团出席布雷顿森林会议，并成为国际货币基金组织和国际复兴与开发银行（后来的世界银行）的英国理事，在1946年3月召开的这两个组织的第一次会议上，凯恩斯当选为世界银行第一任总裁。

这一时期，凯恩斯除了继续担任《经济学杂志》的主编外，还大量参与英国政府的宏观经济政策的制定和社会公共活动。极其紧张的生活和工作节奏，以及代表英国在国际上的艰苦的谈判，开始损害凯恩斯的健康。从1943年秋天开始，凯恩斯的身体健康开始走下坡路。到1945年从美国谈判回来后，凯恩斯已经疲惫不堪，处于半死不活的状态（Skidelsky, 2003, part 7）。1946年4月21日，凯恩斯因心脏病突发在萨塞克斯（Sussex）家中逝世。凯恩斯逝世后，英国《泰晤士报》为凯恩斯所撰写的讣告中说："要想找到一位在影响上能与之相比的经济学家，我们必须上溯到亚当·斯密。"连长期与凯恩斯进行理论论战的学术对手哈耶克在悼念凯恩斯的文章中也写道："他是我认识的一位真正的伟人，我对他的敬仰是无止境的。这个世界没有他将变得更糟糕。"（Skidelsky, 2003, p.833）半个多世纪后，凯恩斯传记的权威作者罗伯特·斯基德尔斯基在其1 000多页的《凯恩斯传》的最后说："思想不会很快随风飘去，只要这个世界需要，凯恩斯的思想就会一直存在下去。"（同上，p.853）

二

1929—1933年，西方世界陷入了有史以来最为严重的经济危机。面对这场突如其来的大萧条，主要西方国家纷纷放弃了原有自由市场经济的传统政策，政府开始以各种形式干预经济运行，乃至对经济实施管制。当时，世界上出现了德国和意大利的法西斯主义统制经济及美国罗斯福新政等多种国家干预经济的形式。第二次世界大战期间，许多西方国家按照凯恩斯经济理论制定和实施了一系列国家干预的政策和措施。凯恩斯的经济理论随即在世界范围内得到广泛传播。这一时期的中国，正处在南京国民政府的统治之下。民国时期的中国经济也同样受到了世界经济大萧条的冲击。在这样的背景之下，中国的经济学家开始介绍凯恩斯的经济理论，凯恩斯的一些著作开始被翻译和介绍到中国。从目前来看，最早将凯恩斯的著作翻译成中文的是杭立武，他翻译的《自由放任的终结》（书名被翻译为《放任主义告终论》，凯恩斯也被译作"坎恩斯"），1930年由北京一家出版社出版。凯恩斯1940年出版的小册子《如何筹措战费》，也很快被翻译成中文，由殷锡琪和曾鲁两位译者翻译，由中国农民银行经济研究处1941年出版印行。在民国时期，尽管国内有许多经济学家如杨端六、卢逢清、王烈望、刘觉民、陈国庆、李权时、陈岱孙、马寅初、巫宝三、杭立武、姚庆三、徐毓枬、滕茂桐、唐庆永、樊弘、罗蘅苏、胡代光、刘涤源和雍文远等人，都用中文介绍了凯恩斯的经济学理论，包括他的货币理论和财政理论，但由于凯恩斯的货币经济学著作极其艰涩难懂，他的主要经济学著作在民国时期并没有被翻译成中文。这一时期，凯恩斯的经济学理论也受到一些中国经济学家的批评和商榷，如哈耶克的弟子、时任北京大学经济学教授的蒋硕杰,等等。

在中文语境下,最早完成凯恩斯《通论》翻译的是徐毓枬。徐毓枬曾在剑桥大学攻读经济学博士,还听过凯恩斯的课。从剑桥回国后,徐毓枬在中国的高校中讲授过凯恩斯的经济学理论。实际上,早在1948年徐毓枬就完成了《通论》的翻译,但经过各种波折,直到1957年才由三联书店出版。后来,徐毓枬翻译的凯恩斯的《通论》中译本也被收入商务印书馆的"汉译世界学术名著丛书"(见宋丽智、邹进文,2015,第133页)。1999年,高鸿业教授重译了凯恩斯的《通论》,目前是在国内被引用最多和最权威的译本。2007年南海出版公司曾出版了李欣全翻译的《通论》,但在国内并不是很流行。1962年,商务印书馆出版过由蔡受百翻译的凯恩斯的《劝说集》。凯恩斯的《货币论》到1997年才被完整地翻译为中文,上卷的译者是何瑞英(1986年出版),下卷则由蔡谦、范定九和王祖廉三位译者翻译,刘涤源先生则为之写了一篇中译本序言,后来,这套中译本也被收入商务印书馆的"汉译世界学术名著丛书"。2008年,陕西师范大学出版社出版了凯恩斯《货币论》另一个汉译本,上卷由周辉翻译,下卷由刘志军翻译。凯恩斯的《和约的经济后果》由张军和贾晓屹两位译者翻译成中文,由华夏出版社2008年出版。凯恩斯的《印度的货币与金融》则由安佳翻译成中文,由商务印书馆2013年出版。凯恩斯的《货币改革论》这本小册子,多年一直没见到甚好的中译本,直到2000年,才由改革出版社出版了一套由李春荣和崔铁醴编辑翻译的《凯恩斯文集》上中下卷,上卷中包含凯恩斯的《货币改革论》的短篇,由王利娜、陈丽青和李晶翻译。到2013年,中国社会科学出版社重新出版了这套《凯恩斯文集》,分为上、中、下三卷,由李春荣和崔人元主持编译。

三

尽管凯恩斯是20世纪最有影响力的经济学家,但是,由于其经济学理论尤其难懂且前后理论观点多变,英语语言又极其优美和灵活,加上各种各样的社会原因,到目前为止,英文版的30卷《凯恩斯全集》还没有被翻译成中文。鉴于这种状况,李井奎教授从2010年之后就致力于系统地翻译凯恩斯的主要著作,先后翻译出版了《劝说集》(2016)、《通往繁荣之路》(2016)、《〈凡尔赛和约〉的经济后果》(2017)、《货币改革略论》(2017)。这些译本将陆续重新收集在本套丛书中,加上李井奎教授重译的凯恩斯的《货币论》《印度的通货与金融》《就业、利息和货币通论》,以及新译的《论概率》《传记文集》等,合起来就构成这套完整的《约翰·梅纳德·凯恩斯文集》。这样,实际上凯恩斯出版过的主要著作绝大部分都将被翻译成中文。

自1978年改革开放以来,中国开启了从中央计划经济向市场经济的制度转型。到目前为止,中国已经基本形成了一个现代市场经济体制。在中国市场化改革的过程中,1993年中国的国民经济核算体系已经从苏联、东欧计划经济国家采用的物质产品平衡表体系(简称MPS)的"社会总产值",转变为西方成熟市场经济体制国家采用的国民经济统计体系(简称SNA核算)从而国内生产总值(GDP)已成了中国国民经济核算的核心指标,也就与世界各国的国民经济核算体系接轨了。随之,中国政府的宏观经济管理包括总需求、总供给、CPI、货币、金融、财政和汇率政策,也基本上完全与现代市场经济国家接轨了。这样一来,实际上指导中国整个国家的经济运行的经济理论也不再是古典经济学理论和斯大林的计划经济理论了。

现代的经济学理论,尤其是宏观经济学理论,在很大程度上可以说是由凯恩斯所开创的经济学理论。但是,由于一些经济学流派实际上并不认同凯恩斯的经济学理论,在国际和国内仍然常常出现一些对凯恩斯经济学的商榷和批判,尤其是凯恩斯经济学所主张的政府对市场经济过程的干预(实际上世界各国政府都在这样做),为一些学派的经济学家所诟病。更为甚者,一些经济学人实际上并没有认真读过凯恩斯的经济学原著,就对凯恩斯本人及其经济学理论(与各种各样的凯恩斯主义经济学有区别,英文为"Keynesian economics")进行各种各样的批判,实际上在许多方面误读了凯恩斯原本的经济学理论和主张。在此情况下，系统地把凯恩斯的主要著作由英文翻译成中文，以给中文读者一个较为容易理解和可信的文本，对全面、系统和较精确地理解凯恩斯本人的经济学理论，乃至对未来中国的理论经济学的发展和经济改革的推进，都有着深远的理论与现实意义。

是为这套《约翰·梅纳德·凯恩斯文集》的总序。

韦　森

2020 年 7 月 5 日谨识于复旦大学

参考文献

Harrod, Roy, 1951, *The Life of John Maynard Keynes*, London：Macmillan.

Keynes, John Maynard, 1971-1983, *The Collective Writings of John Maynard Keynes*, 30 vols., eds. by Elizabeth S. Johnson, Donald E., Moggridge for the Royal Economic Society, London：Macmillan.

Patinkin, Don, 2008, "Keynes, John Maynard", in Steven N. Durlauf & Lawrence E. Blume eds., *The New Palgrave Dictionary of Economics*, 2nd ed., London：Macmillan, vol.4, pp.687-717.

Samuelson, Paul A., 1976, *Economics*, 10th ed., New York：McGraw-Hill.

Skidelsky, Robert, 2003, *John Maynard Keynes 1883-1946：Economist, Philosopher, Statesman*, London：Penguin Book.

宋丽智、邹进文：《凯恩斯经济思想在近代中国的传播与影响》，《近代史研究》，2015 年第 1 期，第 126—138 页。

绪　言

本书汇集了一个无人肯听的预言家十二年来从未止息的拳拳之语。十二年来,他的话从来未能影响到事态的进展。也许,将这本书命名为"预言与劝说",倒更为恰切一些。不幸的是,**预言**往往而中,而**劝说**却常常只是徒劳。但是,本书中大部分文字都是在这种意在劝说的精神下写就的,目的就是想能够影响舆论。在本书中的很多文章发表之时,常有人认为它们措辞偏激,出言粗率。但我却认为,今天的读者若能试读一二,掩卷思之,必能认识到之所以有人会对本书中的文字有那样的印象,多半是因为它们与当时时代的情感和舆论往往相左的缘故,而不是因为它们自身真的是偏激、粗率之文。恰恰相反,虽然我作为一个当事者,未免会心怀偏颇,但是重温这些文字之后,我感到,其言过之者寡,而犹尚不足者多。所以如此,也是当时的写作环境使然。因为我在写作这些篇章的时候,即已痛苦地意识到,必有大群当事之人对我起而攻之,附和者必然寥寥,所以我必须煞费苦心地对那些不能佐证之事尽量避而不谈。而今思之,彼时我常怀惕厉,语气温婉,必不使所言出于我所确信及证据所及之范围,尚历历如昨。

本书中所汇集的这些文章,很自然地被分为五个部分,适才所述,仅适用于前面三个部分而不包括后两个部分;前面这三个部分,所关涉的正是过去十年大论战的三项论题——和平条约与战争赔款、通货紧缩政策和金本位的恢复[1]。对于这三项论题，我都曾勠力以赴，投身其中进行辩论。事实上，这三项论题在多个方面都有联系，而后面两个的联系则尤为紧密。在这些文章的写作上，作者往往都是**匆忙**草就，不顾一切地迫切希望能够及时说服一众读者。但是在本书后面两个部分里，时间的车马则较少带来干扰的喧嚣。于此，作者意在洞彻更为遥远的将来，对于那些需要缓慢的演化过程才能予以明辨的事务，能够虑之再三方始落笔。相对而言，在这些问题的思考上，作者也更为从容和冷静。这两个部分的文字，较清楚地显露出了本书作者实际上始终关注着的核心主题：深信匮乏与贫穷的问题以及阶级和国家之间的经济斗争——我们可以简略地称之为经济问题，只不过是一种令人感到憎恶的混乱状态，一种转眼即去且**毫无必要**的混乱状态而已。西方世界已经拥有了足够的资源和技术条件，若能创生出一个体制来将这些资源和技术条件加以利用，就可以减轻这个现在已经牵扯了我们很多精神和物质能量的经济问题的重要性，使之降到相对次要的位置。

这样来看，作者的这些文字，言之拳拳，仍是希望并坚信，经济问题退居其次，回到它本来应在的位置上去，时日已然不会太久，我们心灵和头脑的舞台将会重新被那些真正的问题所占据。人生的问题，人类关系的问题，艺术创造、品行修养和宗教虔敬的问题，这才是我们人类真正的问题。而且从经济分析中，恰恰可以得到信仰何以会在经济中

---

[1] 在我们恢复金本位之前的 1923 年，我就写过一篇题为《关于未来货币调节的一些有益的建议》的文章，本书把它作为第三部分的第三篇予以转录，时至今日，我仍然坚信这篇文章中所提出的那些主张。虽然现在我们恢复了金本位制度，但是这些建议仍未失效。而对那些想了解本书作者会如何处理当前货币问题的读者，也可以从这篇文章中窥其大略。

发挥作用的微妙原因。如果我们在一种乐观的假想状态下不懈努力,那么,这种假想状态反倒极可能被我们变为现实;而如果总是沉湎于一种悲观的假想状态下行事,那么,我们只会让自身永远深陷困乏之境而难以自拔。

本书选入的这些篇章综采作者曾经发表过的那些著作、小册子或报纸与杂志的文章,汇为一卷,而未详加分类。处理的方法往往是,对于那些看起来对所表达的主旨有些多余或没有必要,以及时人对于事件的经过已无兴趣的段落,就信手删去了(并未在文中予以明言);而对于留存下来的部分,则未做改动。本书新加入的那些解释性注脚,则被放在了方括号中。作者努力确保本书所做的删节不管在哪一个方面都没有改变原文的立场和观点。但是对于那些喜好打破砂锅问到底的研究者——如果确有这类人士在的话——在本书最后给出的文献来源列表中,我还是注明了每篇文章的出处,在这些地方可以找到当初发表时的原文。[1]

我挑选这样的日子来出版此书,可谓正当其时,因为我们当下正站在事态转变的关节点上。人们把它称为是一场国家危机。但这是不确的,因为对于英国来说这场危机已经过去。整个国家暂时处于一种间歇的平静时期。此时正是1931年秋天,前后顾盼,我们只不过是在两大悬崖飞瀑之间平静的水潭边,略作小憩而已。最为主要的是,我们已经重新获得了选择的自由权。时至今日,在英国已经很少有人还会相信《凡尔赛和约》,或者战前的金本位制度,抑或通货紧缩政策。在这些战斗方面,我们已经取得了胜利——这主要是依靠事态发展难以抗拒的压

---

[1] 在本书中,我是以每篇篇首译者脚注的形式给出的,没有再于书后给出原文发表的出处。——译者注

力,其次只能是陈腐的陋见逐渐散去所致。但是,我们大多数人对于下一步该如何走,我们打算如何利用这重新获得的自由选择权,仍然只是具有一种模糊的认识罢了。鉴于往事,有资于治道,因此,通过提醒读者我们所走过的那些过去、当时事态又何以至此,以及我们所犯下的错误之性质,我乐于奉上我所提出的解决办法。

约翰·梅纳德·凯恩斯

1931 年 11 月 8 日

目录

001 / 中文版总序

001 / 绪言

001 / **第一部分　和平条约**

003 / 　1　巴黎（1919年）

007 / 　2　德国的赔偿能力（1919年）

016 / 　3　关于欧洲重建的建议（1919年）

035 / 　4　舆论的转变（1921年）

040 / 　5　战争债务和美国

059 / **第二部分　通货膨胀与通货紧缩**

061 / 　1　通胀（1919年）

063 / 　2　币值变动的社会后果（1923年）

081 / 　3　法国法郎

091 / 　4　劳合·乔治能够做到吗？——经受得住检验的承诺

104 / 　5　1930年的大萧条（1930年）

114 / 　6　关于节俭（1931年）

131 / 　7　币值崩溃对银行的影响（1931年8月）

141 / **第三部分　回归金本位**

143 / 　1　对黄金的贪婪（1930年9月）

148 /	2	货币政策的若干不同目标（1923 年）
170 /	3	关于未来如何调节货币的正面建议（1923 年）
176 /	4	银行行长们的发言（1924—1927 年）
195 /	5	丘吉尔先生政策的经济后果（1925 年）
217 /	6	通过关税政策来缓和当前的事态
231 /	7	金本位制度的终结（1931 年 9 月 27 日）

237 / **第四部分　政治**

239 /	1	俄罗斯掠影（1925 年）
254 /	2	自由放任主义的终结
263 /	3	我是一名自由党人吗？
276 /	4	自由主义与工党

283 / **第五部分　未来的展望**

| 285 / | 1 | 克里索尔德 |
| 293 / | 2 | 我们孙辈的经济可能性 |

309 / **译者跋**

第一部分　和平条约

1　巴黎（1919年）[1]

随遇而安、顺应环境的能力，可谓是人类的一大显著特征。我们当中几乎没有谁真正明确地认识到，在过去半个世纪，西欧赖以生存的经济体制所具有的那种极不寻常、变动不居、复杂而又难以依靠的临时特性。我们常把自己最近所获得的一些极为特殊、转瞬即逝的有利条件视为当然，自以为它们会是长久而可靠的，并以此来谋划将来。在这种脆弱性和临时性兼具的基础之上，我们设计社会改良之道，整饬政治纲领，延续着我们的仇恨和某些特别的野心，自以为是地以为我们有足够的资本来对欧洲大家庭内部的冲突推波助澜，而非息事宁人。德国人民受荒唐透顶的妄念和不顾后果的利己之心驱使，倾覆了我们所建立的赖以生活的基础。而英法两国人民的代言者们又以凡尔赛和约而冒彻底倾覆之危，步德国人的后尘。如果这份和约一旦实施，则本当予以修复之际，却又必将使得这个已经受到战争摧残的脆弱、复杂的体制进一步恶化，至于无可收拾。而正是通过这一体制，欧洲各族人民才实现了丰赡自足和安居乐业。

在英国，生活的表象丝毫没有让我们感受或认识到一个时代已经

---

[1]　本篇摘自《〈凡尔赛和约〉的经济后果》，第一章，"绪论"。——译者注

过去。我们忙着将过去所丢失掉的生活重新弥补起来，唯一不同的是，比起以前，我们很多人看上去要富裕得多。在战前我们花费几百万的地方，如今花费数亿也毫不为意。很显然，我们尚未最大限度地利用经济生活的全部潜力。有鉴于此，我们不仅希望重新安享 1914 年时的那种舒适的生活状态，甚至还希望能够生活得更加舒适，更加富足。所有阶层的人们都这样来擘画着将来的生活，有钱人花费更巨，储蓄更少，而穷人们则是花得更多，干得更少。

不过，可能也就是英国（和美国），对于此种情况才这般无知无识。在欧洲大陆，早已是地覆天翻，怨声载道，此种情形，已是人尽皆知。这已经不再仅仅是奢侈靡费之风或"劳工纠纷"那么简单的事情，而是关乎生死，挣扎于饥饿和生存之间，事关一个没落的文明令人可怖的混乱这样的重大问题了。

如果一个人在停战后的六个月里大部分时间在巴黎度过，那么他若偶然造访伦敦，会有恍如隔世之感。英国依然置身欧洲之外。欧洲那无声的震颤，对它毫无触动。似乎欧洲远在天边，英国不是欧洲这血肉之躯的一部分。但是，欧洲毕竟与它是一体的。法兰西、德意志、意大利、奥地利、荷兰、俄罗斯、罗马尼亚和波兰，同气连枝，它们的结构和文明根本就是一体的。它们荣枯与共，既曾共历繁荣，在战争中这些国家的元气也都受到过不同程度的伤害，可能会一起衰败下去。尽管我们国家对这场战争也做出了巨大贡献和牺牲（美国与我们相类，尽管我们比他们还要少一些），但是在经济上我们却有置身事外之感。《巴黎和约》所具有的破坏性意义正在于此。如果欧洲内战以法国和意大利滥用其战胜国的一时之权力，摧毁目前已经一蹶不振的德国和奥匈帝国而告终的话，那么它们自己也会引火烧身，这是因为，它们与战败国在潜在的精神和经济方面均有着极深的渊源和千丝万缕的联系。至少，一个参加了巴黎和会，并在数月会期当中作为协约国最高经济委员会一员的英国人，就他个人的忧思和展望而言，他必然会转而站在一个欧洲人的立场上来看待这些问题。而这对他这个英国人来说可谓是一场从未有过的体验。在欧洲的神经中枢当中工作，他对英国的关注必将大幅减少，心头萦绕的一定是其他更加令人感到恐惧的凶兆。巴黎如同一场噩梦，每个人都被梦魇缠住了。这里弥漫着的是一种虚浮的场面之下大难将至的氛围；人们对摆在他们面前的重大事件束手无策，感到自身实在渺小以极；各类决策，意义混杂而且不切实际；轻率、盲目、傲慢、迷惘的呐喊，这些古代悲剧中的诸般元素，靡不毕集。安坐在法国宫廷富丽堂皇的大厅之上，我们可能会怀疑威尔逊[1]和克里蒙梭[2]自若的神情和如一的外表下，那非凡的仪表，是真实的面孔还是某些奇怪的戏剧或木偶戏中悲喜交集的面具？

与此同时，和会的各项进程都透着这种既非同一般的重要又全然无所谓的气氛。每一项决定似乎都关乎人类社会的未来命运；然而，又仿佛有一种声音无处不在：这些条约中的文字均非剀切之语——徒劳、没有意义、毫无效果，而又迂阔于事情。事态的进程朝向它们冥冥中注定的结局发展，政治家们的运筹帷幄显然对之毫无影响，这给我们一种

1　即托马斯·伍德罗·威尔逊（Thomas Woodrow Wilson, 1856—1924年），美国第28任总统。1912年总统大选中，由于西奥多·罗斯福和威廉·塔夫脱的竞争分散了共和党选票，威尔逊以民主党人身份当选总统。1916年，威尔逊以微弱优势战胜共和党候选人查尔斯·埃文斯·休斯，获得了连任。——译者注

2　又被译为乔治·克列孟梭（法语：Georges Clemenceau, 1841—1929年），法国政治家、新闻记者、法兰西第三共和国总理，法国近代史上少数几个最负盛名的政治家之一，他的政治生涯延续了半个多世纪，与法国多次重大政治事件紧密相连。为第一次世界大战协约国的胜利和《凡尔赛和约》的签订做出重要贡献，被当时欧洲人称为"胜利之父"。——译者注

极为强烈的印象,就好似托尔斯泰的《战争与和平》[1]以及哈代的《列王》[2]中所描述的那样:

> 岁月之神
>
> 看吧,那愚昧的芸芸众生,
>
> 他们丧失了一切远见和自制,
>
> 被本性的轻率鲁莽驱入了魔窟之门。
>
> 剩下来没有别的,
>
> 在强有力者只是复仇心炽,
>
> 在软弱无能者只是空怀一腔怒火如焚。
>
> 慈悲之神
>
> 为什么人类的意志,
>
> 会导成这样昏瞀的行动和心情?
>
> 岁月之神
>
> 我跟你说过这是在不知不觉中演进的,
>
> 就像被鬼迷了的一样,
>
> 是和非他们已经不能辨明。

---

[1] 即列夫·尼古拉耶维奇·托尔斯泰,19世纪末20世纪初俄国最伟大的文学家,也是世界文学史上最杰出的作家之一;其作品《战争与和平》于1865到1869年出版,一直被认为是世界上最伟大的小说之一,讲述的是欧洲拿破仑时期的俄罗斯所发生的事。——译者注

[2] 即英国诗人、小说家托马斯·哈代,《列王》是哈代于1903—1908年创作的关于拿破仑战争的三卷诗剧,是一部以战争为题材的史诗剧,主要用无韵诗写成。这里的三段诗歌即是凯恩斯从《列王》这部诗剧中摘录下来的,此处中译本参考了蔡受百先生的译诗。——译者注

2　德国的赔偿能力（1919年）[1]

经过这场战争，德国几乎失去了它的全部殖民地、海外联系、商业船只和国外的产业，割让了十分之一的土地和人口；三分之一的煤矿、四分之三的铁矿也不复为其所有。大战还造成了两百万青壮年死伤；人民饱受四年的饥馑之苦，背负着巨大的战争债务；通货贬值，购买力尚不及战前的七分之一。它的盟国及其领土均处于分崩离析之境；国内革命风起云涌，而布尔什维克主义的威胁又颇有大兵压境之势；四年鏖战，最终归于失败，无论在国力还是信心方面，都带给了它难以估量的打击。在如此情况之下，德国每年支付对外赔款的能力，势必大打折扣，不可能不受影响。

这些人尽皆知的事实，是如此地显明。然而对德国要求巨额赔款时所做的种种估测，大多却建立在这样的假设之上：德国未来所将进行的贸易，将远大于它昔日的规模。

为了达到条约所要求赔付的数额，其支付是以现金形式（或者干脆就是指外汇）还是部分地以实物形式（煤炭、燃料、木材等）来完成，并无关宏旨。无论如何，只有通过具体商品的出口，德国才能履行赔偿

---

[1] 本篇摘自《〈凡尔赛和约〉的经济后果》，第五章"赔款"。——译者注

义务，而将这些出口商品的所得转到赔款账户之内的方法，比较而言不过是细枝末节罢了。

除非我们能够在某种程度上回归问题的本源，只要有可能就充分利用所在的统计资料，否则对于德国所能赔付的总额度，我们只会陷于完全凭空臆测的境地。可以肯定，德国每年支付的赔款只能是来自它若干年内减少进口、增加出口，扩大的贸易顺差，也只有这样，方才能够进行有效的对外支付。德国终究要以商品来进行赔付，而且也只能是通过商品来赔付，无论这些商品是直接供应给协约国，还是卖给中立国，然后再将由此得到的中立国的债权移交给协约国，都是如此。因此，要估计这一过程可以达到什么样的程度，最为坚实可靠的依据，莫过于对德国战前的贸易收益进行分析。只有在这样的分析基础上，再辅之以这个国家总的财富生产能力的某些综合数据材料，才能对德国出口超过进口可能实现的最大限度，予以合理地推测。

1913 年，德国的进口总计为 5.38 亿英镑，扣除运输在途的商品和金银这些贵金属的价值之后，出口为 5.05 亿英镑。也就是说，进口要超过出口大约 3 300 万英镑。但是若要从 1913 年往前倒推五年，入超额的平均值还要比这个大得多，计有 7 400 万英镑。由是观之，不但德国战前用于新增对外投资的资金，而且还有其他一些用途征用的资金，均来自它当时所拥有的国外证券的利息，以及它在航运、外国银行业务等方面的利润。一旦它的商业船只、国外产业不复为其所有，而且它在国外的银行业务和其他诸般来自国外的收益来源均遭断绝，则原本德国有余力可以进行对外赔付的，如今却也到了无法自给的地步。因此，对于德国来说，当务之急必然是对消费和生产重新加以调整，以弥补现在的这种亏空。对于进口商品的使用，进一步厉行节约，对出口重加刺激，方可得到用于赔款的资金来源。

我们来略微浏览一下德国的主要出口项目：(1) 钢铁产品。由于德国损失了大量矿产资源，所以在这方面提高净出口已不大可能，倒是出现大幅下滑的可能性很大。(2) 机器。这方面有一些增加是有可能的。(3) 煤炭和焦炭。德国战前在这方面的净出口总额为2 200万英镑；协约国暂时认同2 000万吨为其当前的最大出口量，认为在将来某个时期可以达至4 000万吨的规模，这能否实现尚且是个未知之数；即便以2 000万吨为基础，根据战前价格来计，实际上我们也没有得到净出口额的增加。同时，如果照这个数量加以盘剥的话，则用煤炭来进行生产的那些制成品的出口额必将大幅下降。(4) 毛纺织品。如果羊毛原料这项出口无可增加，而就羊毛原料的供应而言，尚存其他方面供应的要求，因此不但出口难有增加之望，甚至还有减少的可能。(5) 棉纺织品。和毛纺织品的情况相类。(6) 粮食作物。以前从未有过出口，日后也绝无出口之可能。(7) 皮革制品。和毛纺织品的情况相类。

现在，对于战前德国的各项出口，我们已经列出了近乎半数，再无其他项目的商品出口额能够占到总出口额的3%及以上的了。德国还有什么其他商品可以用来进行赔付的呢？染料吗？这项商品在1913年的总值也只有1 000万英镑。玩具吗，碳酸钾吗？而这两项商品出口额加在一起也才300万英镑。即便对那些用于赔付的商品可以逐项详予说明，它们又能在什么样的市场上出售呢？要谨记的是，在我们心目中，商品的年出口总值并不是以千万而计，乃是以亿而计的。

至于进口，倒还有一些可说之处。生活标准的降低，对进口商品的消费倒可能会带来明显的缩减。但是，由上可知，很多大宗商品项目的进口下降，势必也会影响到出口量。

让我们来做一个尚不至称为愚蠢的最为乐观的估测吧！假设德国虽然遭受了重重打击，在资源、设备、市场和生产力均有缩减的情况下，经过一段时间之后,最终仍然可以增加出口、减少进口,从而以战前价格计算,每年可提高贸易顺差达 1 亿英镑。要实现这样的调整,首先必须得结束这种入超的状态,要知道,这一入超额在战前平均可达 7 400 万英镑;而我们姑且假设,虑及此点之后,德国每年还会有 5 000 万英镑的贸易盈余留存。假使战后的价格水平较之战前提高一倍,那么这笔贸易盈余额每年将达到 1 亿英镑之多。从政治、社会、人事以及纯粹的经济方面加以考虑,我怀疑德国在三十年时间之内是否有能力每年偿还这样的数额;但是要做出这样的推断并希望它能够有能力进行偿还,当然尚不至于被视为愚昧无知。

假设利息率为 5%,资本回报率为 1%,那么这一数字代表了资本总额的现值——约为 17 亿英镑。

因此,我们可以得出最终的结论,德国能够赔付的较为稳妥的极限数值当在 20 亿英镑,这包括了一切支付手段——直接可转移的财富、所割让的资产以及每年的赔偿。而究其实际的情况,我不认为它能够达到这样的极限程度。

就我目力所及,只有一个方面尚有增进前述论证所得数字的可能性;也即,如果德国的工人可以被遣至那些受到战争摧残的地区,从事重建的工作,则增进这一赔偿能力尚有余地。据闻,这类有限度的计划,已在考虑当中。像这样可以获得的新增贡献,到底能达到什么样的程度,取决于德国政府所能努力派遣出来的工人人数,除此之外还取决于相当长一段时期内比利时和法国的居民所愿容纳的人数。不管怎样,即便在若干年之内要想通过引入工人来从事实际的重建工作,以图取得超过(比如说)2.5 亿英镑的净现值,似乎也极为困难;就是这样,我们也无法证明在实践中这会是在以其他方式取得年赔偿额之外多得的净增额。

由此可知，如果把德国的赔付能力估计为 80 亿英镑，甚或 50 亿英镑，似都不在合理的可能范围之内。那些认为德国在战争赔款方面每年的赔付额可以高达数亿英镑的人士，对于他们认为这种赔付当以**何种具体的商品**来给出，这些具体的商品又当在**哪些市场**上予以出售，应该做出明确的说明。除非他们能够详加说明，为他们的结论提供某种坚实的论证，否则均不值得被我们所接受。

我要再提出三条附加性的条件，这些条件并不会影响到我前面对直接的实际目标所做的论证之效力。

第一，如果协约国在五到十年间能着力"培育"德国的贸易和工业，给它提供巨额贷款，同时在航运、食品和原材料方面充分地施以援手，帮它建立市场，在物质和精神方面尽力协助，使之成为即便不是全世界也是全欧洲最大的工业国家，那么经过一段时间之后，我们可以得到的实际上的赔偿总额可能要比前述估测的数字大得多；因为德国本身是具有超强的生产潜力的。

第二，在根据货币进行数字估计时，我假定我们国家货币单位价值的购买力没有出现什么重大的变化。而如果黄金的价值跌到只有现在价值的一半，甚至是十分之一，那么按照黄金价值进行赔偿的实际负担额也会同比发生下降。假如 1 金镑[1]的价值只比得上现在的 1 先令，那么德国以金镑来计算的赔偿能力当然要比我现在给出的大得多。

第三，我假定劳动力的产出性质和内容均无什么重大的变化。但是科学进步一日千里，未来如何难以估量，**或能**找到某些方法和设计，使得生活水准有一个整体的难以估测的飞跃，同样数量的产品所耗人力可能只会有现在所需的一小部分。若然如此，则不仅是战争赔偿，甚至

---

[1] 英国、爱尔兰等国本位货币"镑"的别称。——译者注

所有方面的"能力",都会发生变化。但是,**一切皆有可能**,并不能作为信口开河的依据。

的确,在1870年没有人能够预料到德国在1910年时的生产能力会怎么样。我们也无法期待能够为一代乃至更多代人一劳永逸地进行立法。人类经济条件的长期变化以及对于错误进行预测在智力上的局限,都可能使得我们不是在这里就是在那里犯下错误。作为理性的个体,我们只能就所能观察到的情况来制定政策,对于五年或十年左右的时间,或许还可以认为我们有着某种预见能力,可以放心地接纳这样的政策;而如果我们在关乎人类存亡的非常之时、自然秩序的重大变化或人类与自然关系面临鼎革之际,任其自然,置之不顾,倒也无可非议。对于德国在较长的时期之内进行战争赔款的能力如何,我们确无足够的认识,但是决不能以此为据(而我确实曾听到有人认为可以据此而做出判断),下出判断认为它可以支付达100亿英镑之巨的赔偿。

为什么这个世界对于政治家的连篇谎话却如此轻信呢?如果一定要给出一个解释的话,我倒认为,这种轻信可以部分地归为以下这些原因。

首先,战争的巨额支出、价格飞涨、通货贬值,使得价值单位完全无法稳定,这让我们在涉及财务方面的数字和量值时完全丧失了正常的理解和判断力。我们过去所认为的那种可能性的界限,已经被大大超越,而那些根据过去来预测未来的人,也就往往会出现错误。这使得普通民众无所适从,对于一切稍具权威的言辞均来者不拒,乐于倾听,就德国的赔偿能力而言,数字愈大,愈是中其下怀,对此反倒深信不疑了。

有时候一个荒诞不经的说法,对于那些明白事理的人来说还格外显得言之成理,对问题做了稍微深入的观察之后,往往会被这种言辞所迷惑。有些人将他们的结论建立在德国每年生产力的总剩余而不是它的净出口额上，以此来估计德国的赔偿能力，如此必然是大谬不然。例如，海尔弗里奇（Helfferich）估计德国在1913年的年财富增量为4亿到4.25亿英镑（抛开土地和资产货币价值的增加不算）。战前德国的军备支出每年在5 000万到1亿英镑之间，这一部分开支在战后可以省去不计。由此进行推断，它对协约国为什么不可以每年赔偿5亿英镑呢？如此粗陋的观点，却以一种强有力和曼妙的方式，博得了众人的好感，竟然达到了深入人心之境地。

但这种观点存在两点错误。首先，经过战争和和约的损害之后，德国每年的储蓄额将大大不如从前，如若在未来总是逐年从中提取而不能注入资金，则德国的储蓄额断难重新达到其以前的水平。而且，阿尔萨斯-洛林、波兰和上西里西亚这些地区的丧失，致使生产力的损失每年当不会少于5 000万英镑。德国在航运、国外投资、对外银行业务以及其他联系方面每年获取的利润约为5 000万英镑，这笔收入如今已化为乌有，不可复问。德国在军备上的支出固然可以省下来，但是它每年要承担的抚恤金，以现下估计当在2.5亿英镑，[1]两相比较，所省远不及所出，而且后者所体现的是在生产力方面的真正损失。德国的国内债务总计2 400亿马克，纵然我们可以将之视为国内分配而非生产力的问题，从而对这一内债的负担置之不理，但我们对于战争期间它所产生的对外债务、原材料存量的枯竭、牲畜的全部用尽、因肥料和人力的匮乏而在土地生产力方面所遭受的损失，以及因近五年的时间里失于整修和翻新而

---

[1] 此项支出原为50亿马克，但是由于马克贬值，故需将这一数字按购买力平价折算为英镑，对于抚恤金实际支出的货币负担，未免有些夸大，但是鉴于战争当中的伤亡使得国民生产力产生了真正的损失，就此而论，这里所给出的数字大概也不能算是夸大了。

造成的财富上的损失，却不能再视而不见了。如今的德国早已不是当年，与战前相比，它要穷困得多，且不说前面所虑及的那些原因，单以这里所说的这些因素来论，它未来储蓄额的下降至少不低于10%，也即每年减少4 000万英镑。

我们曾在其他的基础上认为，德国每年的赔偿支付额最大值应该不会超过1亿英镑，而就这里所列的这些因素来论，则它每年的剩余已经不及1亿英镑了。仍然会有这样一些反驳，认为我们没有虑及德国生活标准和享受水平方面的下降，而对于战败之敌，施予这样的惩罚也在情理之中，但是即便如此，上面的夸大之词仍然在计算方法上犯下了一个根本性的错误。要使国内投资可以利用的每年剩余，只能转变为对外出口可用的剩余，非有工作类别上的巨大变化不足以成其事。德国工人就国内的劳务提供而言尚称充裕而富有效率，倘在对外贸易上寻求出路，恐非易事。于此，我们又重新回到了讨论出口贸易时遇到的同样问题上来——德国工人在**哪些商品**的出口贸易上可以找到比以前大有提升的出路呢？要使工人们改弦易辙、去旧从新，绝非易事，这当中总会损失一些效率，还会造成资本支出的巨额增加。德国工人在国内能够为改进资本而生产出的每年剩余，无论在理论上还是实际上，都不是用来测度德国对外赔偿的每年支付额度的标尺。

我们不能把对德国赔偿问题的公平处理一概归为我们自己的公约或者经济上的事实。我们要使德国整整一个世代都处于奴役之中，降低数百万人的生活水准，剥夺一个民族的幸福，本身就是令人可憎和不愉快的——即便我们得遂所愿，即便这样真的能养肥我们，即便这样没有为整个欧洲文明播撒下腐朽的种子，它也仍然是令人感到非常可憎、非常不愉快的。有些人假正义之名，向世人宣示我们这种行为的正当性。

但是，在人类历史的重大事件面前，在各个民族神鬼难测的复杂命运面前，正义并不是这样简单就可以轻描淡写一笔带过的。如果我们的行为真的是在行正义之事，那么敌邦父母或统治者所犯下的错误，任何国家都没有权利以宗教的名义或天赋的道德观念来罪及他们的子孙。

3 关于欧洲重建的建议（1919年）[1]

I. 和约的修正

要使和约获得修正，我们可以采用什么样符合章程的办法呢？威尔逊总统和史末资将军（General Smuts）[2]相信，通过国际联盟盟约，可以保证消除许多由和约所带来的弊病，这表明，我们必须依靠国联才能使欧洲逐渐取得可以过得去的生活。史末资将军在和约上签字时曾称："有关领土方面的条款，将来需要加以修正。曾经的敌人，现在武装即已解除，处在和平环境之下，脾性当会归于温和，因此，现在所规定的一些保证事项，希望不久之后会与实际情况不再适应，从而有修正和约条款的必要。有些惩罚条款，在更为平静的心境下加以看待时，可能会逐渐被人们淡忘。所定的有些赔偿办法，如果强制执行，则会对整个欧洲的工业复兴造成严重打击，若能使之趋于温和、适中，酌情加以减免，于各方都有好处。……我相信，对于如何使欧洲摆脱这次大战所带来的灾祸，国际联盟必将会找到可行的路径。"1919年7月，威尔逊总统向参议院

1　本篇摘自《〈凡尔赛和约〉的经济后果》，第七章"补救"——译者注
2　即扬·克里斯蒂安·史末资（Jan Christiaan Smuts，1870—1950年），南非著名政治家和将军，还是一位律师和哲学家，生于英国开普殖民地，对国际联盟的成立做出过很大贡献。1917年，英国首相劳合·乔治邀请他参加英国战时内阁，一战结束后，他主张和德国签订温和的和平条约。——译者注

递交和约时曾这样表示，如果没有国联，"……要使德国在下一代人之内完成赔偿责任，对它在赔偿方面的长期持续的监督，可能会完全破产；和约所规定的行政安排和限制条件，经过重新考虑并再度修改之后，如果实施的时间太长，可能也不一定会带来持久的利益或完全的公平，也许会在实际上无法执行"。

两位国联的发起人都劝我们寄希望于这个国际组织，以实现事态朝有利的方向发展，那么，我们来看到底有多大的希望可以寄托在国际联盟的身上呢？在盟约第19款，可以找到与此相关的段落，内容如下：

> 如果国际联盟的议事会认为和约与现实有了不相适应的情况，考虑到国际局势的变化，继续下去会危及世界的和平，那么议事会可以随时向国际联盟成员国进行劝告，请它们重新加以考虑。

呜呼！而第5款又是这样说的，"除非本盟约另有明确规定，或经本和约条款明令，否则议事会或理事会会议的决定，须经与会的国联全部会员国一致同意，方可获得通过。"就对和约任何条款及时加以重新考虑这一点而言，这一条款是否将国联这个机构陷于仅仅是一个浪费时间的机构之地了呢？如果参与和约的所有各方一致认为需要对某点做出修改，那么根本就不需要成立一个联盟并制定盟约来执行这样的议案。退一步讲，即使国际联盟的议事会意见一致，它所发挥的作用也仅限于"劝告"各成员国重新加以考虑而已。

但是，支持成立国联的人士认为，国际联盟将会在它对世界公共舆论的影响下发挥作用。即便在法律上并没有什么效力，但多数派的观点也将会在实践中取得决定性的权重。让我们祝愿实际情况果能如此吧。然而，国际联盟在训练有素的欧洲外交家手中，很可能会变成一个制造障碍和拖延时机的绝佳工具。关于和约的修正，主要还不是托付给经常召开会议的理事会，而是交给议事会来管理，它召开会议的次数却要少得多。但凡对联盟国家之间召开大规模会议有着一定经验的人都知道，这样的集会其参加者背景殊异，语言庞杂，辩论过程开展迟滞，行动笨拙，最为重大的决议和最该当机立断的管理决策，到了关键时刻，往往流于形式，全无结果可言，最终所能取得各方赞同的，只能是维持现状而已。盟约中确实存在着两大致命的缺陷——第5条款，它规定必须在会员国之间取得一致同意；以及广受批评的第10条款，根据此款，"国际联盟各会员国对于一切会员国的领土完整和现有的政治独立要予以尊重，并且反对一切外来侵略"。和约中的这两款双管齐下，打破了把国联作为进步工具的想象，从一开始就埋下了偏见的伏笔，几乎必然要迈向维持现状一途了。正是这些条款，迎合了一些国联最初的反对者的心态，他们现在想把国际联盟变成另外一个神圣同盟，将他们昔日的敌人在经济上陷于万劫不复之境，为了自己的利益而保持力量的均势，他们自以为是地认为，这种均势乃是由和约确立下来的。

但是，如果我们为了"理想主义"而对和约修正问题当中实际的困难视而不见，无疑也是愚不可及的。无论我们谁都没有理由因此而对国联痛加贬责，凭借世人的智慧仍然可以将这一国际组织转化为维护和平的有力工具，即就盟约第11款到第17款而言，[1]它已经取得了充满善意的非凡成就了。因此，我认为，对于和约修正事宜，我们首先应当努力的，必然是通过国际联盟而非其他方式来谋求实现之道，如果确有必要，还希望依靠一般社会舆论的力量，再加上对金融压力和金融诱力的使用，能够有效地防止少数顽抗分子行使其否决权。我们必须相信协约

---

[1] 这些条款防止了国际联盟各会员国之间以及会员国与非会员国之间战争的爆发，是国联盟约取得的名副其实的成就。这些条款使得在有组织的强权之间爆发战争的可能性大大低于了1914年时的情形。仅凭此点，国际联盟就可以博得一切人的赞赏。

各国上台的新政府,对它们要保有信心,相信它们所思所虑会更深远,比它们的前任在气度上也更广大。

我不打算在此穷究细节,或对和约修正问题逐款加以讨论。我只对以下三个方面——赔款、煤和铁以及关税——的重大变化来谈一谈,这些方面的变革,对于欧洲的经济生活而言都是不可或缺的。

赔款。如果所要求的赔款总额少于协约国在对外债务严格解释下有权索取的数额,那么,对于支付赔款的各个项目而言,就没有必要逐一详述了,对于各个项目的拟定、核算,也不必详查其间的论证情况。因此,我直接给出如下这些解决的办法:

(1) 德国关于赔款方面的支付额和占领军的费用支出可以规定在20亿英镑。

(2) 根据和约收缴的商船和海底电缆,根据停战协议收缴的战争物资、割让领土上的国有资产、以这些领土为抵押的公共债务要求权,以及德国对以前各同盟国的债权,所有这些总的估计价值可被认定为5亿英镑,不需要再逐项进行估值。

(3) 其余待付的15亿英镑不应再计利息,应该由德国从1923年起分三十年分期偿付,每年支付5 000万英镑。

(4) 赔款委员会应就地解散,或者如果还有一些未竟的工作需待完成,它也应当变为国际联盟的一个附属机构,并且在这个委员会中要设有德国和其他中立国的代表席位。

(5) 德国可以根据自己认为可行的方式,对按年分摊的赔偿数额如何实行予以确定,如果到时它未能履行赔款义务,任何申诉皆须向国联提出。这即是说,对于德国在国外的私有财产,不能再行征缴之事,除非在协约国和美国对于已经被清算或已由国际信托委员会和敌国资产管理委员会接收的这类德国私有资产的收益,须用来偿付德国自己的债务之时,才能如此。尤其是第260款(该款规定了对德国在公用事业企业的收益上进行没收的事项)应予取消。

(6) 对于奥地利,不应再要求其支付赔款。

煤炭和钢铁。(1) 在附加条款第 5 条之下,协约国对于德国煤炭资源的特权应予放弃,但是德国曾破坏过法国的矿产,使法国遭受了煤炭资源的损失,因此它在这方面的赔偿责任应该继续保留。尽管如此,仍要指出的是,一旦将来全民公决结果出来,若然上西里西亚的矿区不再为德国所有,那么德国对法国的这项赔偿义务也应予解除。

(2) 对于萨尔区的处置应仍然有效,不过,一方面德国对于萨尔区的矿产资源不再拥有任何权利,另一方面德国可以在十年后无偿而且是无条件地收回这一地区的土地和矿产资源。但是,这当以该时期内法国对德国应签订协议将洛林供应给德国的铁矿定在至少不低于战前数量的一半,作为德国对洛林地区供应煤炭的交换条件,在此期间,德国方面的供应量,按萨尔区的产量扣除之后,应与战前的供应量总额保持一致。

(3) 对于上西里西亚的处置应仍然有效。这即是说,应当举行全民公决,主要协约国"应当顾及由投票结果所表达的居民愿望,并要考虑到该地区的区位和经济状况"。但是,协约国方面也应该言明,除非居民的意愿完全相反,否则协约国方面即可认定"经济状况"要求产煤区应当留在德国境内。

关税。应当在国际联盟成员国的支持下成立一个自由贸易同盟,同盟内各会员国对于其他会员国的任何产品不得征收保护性关税。[1]德国、

---

[1] 到底什么才是"保护性关税"呢?为了便于理解,我们这样来进行定义:保护性关税制度允许的是(a)完全禁止某些商品的进口;(b)对于国内不生产的商品,征收奢侈品税或收入税;(c)对于国内也有生产的商品征收关税,但是税率不超过对国内同类商品所征抵消消费税额的 5%;(d)出口关税。此外,在参加同盟的各国经过多数投票表决之后,还要容许一些特殊的例外情况存在。如果某国在加入同盟之前实行某种关税制度已经满五年,那么,在加入同盟之后,要允许它在五年之内,在按年平均的情况下,逐步取消原来的关税制度。

波兰，原属奥匈帝国和土耳其的如今新建的国家，以及托管地区，均应强制加入这一同盟，为期十年，期满之后是否继续留在同盟之内，任由自决。其他的国家，从一开始即应让它们自愿选择是否加入。不过我希望无论如何英国都应当成为该同盟的初始会员国。

  我们通过把赔款数额适当地定在德国人的支付能力之内，可能可以重振德国国内的士气，重燃德国人对前途的希望之火，这样可以避免由那些无法施行的和约条款所带来的不必要压力和长期摩擦，而且使赔款委员会的那些高压手段也不再有行使的必要。

  我们通过把与煤炭资源直接或间接相关的条款改得更为适度，并且允许以铁矿进行交换，可以使德国的工业生活得以延续，德国的钢铁业在区位上的天然布局受到了政治划界的干扰之后，会丧失一定的生产力，通过对和约条款的修正，可以将这种在生产力方面的损害降到最低的程度。

  我们通过提议设立自由贸易同盟，可以挽回在组织和经济效率方面的部分损失，这些损失是大战之后出现的无数新的政治划界以及成立的许多民族主义政权所造成的，它们的特征无不是贪婪而猜忌、缺乏经验而又在经济上存在诸多的缺陷。只要少数几个大的帝国仍然统治着大片的疆土，那么经济上的划界总还是可以容忍的；但是，当德国、奥匈帝国、俄罗斯和土耳其这样的一些帝国被二十个左右的独立政权予以分割时，经济上的界限划分就变得难以容忍了。如果能有一个自由贸易同盟将整个中东欧和东南部欧洲、西伯利亚、土耳其，以及（我这样希望）英国、埃及和印度都纳入在同盟之内，则对世界的和平和繁荣，均会做出巨大贡献。我们期待比利时、荷兰、斯堪的纳维亚和瑞士不久之后也能加入这个团体。对法国和意大利抱有友好态度的人们，也非常希望这两个国家能够一起参加这个同盟。

我想，或许还会有人反对这一主张，这些批评者们可能认为，这样的安排实际上是在实现昔日德国关于"中欧大帝国"（Mittel-Europa）的梦想。[1] 如果其他国家愚蠢到自处于同盟之外，让德国尽得其利，那么，这种看法或许是对的。但是，一个人人均有机会参与进来、无人可以享有特权的经济体制，与意在排斥和歧视、尽享特权的露骨的帝国主义计划，毫无共通之处，也绝然不会具有那种计划下的目标。我们对于这样一些批评所采取的态度，必然取决于对国际关系和世界和平的前途在我们整个道义和情感上的反应如何。如果我们取这样的立场，认为德国未来至少一代人即便最低的繁荣也不许享有，而近来走到一起的协约国的人民都是上帝的宠儿，新近才成为我们敌人的德国人、奥地利人、匈牙利人等等都是天生恶徒，认为年复一年德国人必须长期受贫穷之苦，他们的子孙要忍饥挨饿，使德国永远处于敌人的包围之下。如果是这样的话，这篇文字中的一切建议都可以弃之不顾，尤其是这些建议中的某些甚至还可以帮助德国局部地恢复其以前的物质繁荣，为它某些城市的工业人口解决生计问题，就更加不能被接受了。但是，如果对于各个国家以及各国彼此之间的关系，西欧的民主国家能够接受本文所述的观点，而且还能得到美国的财政支持的话，那么我们大家都会受到上天的护佑。而如果我们一意孤行，蓄意要使中欧陷于贫困之地，我敢预言，复仇的烈焰绝不会止息。在对德战争的恐惧尚未完全散尽之前，保守势力和陷于绝望的革命力量之间，爆发最后冲突的时刻，必然不会太久；到那个时候，无论胜利属于哪一方，我们这一代的文明和进步都将无法得到保全。如此结局，让人如何不感沮丧！要知道，一个国家的繁荣与

---

[1] 所谓中欧大帝国，是德国在一战时期由德国皇帝威廉二世和他的幕僚提出的野心勃勃的大德意志帝国计划，试图以征服和吸纳等手段，组成一个囊括奥匈帝国、比利时、土耳其、巴尔干各国，以及法国北部、俄国西部地区在内横亘中欧的大帝国。——译者注

幸福会对别的国家产生联动的促进作用，人类本是一体，彼此休戚与共，这一点绝非空言，四海之内皆兄弟，国与国之间，彼此仍然是有可能当作同胞来对待的，正是这样，难道我们不应该对前途抱着更具善意的期待，并以此作为我们行动的依据吗？

前述我所提议的这些和约修正的意见，对于欧洲工业人口得以继续维持生计，可能会起到一些明显的效果。但是，仅就这些修正本身而言，还是远为不足的。尤其是关乎法国的情况，在理论上法国受到了损失（仅仅是理论上，因为就其当前的要求来说，绝不会得到真正的满足），为使它摆脱这种难堪之境，必须从其他方面加以努力。因此，我继续给出以下两点建议：第一，是美国以及协约国自身之间关于债务清偿要求的调整；第二，要有充足的信贷供给，才能使得欧洲重新获取流通资本的存量。

II. 协约国内部债务的处理

在赔偿条款的修正上，到目前为止，我一直考虑的都是对德关系方面。但是，出于公平的要求，有关协约国自身之间债务的分配比例，也必须重做调整，同时将数额大大降低。战争期间我们的政治家在公开演说中每次都会提到，在敌人侵占之下受到损害的地区，对于赔款的领受应当享有优先权，即使从其他方面考虑，亦复如是。而这一点可以说是我们要努力争取的最后目标之一。然而，我们从来没有将获取出征军人与家人分离而应得的津贴作为要争取的目标之一。因此，我建议，我们自己应当用行动，来表明我们的诚意是可以信赖的，为了帮助比利时、塞尔维亚和法国，我们英国应当相应地放弃关于现金赔款的一切要求权。这样，德国支付的全部赔款，就可以首先用来补偿那些受到敌人实际侵占的国家和地区所遭受的物质损失，以满足重建的需要。而且我相信，如此则可资利用的资金总额将达 15 亿英镑，这足以抵补重新恢复这些地区所需要的全部建设费用。进而言之，英国只有通过完全放弃它在现金赔偿方面的要求，才能在提出修正和约时，以坦荡之姿而不罹非议，恢复在毁弃原约方面英国要承担主要责任而被破坏的名誉，而这乃是由于在 1918 年大选之后英国代表奉行的政策方针所致。

赔款问题经过如此清理之后，提出另外两个财务上的建议就可能更加体面，成功的希望也会比较大，这两个建议都和美国有关，都要依靠美国的慷慨大度方能实现。

第一，出于战争之目的而造成的协约国内部债务（也就是说，各协约国以及相关国家的政府之间的债务），应当全部予以取消。这一建议在某些地区已经开始实施，我认为，这对于未来的繁荣是绝对不可或缺的。英美两国作为相关的两大强国，若能采纳本议，那真是一项体现了高瞻远瞩的政治家风范的举动。这笔债务的总额（以百万英镑计算）大致如下表（表 1）所示：[1]

表 1

借出者 借入者	美 国 （百万英镑）	英 国 （百万英镑）	法 国 （百万英镑）	总 额 （百万英镑）
英 国	842	—	—	842
法 国	550	508	—	1 058
意大利	325	467	35	827
俄罗斯	38	568	160	766
比利时	80	98	90	268
塞尔维亚和南斯拉夫	20	20	20	60
其他协约国	35	79	50	164
总 额	1 900	1 740	355	3 995

这样，假设从一个国家中借出的额度与借入的额度不相抵消的话，

---

[1] 此表中的数字一部分是估计得到，在细节上并不一定非常精确。

则协约国相互之间的债务总额约 40 亿英镑。其中只有美国是单纯的借出者，英国的借出额大约是借入额的一倍，法国的借入额大约是其借出额的三倍，其他各协约国都是单纯的借入者。

如果上述这些协约国内部的债务可以一笔勾销，那么理论上来说（即假设所有这些借贷都是切实存在的），美国放弃了大约 20 亿英镑的净债权，英国放弃了约 9 亿英镑的净债权。法国会得到约 7 亿英镑，意大利得到约 8 亿英镑。但是这些数字夸大了英国的损失，低估了法国的得益。因为两国债款中很大一部分是借给俄国的，任凭我们如何驰骋我们的想象力，要想相信这笔债款有收回的把握，也有一定的困难。如果英国借给其盟国的债款以其全部价值的 50% 来计（这是一个方便但却武断的假定，英国财政大臣不止一次采用过这个数字，对于国家收支平衡这个目的而言，以这一数字为依据，要比任何别的依据都更为适当），则将债务债权均予以取消的话，英国虽无所得，亦无所失。但是，理论上的计算是一回事，不管计算下的净结果如何，有关战争期间的债权债务纠纷若能一旦廓清，则可以解除心理上的焦虑，而这一点有重大意义存焉。因此，此议能否施行，关键还是要看美国的胸襟是否可以宽宏到这样的地步。

言及战争期间英国、美国和其他协约国财政部之间的往来关系，对此我有着较为直接的认识。我认为，对债权方的慷慨之举，欧洲亦可大方地提出要求，它是有自己正当的理由的，那就是，欧洲可以藉此在其他方面做出有价值的贡献，不再于经济或其他方面继续争端不断，而是集中力量进行整个欧洲大陆的经济重建工作。美国财务上的牺牲，与欧洲其他国家相比，就其所拥有的财富而言，要轻微得多。这样要求也在情理之中。而这次冲突限于欧洲，让美国像欧洲国家一样倾举国之力并没有什么充分的理由，在美国国民面前，美国政府这样也无法交代。

自从美国加入战局之后，它在财务的协助方面慷慨大度，毫不吝啬，没有这样的帮助，协约国恐难赢得这场战争，更何况，美国军队的到来还对整个战局产生了决定性的影响。

但是，谈到美国所做出的这种财政上的帮助，我们常有一种隐然的假定，相信美国方面也有此想，认为当初给予这些金钱上的帮助时，并不是把它当成了一项投资来看待的。如果真要欧洲返还这笔价值20亿英镑的财政援助，且以5%的复利来计算的话，那么，事态将会完全变成另外一种局面。若然在这样的观点下处理美国的贷款问题，那么美国相对付出的财务上的牺牲，事实上也就微不足道了。

如果不能按照现在所提议的方案达成协议，那么，战争结束之后，协约国内部将会陷入一种沉重的债务关系网。这项债务的总额甚至可能会超过从敌人那里所获取的数额；而战争结束之后不可收拾的局面将会是，协约国为彼此之间的债务清偿疲于奔命，以至于向敌人收取赔款反倒无暇顾及。

因此，协约国内部债务问题与欧洲各协约国在赔款问题上热烈的大众情绪，是紧紧结合在一起的。此种情绪的基础，并不是建立在对德国实际上能够支付多少赔款的合理计算之上，而是建立在如果德国不能这样支付赔款，则对自身所处的不堪忍受的财务困境深切的认知之上。我们来看意大利这个极端的例子。假如可以合乎情理地期待意大利偿还为数达8亿英镑之多的债务，那么德国就一定可以而且也应当支付比这个数字还要大得多的赔款数额。或者这样讲，假如认定（事实也的确如此）奥地利所能清偿的债务几乎为零，那么，由此而得到的结论必然是，意大利将背负着压得喘不过气来的沉重包袱，而奥地利却安然无事。或者还可以换个角度这么看，当意大利看到（前）捷克斯洛伐克清偿债务极少或毫无负担之时，让它支付这巨额的债务而毫无怨言，又如何办得到呢？在局势的另外一端，还有英国。在这里，我们的财务状况自不可与意大利同日而语，因此要我们支付8亿英镑，与要意大利支付8亿英镑，在性质上必然大为不同。然而在情感上的反应却没什么分别。如果我们不能从德国那里获取充分的补偿，却又要我们对此种结局安然承受，而对于美国的债务则要全部偿还，一旦如此，试思国人该当如何痛心疾首！可以这样说，我们不得不接受对德国、法国、意大利和俄国的那些破产财产的债权，而美国却对我们拥有优先的抵押债权。就法国而言，它的情况只会比我们有过之而无不及。它从德国所能得到的赔偿，只是其国内所受损害的全部代价的弥补而已。然而，作为一个战胜国，法国必须要对它的友邦以及其他协约国偿还的债款，四倍于1870年败于德国时所付出的赔款，甚至还要更多一些。如此而言，俾斯麦的铁腕较之于协约国甚至其中一个盟国，下手都还要轻一些。因此，对于那些认识到从敌人那里获得赔款无可回避的真相的欧洲各协约国人民来说，要使他们面对这样无情的现实而不致火冒三丈、愤激失常，则解决协约国的内部债务，是一个必不可少的准备手段。

若言欧洲协约国无力对所欠债务还本付息，或许言之过甚，但是无可否认，这对它们来说无疑是一个极其沉重的负担。因此，可以推想，它们一定会千方百计试图规避赔偿责任，这样的企图，必然经常会成为未来若干年内各国之间发生摩擦和交恶的源头。欠债的国家是不会对收债的国家心存好感的，如果法兰西、意大利和俄罗斯未来的发展因其必须向英国和美国年年偿债而受到遏抑，那么，要想让它们与我们和衷共济，必然很难如愿。这会刺激它们改弦更张，去寻找其他的盟友，一旦它们与英美的和平关系出现裂痕，则对它们而言，至少会附带产生一个极大的好处，那就是终可从沉重的外债中抽身它去。从另一个方面来看，如果这些债务能够一笔勾销，那么这对于各国之间的团结可称是一个福音，而彼此之间真正的友谊也终可由此奠立。

巨额战争债务的存在，无论对哪里的财政稳定来说，都是一种威胁。在欧洲，没有哪个国家不把战争债务和对战争债务的拒付视为一项迫在眉睫的重大政治议题的。不过，就内债的情况而论，两个方面都有关乎其利害的党派，争论的焦点不过是财富在国内的分配这一问题罢了。外债的情况则与之不同，债权国很快就会发现，它们的利益与债务国特定的政府和经济组织方式的维持，是息息相关的。国家之间错综复杂的联盟关系，与夹缠不清的债权债务关系相比，显得微不足道。

然而，影响到读者对于这一提议之态度的最后一层考虑，取决于读者对国内国外战时财政留给我们的巨额债务在未来世界进步中地位的看法。这场战争的结果是，每一个国家都欠了其他国家一大笔钱。德国欠了协约国一大笔钱，协约国欠了英国一大笔钱，而英国又欠了美国一大笔钱。每一个国家都欠了战争贷款的持有者一大笔钱，而反过来，纳税人又欠了国家一大笔钱。整个局面显得极度不自然，充满着迷惘和烦恼。除非我们能够摆脱这种债务上的牢笼，否则我们真的是寸步难行。除非我们将这种债权债务关系一举清除，而且在这个过程中还要做到有条不紊、温润和平，不致对任何人产生什么严重的不公，否则的话，星星之火，可以燎原，到了那个时候，只能是玉石俱焚。关于内债，我认同这样的看法：对债务的清除来一次资本征税，这当是每个参战国财政健全绝对的先决条件。但是，各国政府之间大规模债务的继续存在，则是另外一个问题，它本身具有特别的危害性。

在十九世纪中期之前，除非是实际侵占下的武力勒索或者封建制度许可下君主们的命令，否则没有哪个国家会对外国欠下规模如此之大的债务。诚然，在过去五十年间，出于欧洲资本主义在新世界寻找出路的需要，甚至到现在也还在一种相对适中的规模上，使某些国家如阿根廷向某些国家如英国,逐年归偿所欠债务。但是,这一体系是很脆弱的;它之所以还得以延续,乃是因为对于支出国来说,其负担还远不似这般沉重而不公,这一负担是有实际资产做后盾,且与一般的财产制度结合在一起的,借入者仍希望继续借款,已经借出去的在数字上与希望继续借入的数目相比,也不是过分庞大。银行家对于这样的制度已经习以为常,并把它作为社会常规秩序的一个必要部分来对待。因此,虽然由于这次战争而造成的各国政府之间的债务关系在规模上要大得多,在性质上肯定也更为严重和不公,既没有实际财产作为后盾,比较而言,又与一般财产制度的结合程度较欠紧密,但是银行家们仍以他们习惯的上述制度,以一种类推的方式,倾向于认为这种国际债务关系也是很自然,很合理,且与人类本性是协调一致的。

我对这种世俗之见颇为怀疑。即使在国内,资本主义制度可以博得当地较多的同情,在生产的日常过程中发挥着实际的作用,并且当前的社会组织也主要依赖于这一制度的稳固,但是,它仍然并不十分安全。即便抛开这一层置之不论,要使欧洲各国人民对下一代这样安排他们的生活,让他们将日常生产中很大一部分拿来进行对外支付,而做出这种支付的原因,无论在欧洲和美国之间,或者是德国和欧洲其他区域之间,都非出于什么正义的观念或者责任感的驱使,欧洲人民就真的能够毫无怨言,通盘接受吗?

一方面,长期来看,欧洲必须依靠它自己坚持不懈的辛勤工作,而不能把一切都寄托在美国的慷慨解囊之上;另一方面,要它把自己每日劳作的果实拱手让人,而自己深受匮乏之苦,又如何心甘?总而言之,若然这些债务期在必偿,则这种情势即便能够维持,也不过数年之久,绝不可能会长期延续下去。这样的偿付,既不合乎人情,也与时代的精神相悖。

如果说这种思考模式尚有些说服力的话，这也是因为宽阔胸襟与权宜之策能够彼此相谐，而这种极佳地促进了国家之间友谊的政策又与施恩者的长远利益不相冲突之故。

III. 国际贷款

我再来谈第二个建议。欧洲的需求**迫在眉睫，刻不容缓**。若然在接下来两代人的时间里可以从美国和英国的沉重债务负担中得以解脱（再加上在重建费用方面可以逐年得到德国的一些助益），那么对于未来，或无过度担心之虞。但是，眼下欧洲进口大过出口、汇兑不畅、通货紊乱，可谓百弊丛生，这些都是亟须予以解除的病象，而上述所言的那些好处，却是远水难解近渴。要想在没有外力的帮助之下，欧洲重整山河，其势难如登天。因此，我衷心拥护在法、德、英及美国等很多地区所倡议的某种形式或方式下进行国际贷款。在这样的计划之下，无论怎样分配偿还贷款的最后责任，美国都势必要担负起贷款主要来源这一重担。

对于这类计划的繁多的内容，我认为主要的反对意见有以下这些。美国对欧洲的事务（有了最近的经验以后）已不愿进一步牵涉其中，更何况就其自身而言，暂时也没有更多余裕的资本可供大规模输出。至于欧洲能否将金融援助用于正当途径，会不会挥霍浪费以致两三年之后情况一如今日之坏，则我们并无十足的把握——M.克劳茨（M. Klotz）有了这笔钱就会想着把收税的期限加以推迟，意大利和（前）南斯拉夫有了这项收入就会拔枪相向，波兰会用它来实施法国想用来对付波兰的那种军事行动回敬自己的邻邦，罗马尼亚的统治阶层则会坐地分钱。总之，美国会因此而推迟了其资本的发展，提高了本国的生活成本，而为的竟然是欧洲在行动、政策以及人力方面像过去几个月的老样子一样，仍旧一以贯之一到两年。而至于德国，协约国将它最后一点残余的运行资本悉数剥夺之后，在巴黎又与美国财政代表的呼吁和立场截然相反，反而要美国出钱让这个受到惩罚的国家充分地恢复重建，让欧洲的协约国们可以在一两年后卷土重来，再行掠夺之事，这合乎天理人情吗，是可忍孰不可忍！

处于今日之时局，对于这些反对的论调，确实无可置复。假如我在美国财政部说话有分量的话，我一个子儿都不会借给现在欧洲的任何一个政府。即便美国总统对于美国人民的力量或意志无法维护，共和、民主两党也会联合起来，不会把钱借给那些用来推行自己深恶痛绝政策的欧洲各国政府们。如果能如我们所衷心祈祷期盼的那样，欧洲人民的内心在这个冬天从酿成滔天战祸的荒谬绝伦的偏见中一举转变，将心中的仇恨和民族主义情绪一扫而空，代之以对欧洲大家庭幸福和统一的思虑与憧憬的话，那么，美国人民被人类固有的同情和恻隐之心所激发，应该将由私利出发的一切芥蒂抛开，完成本来打算的把欧洲从有组织的武装力量的暴虐政策下拯救出来，使之能够自力更生的伟大任务。即便欧洲在这样的转变上并不全面彻底，即便欧洲各国只有一部分党派奉行这种和解的政策，美国仍然可以对这些和平党派施以援手，指明前进的方向，告诉它们在什么样的计划和条件之下可以取得用于生活和复兴工作的援助。

据说，美国人现在很想躲开欧洲问题，而且希望躲得越远越好，在它看来，欧洲混乱不堪、局面复杂，执政者横暴而挥霍，最主要是整个欧洲问题盘根错节，难以究诘，因此有这样抽身离开的心情也很容易理解。再也没有谁比作者对欧洲执政者的行事愚蠢且不切实际感受更为深切的了，他们的这种表现，受到指责势所必然。且让它去自生自灭吧，让它走它的独木桥，我们只管走我们的阳关道——

> 远离欧洲，远离这个无望之地吧；
>
> 欧洲是一个屠场，空气中弥漫着腐死人的味道。

但是，如果美国能够稍加回忆，欧洲于它，曾意味着什么，目前还在发挥着什么样的作用，不管对欧洲有什么样的不满，它总是艺术和科学的发祥之地，不仅现在如此，将来也是如此，对全人类的进步和文明而言，它也许发挥着决定性的作用，虑及此点，难道美国不应该抛开那种漠然置之和孤立主义的态度，致力于欧洲问题的解决吗？

仅仅为了使我们的希望不致破灭，我们假设，美国愿意为培育重振欧洲的正面力量而做出自己的贡献，在摧毁了我们的敌人之后，不至让我们跌入灾难的深渊——那么，它的帮助又该采取何种形式呢？

我不打算穷究那些细枝末节的问题。要知道，有关国际贷款的一切计划，其总体的纲领总是大同小异的。能够施予援手的国家——像英国这样的中立国，以及可以做出更大贡献的美国——不管是对欧洲大陆所有的交战国、协约国，还是对先前的敌人，都必须一视同仁地提供具有对外购买力的贷款。所需的贷款总额，或许并不必像有时候所估计的那样大。初步估计，首次贷款大概 2 亿英镑的资金，也许就已经可以发挥很大的作用了。即便协约国内部的战争债务果能一笔勾销，以后也不能以之为通例，这次所提议的国际贷款在性质上显然与之不同，借入借出必有明据，这笔钱款必须全部归还，不可拖欠分文。在这样的宗旨之下，为贷款所做的担保应该要求非常可靠，对于偿还办法的安排，也期其巨细、无不详备。尤其是关于这笔贷款的还本付息，皆应获得绝对优先的处理，无论是赔款要求、一切协约国之间的战争债务、国内的战争债务，以及其他任何方式下的国家债务，均不得动摇这一绝对优先权。凡享有获取赔款权的借入国，应保证将这一收入全部移来用于偿还新的贷款。借入国的一切关税收入，均应以黄金为本位，保证将这项收入作为偿还新贷款之用。

关于贷款的使用，应当在总的原则下而不必在细节上接受借出国的监督。

在这笔用于购买食品和原料的贷款之外，如果还有必要的话，可以按同样的数额，即 2 亿英镑，设立一项保证准备金（其中可能只需要一部分以现金形态存在），但凡国联的成员均需量力而行，尽心参与，把它作为币制改革的一般基础，这或许是一个较切实际的办法。

在这样的安排下，欧洲或可具备重燃希望之火、更新其经济组织，使它固有的巨大财富得以发挥作用而惠及工人阶级所需的最起码的流动资源。当前并不必要对这样的计划进一步详究细节。在本篇的建议能够进入实际的政治考量之列以前，公共舆论方面必要有一个较大的变化方可，我们必须尽可能地耐心等候，静观其变。

我尚看不大到哪里会出现突然的或剧烈的演变之迹象。暴动或革命可能会有，但在目前的情况下，当不会产生什么带有根本性重大意义的变化。对于政治上的横暴或不公而言，革命是一个武器。但是，当经济上的困乏并非分配方面的不公所致而是一种普遍现象时，革命又会带给那些备受折磨的人们以什么样的希望呢？唯一能够防范中欧发生革命的，实际上在于这样一点：要使那些陷入绝望之境的人明白，革命并不会带来任何使境况得到改善的可能性。因此，可以预料，在未来较长一段时期之内，我们所面对的只能是生活水准和享受水准的稳步下降和半饥饿的状态，而在这样的过程中，我们只能默默忍受。如果我们听之任之，那么，在很长一段时期之内，欧洲的破产和衰败将会影响到我们每一个人，但可能不是以一种明显或直接的方式做到这一点的。

这里还有幸运的一面。我们仍有时间重新思虑我们的行动方针，换一种眼光来看取这个世界。对于转瞬即至的将来，事态如何变化，决定于事态自身，眼下欧洲的命运，已不再掌控于任何人之手。来年的事态如何发展，执政者的精心盘算，已然不再能够发挥决定性的作用，起决定性作用的是处于政治历史的表层之下潜滋暗长的汹涌暗潮，其结果如何，无人可以预料。我们唯一能够影响这潜在潮流的方法，就是将那些有教育作用和扩大理想之效的力量激发起来，以此来改变**舆论**。而坚持真理，打破幻想，消除仇恨情绪，教化人心，扩大人们的心智和襟怀，则是必然要使用的手段。

4 舆论的转变（1921年）[1]

现如今政治家们的执政法门，就是先附和民众的要求，他们的主张和所作所为与民众的要求亦步亦趋，他们相信，愚言背后的愚行，不久自然大白于世，待到事态有了转变，再俟机而动，明修栈道，暗度陈仓，悄然回到比较明智的政策上来——这正是蒙台梭利[2]的儿童教学法，而公众，在他们眼里，就是儿童。政治家们的言行，若颇乖谬于这个儿童的意愿，那他们很快就得把位置让给孩子的老师们了。因此，对于这个孩子希望碰触的激情之美，弄坏的玩具所发出的刺耳之音，不但要加以赞赏，还要鼓励他们继续如此这般地干下去；然而，暗地里则时刻提防，坐待明智而仁慈的救世者降临人间，一旦时机来临，就蓦然转向，及时地恢复其原本的理智，而刚刚还在尽情歌唱的任性儿童，现在只能恭谨地静坐一旁了。

这种令人感到可怕的政治手腕，我们可以把它看成一种合理的自我保护。对于这个内容既不明智，部分又难以施行，且会将欧洲的生活

---

[1] 本篇摘自《条约的修正》，第一章"舆论的现状"。——译者注
[2] 即玛利娅·蒙台梭利（Maria Montessori，1870—1952年），意大利幼儿教育家，蒙台梭利教育法的创始人。她的教育方法源自其于儿童工作过程中，就所观察到的儿童自发性学习行为总结而成。她倡导学校应为儿童设计量身定做专属的环境，并提出了"吸收性心智""敏感期"等概念。——译者注

置于危境的和平条约，劳合·乔治先生是负有责任的。他可能会这样来为自己辩护，他知道这个条约内容并不明智、部分难以施行而且会置欧洲生活于险境，但是，民众的激情和愚昧，在世界的进程中确实会发挥着一定的作用，作为民主政治的一个领袖人物，不得不顾及这一点；就当时那一时刻而言，《凡尔赛和约》是最切合时机的解决办法，与民众的呼吁和一些主要参与者的品性两相符合；至于欧洲的生活，两年来他已经使尽浑身解数，尽可能地避免或减轻由此而造成的危害了。

如此托词，似乎未尝没有一定的正确成分，我们不能一概抹煞。就和会的内幕情况而言，法国和美国的与会者对他颇有好评，认为总体来看，劳合·乔治先生还是在努力争取，尽力不让和约过分地走向极端，除了拼尽个人地位以求力争这一点做不到之外，他已经做了其他所能做到的一切，试图从各个方面来保卫欧洲，尽量消弭和约可能造成的不幸后果，在这一点上，他的干才是少有他人可以比得上的；虽然他没有能够确保欧洲的繁荣，但却捍卫了欧洲的和平；他极少诉诸语言来表达真理，但是他的行动正是在真理的驱策下做出的。因此，尽管所循的道路曲折，但是，作为一名忠诚的公仆，他履行了为人类而服务的天职。

他可能认为，这是民主体制之下可以使用的最为巧妙的不二法门，只要道路正确，过程当中不妨玩些翻云覆雨的诡谲手段，他的这种想法也许是对的。我们追求的目标可以是真理和诚实，而作为**一种手段**，却不妨是以某种审美的或个人的标准为基础的成见，就政治而言，自不必与至高之善相一致。

这种充满政治艺术、颇具魅力的行事风格，当政治家们在之前累积的声誉逐渐消失殆尽之时，是否仍能有其实效？我们不敢断言。即便是民众，也只能通过经验才可察知。

无论如何，我们一般的个人总是与那些内阁成员们不同，并不负有他们那样的责任，也无须为了众人的福利而违背诚实的品性。作为个人，可以畅所欲言，可以信笔直书，这是世所公认的个人自由。这种个人自由，甚或是政治家们为了我们的最终利益，使之能够出色地一起发挥作用的那一堆事物中一个重要的组成部分。

我曾把对《凡尔赛和约》的直白解读，当作《〈凡尔赛和约〉的经济后果》一书的基础，也曾就实际执行这一和约时将会发生的后果进行观察；鉴于上述这些原因，我感到这样做并没有错。我认为，和约中很大部分是**无法做到的**；许多评论家认为，正是基于这样的原因，和约也就不会产生什么恶果，对此我不能苟同。对于我关于和约的许多主要结论，内部意见一开始就表示赞同。但并不能因此说明，外界舆论对这些结论也会接受就没什么重要意义。

就现下的情况而言，有**两种**舆论或意见；这或许并不是像以前那样被说成有真伪之别，而是说存在内外两种不同的舆论。公众的意见是通过政治家和新闻报纸来表达的，而政治家、新闻记者以及文官们的意见，无论是在台前还是幕后，总是只局限在一个有限的圈子内流传的。

生活在这个有限的圈子里的人们共享着这种内部的意见，他们对于外界意见既过于重视，又相当漠视；说它过于重视，是因为他们对待舆论，在言语和承诺上总是预备在一切方面随时加以让步，认为公开对抗外界舆论绝然无济于事；说它相当漠视，是因为他们总认为这样的言语和承诺并不会真正发生，一旦时机到来，注定要发生变化，因此对于其间的实际意义和具体后果进行认真地分析，未免近乎做作，必会取厌于人，是不会切合实际的。评论家所说的这一切，他们几乎都心知肚明，因此在他们看来这些评论家无非是在浪费时间、浪费感情，枉自兴奋了一大场，所感冲动的事物，自己也心知那是不会发生的。他们自认为消息灵通、见闻广博，能够煞有介事地谈论别人不能深悉的内幕，交换彼此的灵感,因此内部意见即便暂时屈尊于外界舆论,也会使他们自觉有一种优越感。但是,尽管如此,对这个世界公开讲出的这些言语和承诺所产生的后果,比上述那些窃窃私语带来的影响,总还是要深刻得多,广大得多。

然而,这里还有更为错综复杂的一面。在英国(其他地方也是如此),有两种不同的外界舆论,一种是报纸上呈现出来的意见,另一种则是一般百姓私下里信以为真的意见。当然,这两种意见之间与它们和内部意见相比的话,彼此之间的接近程度要高得多。有些方面,二者简直是合而为一的。然而,透过这些表面的状态,深入到事物的内在,我们会发现二者存在着真正的区别:一种是报纸上呈现的那种教条主义的一贯面貌,另一种则是个人间变幻莫测的活跃信念。就比如一个普通的英国人,即便在1919年,对于德国赔款一事要说当真有什么确定不移的信心,我对此就不敢深信;他凭借着一贯的聪敏,总是可以道听途说地打听到一些有关赔款的消息。但是,那个时候,在他看来似乎让这类方式的赔偿条款继续下去,应当不会造成多大的实际损害;此外,就彼时他的情绪而言,当他认为德国具有无限的赔偿能力时,这种想法较之其他,即便不那么真实可信,但在情感上总还是比相反的情况要更好一些,更让人感到愉悦舒畅。因此,近来英国外界舆论的转变,与其说部分属于智能方面,还不如说是由于世易时移,情势变了;此时他已经看到,原来的赔偿办法无法为继,将会带来实际的损害,此外,他在感情上也已不再如以前那样坚决。这样,他就会有所转变,对于一些基于事实的论证,也渐能入耳,这些论证他以前未必不懂,只是之前他对此几乎连正眼都不会瞧上一眼。

外国观察家对这些无法言喻的微妙感觉往往容易忽略,而它们迟早也会在报纸上被披露出来。内部意见会逐渐向一层一层更为广大的圈子渗透，最终会影响到外界的舆论，使得这类微妙的观感对于事实论证、常识观念和个人私利有着相当的敏感性。要敏锐而准确地意识到所有这三个方面，乃是现代政治家的职能所在；他必须要有足够的智力，来理解和消化这些内部意见，对于外界舆论的深层意蕴，也要有较深刻的感受力和同情心，而对于外界舆论的浅层表述，脸皮也要足够厚才行。

无论这些分析是否符合实际，抑或根本就是一种想象，毫无疑问的一点是，过去两年公众的情感已经发生了极大的变化。人们内心最高的渴望，就是过上恬静的生活，无拘无束，与邻居们和谐相处。战争的狂热已然散去，人人都希望实事求是地看待问题。有鉴于此，可以说，《凡尔赛和约》的赔偿条款实在是成事不足败事有余。这样的条约实施之后所带来的灾难性后果，现在发生的可能性是极为微茫的。

5 战争债务和美国

I. 取消战争债务问题（1921年）[1]

有谁会相信，协约国在一到两代人的时间内可以对德国政府施予充分的压力，另一方面德国政府又在各个方面拥有足够的权威，从而可以不断地、大规模地从强迫劳动中榨取勤劳的果实呢？没有人会在内心里真正相信，一个人都不会有。我们要想把这件事坚持到底，那真是一点可能性都没有。如果这件事果真有可能做到，毫无疑问，必会在两年或者三年内，打乱我们的出口贸易，破坏我们的工业平衡状态，这根本就不值得，也就更不用说危及欧洲和平这样的重大影响了。

同样的原则，也适用于美国对各协约国政府战争债务的索取这一问题的修正上。在这些战争债务偿还的过程中，美国的工业将会受到损害，这主要还不是因为各协约国努力偿还战争债务时在廉价商品方面对美国工业形成的竞争，而是因为协约国方面无力像过去那样，按照通常的规模从美国购入产品。协约国政府为了还债，必将尽力搜罗资金，而所用手段主要还不是多卖，而是少买。如此一来，美国的农场主受到的

---

[1] 本篇摘自《条约的修正》，第六章"赔款、协约国内部债务和国际贸易"，以及第七章，"条约的修正和欧洲事务的处理"。——译者注

损失甚至还要更甚于制造业者；要防止进口的增加，还可以动用关税这样的手段，而要刺激陷入衰退的出口，却没有如此简单易行的办法。然而，让我们感到惊诧的是，华尔街和工业比较兴盛的东部各州已经准备考虑战争债务的修正问题，而中西部和南部各州，据说（我也是根据传闻）却是在拼死反对。这两年当中德国尚不需向协约国支付现款，在此期间，英国的制造业者对于偿付实际开始时对他们将会产生什么样的后果，还完全不清楚。协约国须向美国做出的现款偿付还没有开始，一旦协约国认真地全数偿还，那么，美国的农场主和英国的制造业者一样，对于他们将会受到什么样的损害，也是一无所知。

然而，美国的情况和英国一样，关键并不在于在某些特定的利益方面所遭受的损失（这种损失会随着时间而逐渐消失），而是对战争债务的索取未必能够长久维持，即便在一个较短的时期内它们得到偿付，也无法断言长期来看是可以为继的。我之所以这样说，不仅是因为我对欧洲各协约国偿付能力表示质疑，还因为在平衡与旧世界的商业关系上，摆在美国面前的问题是多么棘手。

美国经济学家近来从统计角度仔细分析了美国战后和战前情况的对比。据他们的估计，美国应收的利息要大于所欠外国投资的利息，这还远没有算所有的协约国政府所欠债务的利息；美国的商业航运提供同样的服务，从国外所赚得的也已超过了它应向国外支出的数额。它的商品出口超过进口每年将近30亿美元；它的对外支出多半是游客和侨民主要付给欧洲的汇款，估计每年不超过10亿美元。如此一来，要使收支平衡，美国就必须以各种形式向外贷出资金，这个数字每年当不低于20亿美元，此外如果欧洲各国政府偿付战争债务的本息，则按年来算的话，那就要在这20亿美元之上再加上6亿美元。

因此，近年来美国每年都会向世界各地——主要是欧洲——借出数额高达 20 亿美元左右的资金。对于欧洲来说值得庆幸的是，其中有相当比例的部分都被消耗在贬值纸币的投机性购买上了。从 1919 年到 1921 年，美国投机者的损失，让欧洲得到了实惠；但是，这种现象只能是一时的，不可视为长久的收入来源。暂时来看，贷款政策足以应对欧洲的时局；但是，过去欠款的利息不断攀升，长此以往，情势只会越来越严重。

商业立国的民族总是要把大量资金运用在海外贸易上。但是，我们现在知道，对外投资的实践在时间上并不很长，是一个非常现代的新方式，性质上并不稳定，故只适用于一些特殊的环境。当一个新兴国家无法独自地依靠自己的资源走上发展道路时，可以在这种方式之下，得先进国家一时之助力而获得进步；如此则双方可以相互受益，借入国获得发展，收益丰厚，借出国本息可以如数收回，有所保障。但是这种方式却不能反其道而行之。如果欧洲就像十九世纪时美国在欧洲发行债券那样，现在在美国发行债券，那就会画虎不成反类犬；因为总体来看，欧洲并没有出现自然的增长，并没有债务本息所据以偿还的**实际可靠**的资金作为基础。如果真要这样做的话，借入国只能借助于借入新贷款来支付利息，债台愈筑愈高，到后来完全不必要再存什么幻想，认为在债务背后还有什么实际可靠的基础可言。美国投资者对购买欧洲债券一向兴趣索然，这种态度是有常识上的依据的。

1919 年年底，我（在《〈凡尔赛和约〉的经济后果》一书中）曾提议，可以由欧洲向美国借入一笔重建资金，不过有一个条件，那就是欧洲应当先把自己的家务事整顿一下。在过去两年中，尽管欧洲怨声不绝，实际上美国还是发放了**为数甚巨**的贷款，这一额度比我当年提议的还要大得多，尽管形式上并不主要是那种正规的美元债券。美国发放这些贷款时，并没有附加什么特殊的条件，其结果是相当大一部分资金就此付诸东流。虽然他们的资金有一部分是被浪费了，但是停战后最为危难的那段时期，美国还是帮助欧洲渡过了一个难关。不过，在当下欧洲收支仍不能平衡的状态下，这样的行为即便延续下去，也仍然无法解决问题。

在向那些世界上比较落后的新地区——如英属领地和南美洲——输入它们所需要的资本方面，这一任务一向都是由英国、法国和德国来承担（德国的比例相对较小），今后要由美国来取代这些国家予以执行了。这对于欧洲收支不平衡，当会起到部分调整效果。俄罗斯帝国无论其亚洲部分还是欧洲部分，都可以被视作未经开放的处女地，过一段时间之后，它或许可以为国外的资本提供一条合适的出路。美国投资者如果像英法投资者过去所做的那样，将资金贷给这些地区，比直接贷给欧洲那些古老国家要明智得多。但是，仅仅靠这些，尚不足以弥补美国收支之间的整个间隙。美国的进出口余额最终必须重新予以调整，这或许已经为时不远。美国必然会多买而少卖。这是它唯一可以采用的办法，否则就得年年向欧洲进行无偿的赠送。美国物价上涨得必然要比欧洲为快（如果美国联邦储备委员会在黄金流入之后听任自然，就会出现这样的情况）；否则的话，由于欧洲外汇汇率进一步走低，则欧洲除了必需品之外，再无余力购买其他商品，这就必然会使美国买多而卖少。出口一旦衰退，美国的出口商人不可能猝然改变既有的生产布局，一开始或许还可以通过降价来应对一时的局面；但是，这种办法势难久长，这种低于生产成本的贸易苦力支撑一段时间之后，譬如两年左右，他势必要缩小业务范围，甚或完全放弃这种业务。

设若美国一方面意欲使出口至少维持当今之状，而另一方面又想借助关税来限制进口，以图在这样的基础上达成平衡状态，那么，这不过是绝不可能有用的一种幻想罢了。这就好像协约国一方面向德国提出巨额赔款要求，另一方面又费尽心思让它不能支付赔款，二者是同一个道理。美国政府一方面想方设法地对出口予以资助，另一方面又通过关税来尽可能地使这项资金的偿还面临重重困难。有些在个人的层面我们不能原谅的愚蠢之举，在一些大国身上却往往而见。

如今全世界的黄金都流向美国，可谓金山耸立，势可摩天，此时若能让这种趋势稍作停顿，可能会大有裨益。但是，如果美国既拒绝黄金，又仍要求偿付其债务，那么甚至可能出现这样的情况——一个新的米达斯（Midas）[1]会横空出世，一方面只是得到了一些无济于事的金块，另一方面却又想着丰厚的美味佳肴。

一旦美国在政策上做出了此类调整，那么所产生的影响将极为严重，会使得一些重要的利益受到损害。除此而外，如果美国还要对协约国的债务毫不放手，那么情势必将演变到不堪之境。假如美国坚持这样做，甚至干脆放弃其出口方面的产业，将这个产业中使用的资本用作他途；另一方面，再假如处于美国原来友邦地位的欧洲国家，决定全力以赴，不惜任何代价来偿还债务。如果真是这样，那么我们不否认最后结果可能会使美国获得物质上的利益。但是，这样的设想是完全虚妄的。世间怎么会有这种事存在。美国绝然不会贯彻实施这样的政策，这是无可置疑的；一旦美国体验到了此种政策下发生的初步后果，它必将即刻便放下原来的方案，改弦更张。即便它真的冥顽不化，协约国到时也决不会照付欠款。这种情况和让德国赔款的情况一模一样。协约国对德国提出的赔款要求，现如今已然无法执行。同样，美国要收回协约国的战争债务，怕也无法全始全终。长期来看，这两种政策都不是可以认真

1　米达斯（Midas），一译迈达斯。希腊神话中的佛律癸亚国王，贪恋财富，求神赐给他点物成金的法术，狄奥尼索斯神满足了他的愿望。最后连他的爱女和食物也都因被他手指点到而变成金子。他无法生活，又向神祈祷，一切才恢复原状。——译者注

执行的政策。凡见闻广博之士，于私下交谈之中，对此无不颔首承认。但是，我们生活在一个不可思议的神奇时代，新闻界的言论要迎合的不是那些最易为人所理解的意见，而是最不能为人所理解的舆论，因为后者才能传播得更为广远。因此，在一个较长时间段内，口之所言与手之所书，会呈现出一种矛盾状态，这种矛盾之状，常使人感到荒诞不经，令人啼笑皆非。

若然如此，如果美国还要实施在没能获利之前即要放弃的那种政策，势必会恶化它与欧洲的关系，在两年间徒然打乱其出口产业的状态，如此绝非上策之选。

对于那些喜欢抽象表述的读者，为了方便，我把这里提到的观点再行归纳一遍。国际贸易的均衡是建立在世界上不同国家之间农业与工业之间复杂的平衡关系之上的，是各个国家在劳动力和资本使用上专业化的体现。如果一个国家不得不把大批商品无偿地转给另外一个国家，这是贸易均衡所不能允许的，这种平衡关系也势必会遭到破坏。由于资本和劳动是固定的，且是以某种固有的方式加以组织利用，无法自由地流到其他途径，所以这种平衡关系一旦打破，对于原本固定下来的资本和劳动的效用而言是颇具破坏作用的。当今世界，其财富的涌现主要取决于**组织**（organisation），在这种情况下，组织就会遭到破坏。只有经过相当长的时间，新的组织和新的均衡才能够建立起来。但是，如果扰动的起因是暂时性的，那么由于组织的破坏而造成的损失，也许会超过由无需支付资金即可得到的商品所带来的利益。此外，由于这些损失会集中在某些产业所使用的资本和劳动上，故而它们可能会激起强烈的反抗，由此而发生的损失将远大于整个社会所遭受的损失。

我曾和一些美国的人士探讨过这一问题，他们当中绝大部分都表示，从个人的角度他们是赞成取消欧洲的战争债务的，但是还会再附上一句话，他们的同胞大多数并不这样认为，因此给出这样的建议，即现在这还不能成为可以实施的政策。所以，他们认为，现在就来讨论取消欧洲战争债务还为时尚早；就当下而言，美国不妨假模假式地准备讨要欠款，欧洲也就不妨装模做样地准备偿还债款。实际上，这和1921年年中德国赔偿问题在英国的情况非常类似。毫无疑问，美国朋友们告诉我的这些有关公共舆论的看法，确实是对的；舆论自有其神秘的本性，与卢梭所谓的"共同意志"（General Will）[1]也许是一类事物。然而，这对于我来说并没有什么分别，无论他们告诉我的是些什么，我都觉得这并不重要。公共舆论坚持认为安徒生笔下的皇帝穿着一件妙不可言的衣服，为了面子，而在表面上装扮得冠冕堂皇；这在美国尤甚，那里的舆论有时候甚至会来个集体大转弯。

不错，如果公共舆论不可转变的话，那么讨论公共事务简直就是浪费时间了。尽管新闻记者和政治家的主要事业或许就在于确切把握公共舆论稍纵即逝的特征，但是，作为一个作家，所应关怀的则当是公共舆论应该是怎么样的。这本是老生常谈，我所以还要在这里提起来，是因为我看到很多美国人给出了他们的劝告，认为公共舆论碰不得，如果所给的建议对当下的公共舆论有所违拗，那简直就是离经叛道的行为。据此我猜测，这类行为如果发生在美国，人们会把它看成孟浪之举；这种举动立刻会被人疑心其中别有不正当的图谋，批评者对于肇事之人的个人品性和履历，会更进一步进行探察。

---

[1] 共同意志（General Will）是卢梭政治思想的核心概念，但是对于其意涵则历来众说纷纭，莫衷一是。——译者注

不过，还是让我们再略微深入一步，对潜伏在美国人对欧洲债务问题态度背后的那些观念和情感，再行深入了解一下。他们是想对欧洲宽大为怀的，这既是出于善意的情怀，也是因为他们当中很多人现在也认为，如若不然则会危及到他们自己的经济均衡状态。但是，他们却又不想"任人摆布"。他们不想被世人认为，欧洲的这些老奸巨猾之辈再一次将他们玩弄于股掌之间。再者说，时机也不凑巧，税负压得很重，美国的很多地区目前并不觉得自己就富足到了可以把这笔可能到手的钱财轻易放弃的地步。除此之外，有关曾共同对敌的各国之间的债务，与个人之间普通的商业贸易往来颇为相类，对于这种比拟，他们要比我们看得更加真切。他们会这样说，这就好像银行给客户贷出了一笔没有担保的贷款，贷出时那个客户极度危困，若无此救援，难免陷入破产境地，而事后向他索偿时，他却又大呼小叫，怨怼不已。若然纵容此种行为，则势必会对正当商业的基本原则造成损害。

以我度之，作为一个普通的美国人，他或许希望看到的是这种景象：那些欧洲国家手里拿着钱，眼睛里一派可怜巴巴的哀怜之色，走到他面前说："亲爱的美国人，全都亏了您，我们才有了自由，有了生命；现在，我们怀着无限的感激之情，尽我等之力把所能办得到的这一点钱奉上，请您务必收回。这不是从孤儿寡妇那里强征来的税收，这都是从裁减军备、消除专制、内讧和军国主义当中节省出来的上好的胜利果实，都是拜您无私的援助之后才有实现可能的果实。"然后，作为一个普通的美国人，他会这样回答："我为你们的诚实守信感到骄傲。这正是我所预料的结果。而我所以参战，绝不是为了贪图私利，我的钱也不是拿出来做投资的。适才你们所言，已使我感到所获颇丰，心满意足。这些债务就不必再提了。把这些钱仍旧带回家去，用我给你们的资源去帮助那些穷苦、不幸的人去吧。"而这小小一幕活剧还将会有一个精彩的场面，也是这幕活剧的一个主要部分，那就是他的回答未曾想竟是对方完全不曾料到的结果，回答结束之际，伴随着的是对方目瞪口呆、惊诧莫名之状。

呜呼，这是一个多么让人感到痛心的万恶世界！在国际事务当中，我们无法确保所有人都喜欢的那种情感上的满足一定会实现。因为只有个人才可能是善良之辈，而所有的国家都是惯于欺诈、残酷无情而又老谋深算的。那些总理们、首相们会叮嘱他们的私人秘书，要适当地措辞，帮他们拟定电报文稿，赞誉美国在这一紧要关头的行为，乃是为世界历史书写下了至关重要的篇章，美国人是最高贵的人类，如此等等。而美国人也一定不要希望对方会真的怀着诚挚而发自内心的感激之情来说这些话。

II. 贝尔福[1]备忘录（1925年）[2]

贝尔福备忘录坚持认为，我们从德国获得的收入再加上来自其他协约国的收入，必然与我们给美国的支出相等。这个备忘录起草之时，效果如何尚难确定。我们并不知道需要法国偿付多少，也不知道法国偿付的额度占德国赔付法国额度的比例是多大。而现在，我们可以对这两项数额做一个粗略的估计了。

我们需要支付给美国的金额，每年约在3 500万英镑，以后会增加至

---

1 即阿瑟·詹姆斯·贝尔福，第一代贝尔福伯爵（Arthur James Balfour, 1st Earl of Balfour, 1848—1930年）英国首相中的哲学家，索尔兹伯里侯爵首相的外甥和政治继承人，被同僚称为即使生活在马基雅弗利时代也能游刃有余的政治家。少年时代因爱人早逝而终身不婚，1902年至1905年出任首相，任内其政府因关税改革议题而陷入分裂，但他却跳出了政党圈子，一战中任海军大臣和外交大臣。——译者注

2 本篇首次发表于《国家文艺杂志》，1925年1月24日，题为"贝尔福备忘录和协约国内部债务问题"。——译者注

4 000万英镑。根据道威斯计划（Dawes Scheme）[1]，如果这一计划能够**充分地**予以实施，那么当其实施之时，去掉各种必须预先扣除的费用之后，德国每年赔付的款项约为1亿英镑。其中法国所占的额度约为5 400万英镑，意大利1 000万英镑（起初几年还要比这少些），我们可以拿到2 400万英镑。（还有一些较小的协约国，其所得这里一概从略，因为否则的话只会徒增计算的复杂性，而对计算结果没有什么大的影响。）这样看来，贝尔福备忘录要求法国和意大利每年应支付英国不少于1 600万英镑。由于这两个国家欠我们的债款和它们欠美国的债款额度大体相当（在意大利的总债务中我们所占比例较大，而法国的总债务中我们的比例相对为小），所以我们只能认定美国从它们那里收回的欠款不应该比我们所得到的为少。如果意大利将全部赔款悉数用来还债，如此假设之

---

[1] 第一次世界大战结束后，协约国于1924年制定的德国赔款支付计划。由于德国财力枯竭，道威斯计划加上战胜国争夺德国赔款的矛盾，德国按《凡尔赛和约》（巴黎和会）支付赔款问题成为二十年代资本主义国际经济与政治中难以解决的纠纷。根据英国提议，协约国赔款委员会于1923年11月增设两个专门委员会，一个研究平衡德国预算和稳定德国金融之方法，一个调查德国资本外流情况并设计引回的方法。两个专门委员会以美国银行家C.G.道威斯为主席。12月由法、比、意、英、美5国代表组成的国际专家委员会赴德调查，研究德国赔款问题。1924年4月9日道威斯拟定一项解决赔款问题的计划，史称道威斯计划。该计划经同年7月16日至8月16日之伦敦道威斯会议（英、法、意、日、比、希、葡、罗、南、美参加）讨论并通过，同年9月1日生效。该计划企图用恢复德国经济的办法来保证德国偿付赔款。主要内容是：由协约国监督改组德意志银行，实行货币改革，并由协约国贷款8亿金马克（折合1.9亿美元）以稳定其币制，在赔款总数尚未最后确定的情况下，规定德国赔款年度限额，即由第一年（1924—1925年）10亿金马克开始，逐年增加，到第五年（1928—1929年）增至年付25亿金马克。德国支付赔款的财源来自关税、烟酒糖专卖税、铁路收入及工商企业税。发行110亿金马克铁路公债、50亿金马克工业公债。德国的金融外汇、铁路运营以及税捐征收事务受国际监管。德国以法、比两国从鲁尔撤军作为接受赔款计划的条件。1924年8月16日，计划被双方接受。道威斯计划的执行，对20年代后半期德国经济的恢复和发展起了重要作用。1924—1929年德国支付赔款110亿金马克，获得外国各种贷款约210亿金马克。1928年德国声称财政濒于破产，无力执行该计划，1930年为扬格计划所取代。——译者注

下,法国需要偿付的数额当为2 200万英镑。这样看来,道威斯计划和债务结算的净结果将会是把各国从德国获得的赔款做如下之分配:

英吉利	零
意大利	零
法兰西	3 200万英镑
美利坚[1]	5 800万英镑

说起来容易做起来难。要说这样的事情真有一朝会实现,又有谁会相信?

但是,这还不是激起我对贝尔福备忘录不满的主要原因。上面所言,皆是假设道威斯计划能够予以完满实现时将会发生的情况。设若道威斯计划只取得了部分的成功,那么,根据贝尔福备忘录的原则,法国**必须自己来填补**从德国得到的赔款与支付给我们和美国的债款之间的差额。举例来说,如果道威斯计划所规定的赔款最高额度有一半可以实现——这在很多富有经验的观察家看来已经是了不起的成就了——那么,法国非但一无所得,而且把德国**给它的**赔款全部付给美国都还**不够**。假如道威斯计划进展得相当顺利的话,此时法国实际上是处在第三债权人的位置上;而如果道威斯计划进展得不那么顺利的话,此时法国就成了德国赔款的一个保证人。这样荒谬绝伦之事,要说它会变成现实,有哪个愚蠢透顶的家伙会相信呢?

显然,法国绝对不会同意这样的解决方案。不过让我们姑且**有悖常理**地假设法国竟然同意了这样的方案。在这种情况下,不管道威斯计划执行或进展得是否顺利,从理论上来说,英美两国已经没有什么利害关

---

[1] 包括它自己所直接得到的份额。

系可言。法国变成了唯一的利益相关方——这种相关不仅在于它是一个债权人而且还在于它是一个保证人，必须对任何缺额负责补齐。

贝尔福备忘录容易招致极力反对，从其本质而言是必然的结果。这源于这份备忘录的基本精神，即德国付出得越少，法国就将付出**越多**；也就是说，法国越是无力支付，就越要它多所付出。无论是从外交还是从财政上看，都不得不说这是一种颠倒之举。这种情况无法让我们获得分文；而作为法德之间的调和人，我们这点外交上的权威，也会陷于无地。我们的外交部固然威信扫地，好端端一锅肉汤，白白地浪费掉不说，财政部甚至连个味儿也没闻到，真应了那句老话：羊肉没吃着，空惹了一身羊骚。

因此，贝尔福备忘录从原则上就是要不得的。除非反其道而行之，遵循与这份备忘录完全相反的原则，即德国付出越少时法国付出也应当越少，如此方能取得切实可行之法。法国所支出的跟德国所支出的，必须是在相同的方向而不是相反的方向之下进行变动。我近期所提的建议，依据的正是这个原则，法国的支出应当是它从德国所得金额的一个比例部分。根据目前的报道，法国借克里蒙梭之口表达的主张，所依据的正是这个原则。我建议，法国的支出可以占它从德国获得的收入的三分之一。在对美条件相等这样的假定下，据闻克里蒙梭提出的数字，大概是我提出的数字的一半。但是这并不是说他所提出的就不再有商量的余地，此后为了在这样的原则下求得问题的解决，这一比例还可酌情提高，这都是未尝不可的事情。

这样的解决方案将会增进而不是减损我们和美国在道威斯计划中的利益关系。我们与美国当比我们与法国之间具备更大的利益关系。我们可以以这种方式来对美国的债务适当地做些贡献，贡献的程度大体相当于间接为法国借入的数额。这样，对于仍有待进一步处理的法德关系问题，我们就可以站在有力的道义和外交立场上，发挥一种折中、和平的影响作用。

III. 战争债务的取消问题（1928年）[1]

我们一定不会忘记这些债务的渊源是怎么样的。战端一开，像俄国和比利时这些协约国就率先要求要有财政上的帮助，这种情况随后还扩大到了所有协约国身上。我们采用的援助方式是提供贷款或补贴。贷款要比补贴更好，因为它可以更好地保有借入国的责任感，让它们花起这些钱来也更知道俭省。但是，尽管这种财政援助采取的是贷款这种形式，我们也决不能认为借出国当初是把它在性质上视同普通投资的。如果真有人这样认为，那在逻辑上是不大能说得通的。我们当初在进行援助时，基本上采取的是货币的形式，这也是因为彼时我们确实没有能力援之以人力或船只。就比如说，意大利在战争中初次遭受重创之后，我们把大炮运给它，在武器上加以援助，它则用借款的方式进行偿付。但是，当战争形势进一步恶化，我们送过去的就不仅仅是大炮，而且还给他们配备炮手，让他们可以使用这些大炮来做战，这些援助的人员常有在战争中牺牲生命的。而这后一种情况，我们是不对意大利索取任何费用的。然而，在前一种情况下，意大利的贡献更大，而后一种情况下，则是我们的贡献更大。尤其是美国方面，和这里所说的情况极为类似，它在参战后的相当一段时间内，做出的主要贡献是财务方面的，因为它对于其他的援助形式还没有做好充分准备。美国为协约国军队送来了大量材料和军火供其使用，而只要这些材料和军火送过来，美国就记在我们

---

[1] 本篇是为英国广播公司准备的一份广播稿，在1928年5月3日播报，后来于1928年5月5日发表在《国家文艺杂志》上，题为《战争债务》。——译者注

的账上,这就是我们现在对它欠下的战争债务。但后来美国也把军队派了过来,这些军队自己使用军火时,美国就不再向我们索取任何的费用。很显然,这里面并没有什么太多逻辑性可言。之所以让我们背负对美国的债务,并不是因为它能帮助我们的太多了,恰恰相反,而是因为至少就人力这方面来看是它战争初期能帮助我们的太少了。

当然,这并不是说美国给我们的财务援助对我们而言不是那么有非比寻常的价值。美国参战之时,作为一个借出者,我们自己的资源实际上已经是山穷水尽。那个时候,我们的那点资源只能够自给自足,如若再分力去援助并肩作战的协约国,彼时我们的境地是让人感到力不从心的。因此,美国这个时候给予我们及时的财务援助,可谓是雪中送炭,非常宝贵。美国甫入战局,即担负起责任,对于我们以及其他协约国所需的一切在美国境内的用度,不管什么都尽量出借,无所吝惜,其中还包括在支持外汇方面所给予的某种援助。但是,对美国境外的用度,美国却不准备发放贷款。因此,对于这类开支,英国不得不继续给它的协约国提供贷款——其结果是,美国参战之后我们不得不借给协约国的款项几乎与我们自己借入的一样多。更精确地说,美国参战之后我们从它那里借入的款项为 8.5 亿英镑,而在同一时期借予协约国的款项为 7.5 亿英镑;因此,实际上可以这么讲,美国给我们提供贷款,其目的是在资助协约国而非我们,这一点是美国一贯予以否认的,但是这确实是实际情况。

结果,战争结束之时,协约国对我们欠下了约 16 亿英镑的债款,反过来,我们又欠美国 8.5 亿的战争债务。

自战争爆发以来,关于这些巨额的债务关系我们到底该如何看待,是把它像一般商业往来那样当作投资,还是应该考虑这些债务关系的根源和它当初发生时的特殊环境,一直是一个争论不休的问题。英国的看法是,它们不是一般的商业贸易往来,不该视作投资。另一方面,美国的看法是,既然是借款,那就该按照借款来对待,也就是说,就应该把这些借款看成到期应付的真实债券,只不过考虑到债务人的偿还能力,酌情宽限些时日罢了。至于要接受较低的利率,实际上则是出于美国的自愿。

巴黎和会期间,英国政府曾主张将协约国战争债务一笔勾销。1920年8月,劳合·乔治先生又对威尔逊总统重提旧话。最后,在1922年8月,通过贝尔福勋爵起草的那个著名的备忘录,提出了英国经过考虑后的主张,之后我们一直坚持这一立场,未曾退让。在这个备忘录中,英国政府声明,如果美国同意取消英国欠它的债务,那么英国也愿将各协约国欠英国的债务全部取消,并且还要把自己对德国的赔偿要求权让给其他协约国。通过这样的安排,从名义上来说,英国放弃的比它所得的利益要多出两倍还不止。这个提案至今仍然有效。

美国没有接受这项政策,而后美国与各国分别达成了协议。根据它与英国的协定,全部到期债务的利率为3.3%,与法国的协定,该利率为1.6%,对意大利的则为0.4%。这样可以看出,就利息负担而言,英国是法国的两倍多,是意大利的八倍多。另一方面,英国也和法国、意大利分别签订了协议,而给对方施予的利息负担,比它们与美国的协定还要轻,法国对英国比它对美国要轻10%,意大利则轻33%。最后的结果是,其他的协约国在债务负担方面大大减轻,而唯独英国还是要全部偿还其战争债款,只不过3.3%的利率还算适中而已。

这一协议所产生的结果是,英国每年要向美国支付总额约3 300万英镑的资金,直到1933年为止,在此之后,每年的支付额要增加至将近3 800万英镑,一直到1984年,这种债务关系方告终结。1923年夏天,当鲍德温先生与华盛顿政府协商的详细结果首次公布时,我就曾对这一协议下英国的负担加以核算,进行过说明。根据这个协议,我们要向美国每年偿付债务,时间长达六十年,这个支出额相等于我们海军军费的三分之二,几乎等于我们对教育事业的全部公共支出,超过了我们战前负债的总额。换一个角度看,这个数字比我们从煤矿经营和商业航运两者所得的正常利润总和还要大。有了这笔款项,我们可以在六十年内**每个月**建设一座富丽堂皇的新大学、新医院、新的研究机构,等等。在同样的时间内,付出同等的代价,我们可以把贫民窟消于无形,为当下居住问题没有得到适当解决的近半数人口重新安排舒适的新房子。

另一方面,我们现在也在接收来自协约国和德国的款项,数目并不算小,可以作为我们自己支付给美国的资金之补偿。将这方面收支平衡的情况约略地进行估算,还是颇有些意味的。

1928年,我们从协约国将会得到1 280万英镑,支付给美国3 320万英镑;到1933年,这些数字将分别升至1 770万英镑和3 780万英镑。这样,撇开德国对我们的赔款,在战争债务方面,我们每年支出超过收入大约2 000万英镑。现在,如果德国充分按照道威斯计划支付年金,我们大概可以"两清"(all-square)。道威斯计划下的年金在达到其最大额度(减去德国的贷款业务等)时总计有1.17亿英镑,其中我们的份额(扣除大英帝国其他部分所得之后)大约为2 200万英镑。丘吉尔先生[1]曾给出过估计,在1928—1929年这个当前财政年度,我们的支出额将为3 284.5万英镑,总的所得接近3 200万英镑。

---

1 即温斯顿·伦纳德·斯宾塞·丘吉尔(Winston Leonard Spencer Churchill, 1874—1965年),英国政治家、历史学家、画家、演说家、作家、记者,出身于贵族家庭。丘吉尔1904年到1924年间为英国自由党成员,其间担任贸易委员会主席、内政大臣等职。后重返保守党,1924年被任命为财政大臣。1940年至1945年和1951年至1955年两度出任英国首相,被认为是20世纪最重要的政治领袖之一,领导英国人民赢得了第二次世界大战。——译者注

所有这些要想全部拿到,事实上是不可能的。但是,如果我们暂且假定可以全部拿到,这将有助于总览我们所处的局势。在这样的假定情况下,每个协约国实际上是在将它们从德国得到的支付转给美国而已。在现有的协定下,当协约国对美国的债务支付达到其峰值时,支付总额每年将达 8 300 万英镑(如果就整个还款期限加以总计,则每年支付的**平均额**要在 6 100 万英镑)。如果我们再把德国赔款中美国的直接所得加在这个数字上,除了协约国从德国那里拿到的 1.17 亿英镑之外,美国另外还可以每年获得 7 800 万英镑,总数即占德国支付赔款总额的 67%,此外,还要**加**上不是由赔款来抵补的、由意大利偿付的 1 000 万英镑。这些是协约国归还债款达到峰值时的情况,如果我们就历年平均的偿付情况来看的话,美国在德国支出 1.17 亿英镑这个数额内的所得将是 6 600 万英镑,占总数的 57%。无论是这两种情况当中的哪一种,英国总是左手进,右手出,最后一无所得。

根据上面所述的情况,我们可以知道,如果道威斯计划不能完全实现,则实际支付的额度将会减少三分之一——很多人认为发生这种情况是非常可能的——而如果协约国将战争债务足额偿付时,美国就成了德国赔款的唯一受益人。此种情况之下,所有战争债务的净结果将会是让美国每年坐享 7 800 万英镑的德国赔款——收支相抵之后的净值——含美国而外,没有一个国家可以沾得分毫。

我之所以给出这样的数字分析,乃是借此让我们清楚地看到,何以在协约国看来进一步放松德国赔款问题跟它们自己对美债务问题紧紧地相互结合。美国官方的态度认为这两者没有关系,这实在是一种极其空洞的虚饰之词。将来若重新议定道威斯计划,则无论是何种方式,美国必是其中一方。但是——让我多一句嘴——它那时若能做出任何让步,得到实惠的总是德国和欧洲各协约国,英国若坚持它的原则,收支相抵后，别无多沾。

设若德国的赔款全数或接近全数用于偿还美国在共同对敌作战时所做出的财务贡献，而不是用来修复战争期间所受到的创伤，那么，就会有很多人感到，就人类的情感而言，这是一个让人难以承受的结果，和美国人在参战之时以及参战以后发表的那一套言论，殊不相合。然而，无论民众在这个问题上有着多么深痛的情绪，任何身居权要之位的英国人，要想把它摆上台面，主动正式地开口说出来，总是颇让人感到棘手。这是不用说的，我们既然有契约上的义务，要偿还债款，就当依约履行，无话可说，假如能有别的说法，那是要让人家美国来开口的。战争期间，英国财政部对协约国和美国缔结了很多财务上的协定，此今日之形势所由生也，而当初这些协定的官方起草者这一职位，碰巧落在了我的身上。彼时拟定这些协议时，支配它们的那些理由和动机，我有亲身体会，这种体会一天天地加深，对此我无不谙熟于胸。回想那些日子当中的诸般情境，我仍然抱着一种希望，希望有那么一天，在适当的时候，美国自己选定时机，告诉我们说它还有一些真心话没有说出来，今日之事，尚有转机之可能。

第二部分　通货膨胀与通货紧缩

1　通胀（1919年）[1]

据闻，列宁曾说过这样一句话[2]，要摧毁资本主义体系，最好的方式莫过于破坏它的通货。通过持续地通货膨胀，政府可以在隐蔽、不易觉察的方式下，将国民很大一部分财富予以没收。通过这种方法，政府不但可以没收国民财富，而且还可以**任意地**进行没收；这个过程会让许多人陷于贫困，实际上也会使有些人发财致富。这种对财富进行任意地重新配置的现象，不但会影响到经济生活的安全，而且也会使人们对现行财富分配的公平性失去信心。这个过程让有些人大发横财，不但超出了他们之所应得，而且超出了他们的预期或希望，成为中产阶级仇恨的"暴发户"，而中产阶级在这个过程中受到的打击并不亚于无产阶级。由于通货膨胀的持续，致使货币的真实价值波动很大，作为资本主义最终

---

[1]　本篇摘自《〈凡尔赛和约〉的经济后果》，第六章"和约之后的欧洲"。——译者注

[2]　这句话因为凯恩斯经济学大家的身份而被广为传播，甚至后世经济学家也以讹传讹，事实上，凯恩斯自己对此并没有十足把握，他引用的话是听来的，故曰"据闻"。根据香港学者林行止先生在《弗里德曼是凯恩斯信徒吗？》一文的考证，林先生根据英国著名苏联问题专家理查德·皮泼斯（Richard Pipes）1990年出版的《俄国革命：1899—1919年》一书证明，这句话并非列宁所说，而是另外一位布尔什维克拉宁（Larin）所言。拉宁在俄国革命时期是经济上的负责人，这大概是他在干革命时摧毁帝俄的卢布时的经验总结。——译者注

基础的债权人与债务人之间的稳定关系,在这样的变化当中完全被打乱,几乎丧失了全部意义;取得财富的整个过程,堕落成了一场全凭运气的赌博。

列宁的话说得的确不错。要推翻社会的现行基础,再也没有比破坏通货更诡诈、更拿得准的手段了。这种方法发动了经济规律在破坏方面的一切隐蔽力量,以一种百万人当中都不会有一人发觉其病源所在的方式,发挥着作用。

在战争的后期,所有交战国的政府都干过这种布尔什维主义者所曾设计的勾当,有些是逼不得已,有些则是力量薄弱所致。即便是现在,战争已然结束,它们中大多数由于没有足够的毅力,还是不能摆脱这一恶习。而且还不止如此,现下欧洲很多政府不仅软弱无能,而且在手段上还轻率鲁莽、无所顾忌,把这种不良政策带来的较为明显的后果,推到所谓的"暴发户"这个阶层身上,从而激起民众对这个阶层的愤慨情绪。大体而言,这些"暴发户"是资本家队伍中的企业家阶层,也就是说,他们是这整个资本主义社会中的活跃分子或积极分子,在价格飙升时期,无论他们是否存心如此,财富总是会迅速集中在他们手中,这是大势所趋。如果价格持续上涨,那么,无论哪一个商人,只要手中拥有存货或自己的资产与厂房设备,总可获得丰厚的利润。因此,欧洲的政府蓄意将仇恨情绪引向这个阶层,无异于把列宁所刻意设想出来的诡诈手段再往前推进一步。这些暴发户是价格飙升带来的结果而非起因。通货膨胀必然使得既有的契约关系和已经确立的财富平衡,受到猛烈而任意的干扰,再加上普通民众对企业家阶层的仇恨情绪,这就给了社会安全以重大打击,整个社会更加岌岌可危。如此一来,这些政府们很快就把延续十九世纪社会经济秩序的设想推向了不可能的境地。但是,它们面对这种局面,对于寻找替代之法,却毫无办法。

2 币值变动的社会后果(1923年)[1]

使用货币可以取得设法想要取得之物,这是货币唯一有意义的地方。因此,货币单位的变化,若是在效果上对各方都是一样的,对一切交易的影响都是均等的,那就无关紧要。而如果价值的既定标准发生了变化,一个人关于一切权利、一切努力的成果,所得之价用货币来算比以前提高了一倍,对于一切所获之物、一切享受,他所需付出的货币代价也两倍于从前,那么,这对他的生活来说就毫无影响。

由此,我们可以知道,货币价值——也即价格水平——的变化,只有在它的影响所及不均等时,才对社会有重要意义。这类变化过去曾经、现在也正在对社会发生着巨大影响,这是因为,正如我们所有人都知道的那样,当币值发生了变化,它**并不是**均等地施及于所有人或所有目的的。一人之所得和其所出,并不是在同一比例上发生改变的。这样,价格和收益上的变化,当用货币来计量时,对不同阶层的影响一般来说是不均等的,财富从一个阶层手中转移到另一个阶层手中,让这里一夜暴富,那里穷困受窘,幸运之神重新分配她的恩惠之时,又使得几人计划

---

[1] 本篇是《货币改革略论》一书第一章"币值变动的社会后果"的缩写版。这一章中的很多内容最初作为一篇同名文章曾发表在《曼彻斯特卫报商业副刊,欧洲的重建》,1922年7月27日,第v版。——译者注

受挫，几人希望落空。

自1914年以来币值的波动，起伏之大，影响之广，堪称现代经济史上最重大的事件之一。无论是以金、银还是纸币来计的价值标准，其波动的剧烈程度都是前无古人的。还不仅如此，而且所侵袭过的社会，与以往任何旧时代下的社会相比，在性质上也有所不同，按照一般的假定，在现代社会经济组织下，价值标准是相当稳定的。

在拿破仑战争以及战后紧接着的那一段时期，英国物价波动最为剧烈之时，一年之内涨落差距也不过是22%；在二十世纪这前二十五年，物价水平达到了最高峰，我们一向把这段时期看成是货币史上最为紊乱的一个时期，但是就前面的十三年这一时间段而言，最高价格水平也尚不到最低价格水平的一倍以上。将这和过去九年骇人听闻的变动趋势进行比较，结果更加显而易见。从1914年到1920年，相对于可以购买的物品而言，所有国家都经历了一场货币供给的扩张，这就是说，产生了**通货膨胀**。自1920年以来，重新控制了金融局势的那些国家，不满足于只是结束通胀，又过分地缩减了货币的供给，造成**通货紧缩**的苦果。其他一些还没有控制住金融局势的国家，其通胀的趋势较之以往更是一发不可收。

无论是通胀还是通缩，都会带来巨大的损害。在改变不同阶层之间财富的**分配**上，二者皆会有所影响，但是在这方面通货膨胀更加要不得。对于财富的**生产**二者也都会发生影响，然而在这里通胀会带来过度刺激，通缩则会使财富的生产减慢，这方面通货紧缩危害更大一些。因此，对于我们来说在讨论时可以采用的最为便利的方法，就是把问题进行分类：先来分析货币价值变动对财富分配的影响，此时我们主要关注的是通货膨胀；接下来再考察这类变动对财富生产的影响，此时所主要关注的则是通货紧缩。

A. 币值的变动对分配的影响

I. 投资者阶层

在货币的各种职能当中,有一些主要是以其实际价值在一定时期内基本上固定不变这一假设为前提的。这当中,主要的是那些与广义上的**货币投放**(investment of money)契约相关联的职能。这类契约——也即规定在一段较长时期内如何支付一定数额的货币的那种契约——是我们为了方便而称其为**投资制度**(investment system)的特征所在,这一制度与产权制度一般来说是有所区别的。

资本主义的这个阶段是在十九世纪发展起来的,在这一阶段上,很多措施都是为了使财产的所有权和管理权彼此分离而设计出来的。这样的措施主要有三种类型:(1)财产所有人与财产管理相分离,但仍然保有对财产的所有权,也即实际上的土地、建筑和机器或任何成为其财产的东西的所有权,这种所有权的体现方式典型表现为持有股份公司的普通股;(2)财产所有人与其实际财产暂时分离,在分离期间每年收取一定数额的**货币**,但他的财产最后仍然由他收回,这种所有权的体现方式典型表现为租借;(3)财产所有人与其实际财产永远分离,取得的报酬,或者是按货币来计算的永续年金,或者是有一定期限的年金,期满之时归还以货币计的本金,这种所有权的体现方式典型表现为抵押、公债、公司债券和优先股。这第三种类型代表了**投资**的充分发展形态。

规定在未来某一时期收回某一固定数额货币的契约(而对于未来收回之时货币真实价值的可能变化则未加规定),只要有了借入借出的关系,就必然已经存在。租借和抵押的形式,以及对政府和少数私营机构如东印度公司的永久性贷款的形式,在十八世纪时就已经非常常见。但是,在十九世纪,这些形式不断更新,而且更趋重要,到二十世纪初,进一步将有产阶级分化成两个群体——"企业家"和"投资者"——二者的利益存在着部分分歧。这两个群体的划分,在个人之间并非泾渭分明;因为企业家也同时可能是一位投资者,而投资者可能也拥有一些普通股;但是二者之间的区分还是符合真实情况的,而且有其重要意义,因为这一点过去很少被注意到。

在这一制度之下,活跃的企业家阶层不但可以利用自己的财富,还可以利用整个社会的储蓄,来为他们的企业筹资;另一方面,职业阶层和有产阶级则可以找到使用他们资源的一种方式,这种方式给他们带来的麻烦既少,又没什么责任,而且(据说)所承受的风险也比较小。

这一制度运行已历百年之久,风行全欧,取得了超乎寻常的成功,使得财富获得了规模空前的增长。对于一个人数不在少的阶层来说,储蓄和投资既是其职责所在,又是其喜爱之事。储蓄很少支取,在复利下进行累积,使得所获颇丰,这一点现在我们都视之当然。同时,这个时代的道德、政治、文艺和宗教结合在一起,达成了一个伟大的、心照不宣的密约,其目的所在就是促进储蓄。上帝和贪财的恶魔玛蒙(Mammon)[1]竟然携起手来,保持着一致的步调。人们找到了在尘世上的乐土。毕竟,富人也可以进天堂——只要他能够储蓄。天国响起了新的福音。"这当真是不可思议,经过上天聪明仁慈的安排,当人们所思所想除了自己的利益别无其他时,却对公众的福利做出了最大的贡献。"[2]天使们这般歌唱。

---

1 根据词源学的解释,"Mammon"是在圣经文学中被用于描述追求财宝、贪婪的用语,常用于描述过分物质主义等消极的一面。这位恶魔出现在《圣经旧约》与《圣经新约》之间的年代,在《马太福音书》中曾有关于他的描绘:"一个人不能侍奉两个主人,热爱一方则必须憎恶另一方。如果你敬爱神,那么就不能执着于财富!"玛蒙是勾起人类"金钱欲"的恶魔,其势力是在中世纪以后才逐渐著名起来。这主要是因为在古代财富的集中化并不明显,但到了中世纪贫富差距越来越大,"金钱欲"成为现实生活中最为引人注目的问题。——译者注

2 《货币知识入门青年读本》,基督教义促进会出版发行,1850年第12版。

如此营造出来的氛围，使得扩张企业的需求和不断膨胀的人口对坐享其成的非企业家阶层的成长之需要，彼此和谐相辅，携手并进。但是，在普遍享受生活的舒适和进步之时，这一制度运行的前提乃在于投资阶层将他们的财富寄托在货币稳定之上，这一点却基本上被人们忽略了；人们怀着一种无可置疑的信心，认为此种事情已然步入正轨，完全无须顾虑。于是，投资之风越来越盛，投资数额也越来越大，直到后来，对于这个世界的一切中产阶级而言，金边证券（gilt-edged bonds）[1]成了世间最持久、最安全的资产代表。在我们这个时代，这种一贯的信念竟如此根深蒂固，以致根据英国的法律，财产受托人受到鼓励把他们的信托资金悉数投在了这类交易之上。而实际上除了房地产（由于它本身就是早期情况下遗留下来的残余现象，故而是一个例外）的情况之外，一般是不准许把信托资金用于其他目的的。[2]

其他方面也和这里一样，十九世纪总是对自己的幸福经验将永远延续下去这一点深信不疑，而对于过去所发生的那些不幸带来的教训，则置若罔闻。不要忘记，即便指望货币可以用某种金属的固定数量来表示，也并没有历史的保证，要指望它用不变的购买力来表示，那就更加渺不可求了。然而货币并非别的，它只不过是由国家随时宣布的一个履行货币契约的适当的法定事物罢了。1914 年，在英国，黄金不作为价值标准已经有了一个世纪，在任何其他国家，黄金不作为唯一的价值标准也已经有半个世纪。每经历一次长期战争或严重的社会动乱，随之而来

1　金边证券，即英国国债。专指财政部代表中央政府发行的国家公债，由国家财政信誉作担保，信誉度非常高，历来有"金边债券（证券）"之称，稳健型投资者喜欢投资金边证券。——译者注

2　德国的财产受托人直到 1923 年才解除和这里相类的责任，在这一年，以货币所有权形式投放的信托资金，其价值已完全化为乌有。

的就必然是法定货币（legal tender）的变化，从无例外；而且从最初有经济记载以来，每一个国家都有关于历来次第表示货币的各种法定货币之实际价值不断下降的历史记录。

还不止如此，这种历史上货币价值不断下降的表现，并非昙花一现，偶一为之，在其背后，隐含着两个巨大的推动力量——政府的贫困和债务人阶层强大的政治影响力。

通过货币贬值来征税的权力，自罗马帝国发现它之后，就一直为国家所固有。法定货币的铸造，过去是，现在依然是政府的最后储备；只要这个工具还留在手中没有使用，就没有国家或政府会宣告自己破产或者覆亡的。

舍此而外，我们在下文还会看到，能够从货币贬值中取得好处的，并不限于政府。农民和债务人以及其他所有负有义务偿付到期定量货币的人，都可以分享这种好处。现在，企业家是在经济体系中发挥建设性作用的积极分子，而在过去的时代，同样的角色却是由前面所说的那些阶层来扮演的。因此，这种在过去使得货币贬值的长期变化，可以对新兴人群有所帮助，把他们从死气沉沉当中解放出来，以牺牲旧财富为代价而有助于创生新的财富，武装企业而不是蓄积财富。货币贬值的倾向在过去的时代是对复利下的财富累积和财产继承的一个强大的抵消力量，现而今它则对旧有财富发挥着严格分配以及对所有权和经营活动的分离发挥着放松态势的影响。通过这种手段，每一代人都只能部分地继承先人的遗产；此时，除非社会能够自觉地慎重考虑，另外再想出一套更为公平、更为便利的办法来取而代之，否则要想达成建立恒产之计划，必无可能之径。

总之，在这两种力量的影响之下——政府的财政需要和债务人阶层的政治影响——有时而此，有时而彼，常使得通胀的进程**永无间断**；如果我们考虑从公元前六世纪首次把货币设计出来开始算起的这样一段漫长时期，放眼观之，这种趋向是清清楚楚地摆在我们眼前的。有时价值标准自身也会贬值；舍此而外，造成这种趋向的，基本是货币质量的下降所带来的结果。

尽管如此，不管在什么时候，由于使用货币是日常生活中的一个习惯性行为，把这种情况完全抛诸脑后，把货币自身视为价值之绝对标准，总是非常容易的；除此之外，还有一层，当一百年的真实历程并未干扰到他的幻念之时，普通人就会把错觉当成事实，把三代人皆习以为常的情况，看作恒久的社会基础结构的一个部分。

十九世纪诸般事件的经历巩固了这类信念。在其前四分之一世纪里，紧随拿破仑战争期间的超高物价之后的，是货币价值相当快速的提高。之后的七十年中，偶有短时间的波动，除此之外，价格一直在不断地下降，到1896年达到了最低点。这是总体的趋势，但是这一较长时期的令人瞩目的特征是价格水平的相对**稳定**。1826年、1841年、1855年、1862年、1867年、1871年与1915年，以及与这些年份相近的时期，均出现了大休**相同**的价格水平。1844年、1881年和1914年，[1]价格水平也处在同样的位置。如果我们把上面提到的这些年份的物价指数定为100，那么从1826年开始直到第一次世界大战爆发为止，在接近一个世纪的时间内，其最大波动幅度，高不超过130，低不少于70。这也就难怪我们会对长期中货币契约的稳定怀有如此之信心了。作为一种人为规定的标准，黄金这种金属可能并不具有所有的这些理论上的优点，但是，它的价值不能被随意地加以操纵，而且实践也证明了它的可靠性。

与此同时，二十世纪早些时候，英国统一公债（consols）[2]的投资者

1　现在可能还要再加上1931年。

2　统一公债是一种没有到期日，定期发放固定债息的特殊债券。有一种最典型的统一公债——英格兰银行在十八世纪发行的英国统一公债（English Consols），英格兰银行保证对该公债的投资者永久期地支付固定的利息。——译者注

们进行得非常顺利,这表现在三个不同的方面。首先在于这一投资的"安全性",关于这一点,在投资者们看来已经臻于至善之境。其次是这种公债的本金有一定提高,这一点一部分是出于上面所说的那些原因,但是主要还是因为利息率的稳步下降使体现为本金的每年收入逐渐有所增长之故。[1]最终,整体来说每年货币收入的购买力在不断增长。比如说,如果我们考虑从 1826 年到 1896 年的这七十年(并且忽略掉滑铁卢战后随即而来的显著涨势),可以发现,这种统一公债的本金价值是在稳步提升的,中间除偶有蹉跌之外,价值从 79 升到了 109(虽在戈申[2]手中公债利率于 1889 年从百分之三降到了 2.75%,于 1903 年再次降到 2.5%),尽管利率有所降低,而每年所得利息的购买力仍然提高了 50%。这种统一公债除了在价值和收益上的增长,在稳定程度上也有所增进。在维多利亚女王时代,除危机时期之外,这种公债的价格从未低于 90,即便在 1848 年,君主权位摇摇欲坠之时,这一年的平均价格下降也不过才 5 个百分点。维多利亚[3]登基之时,价格是 90,登基六十周年纪念时,价格达到了顶峰。这也就难怪我们的父辈们会把统一公债视为一种绝佳的投资对象了!

如此一来,在十九世纪,产生了一大批有权有势而又极受尊崇的人

---

[1] 例如,如果利率从 4.5% 降到 3%,那么收益为 3% 的统一公债,其价值也就从 66 提高到了 100。

[2] 乔治·戈申(George Goschen,1831—1907 年),第一代戈申子爵(1st viscount Goschen),英国德裔政治家、金融家。1886 年起曾担任英国财政大臣。——译者注

[3] 即维多利亚女王(Alexandrina Victoria,1819—1901 年),曾是英国历史上在位时间最长的君主,在位时间长达 64 年。她也是第一个以"大不列颠及爱尔兰联合王国女王和印度女皇"名号称呼的英国君主。她在位的 64 年期间(1837—1901 年)是英国最强盛的所谓"日不落帝国"时期。她统治时期,英国历史上称为"维多利亚时代",英国加大侵略扩张力度,在世界范围内建立和占领了无数殖民地。她在位的 60 余年正值英国自由资本主义由方兴未艾到鼎盛,进而过渡到垄断资本主义的转变时期,经济、文化空前繁荣,君主立宪制得到充分发展,使维多利亚女王成了英国和平与繁荣的象征。——译者注

物，从个体上看他们都很富裕，总体而言也是拥有很多财富的一个阶层；可是，他们既不曾拥有房产、土地，也不曾经营企业，或者占有金银财宝，他们所有的不过是一种权利，而基于这种权利，每年就可以得到若干法定货币的收入。这类公债成为十九世纪一个特定的产物，成为那个时代值得骄傲的一件事物，中产阶级把他们的积蓄，基本上都投到这里来。习惯的力量以及骄人的过往，为这类投资赢得了安全的美誉，让人无可置疑。

在大战前夕，由于物价上涨，也由于利率的提高，这类中间财产（与十九世纪中叶其鼎盛时期对比），已经在走下坡路。但是，伴随着战争的爆发而发生的一系列货币方面的事件，其结果使这类财产的实际价值，在英国损失了一半，在法国丧失了八分之七，在意大利失去了十二分之十一，在德国以及奥匈帝国分裂后成立的和在俄国成立的那些国家，事实上已经化为乌有。

这样来看，战争的影响，以及伴随战争而来的那些货币政策的结果，已然使投资者阶层所有财产的实际价值中极大一部分付诸东流。这一损失来势如此凶猛，当其来临之际，又与性质上更加恶劣的其他损失交织在一起，以致仅就这一损失而论，对于它全部的后果，人们还没有来得及充分加以认知。但是，尽管如此，其影响所及，对于不同阶层的相对地位而言，还是产生了深远的影响。放眼整个欧洲大陆，中产阶级战前的积蓄，凡是以证券、抵押或银行存款的形式来投放的，大部分甚或全部被一扫而空。同样毫无疑问的是，这种经历必然会对储蓄和投资行为的社会心理产生变化。过去认为是最安全的，现在证明最不安全。人们既不胡天海地地花费，也不作投机的打算，他要"为家人储备物资以备不虞"，对安全大唱赞歌，他所恪守的是从经验中得来的教训，是老于世故之人遗留下来的那些可敬的信条。的确，他是最不愿意行险之人,然而,结果却是受到了最严重的天罚。

就我们当下的目的而言,我们应该从中得到哪些教训呢?我认为主要的一点是,如果把十九世纪发展起来的(并且一直到现在还保留着的)社会体制与对货币价值采取自由放任政策结合起来,既不安全,也不公正。如果说我们以前的安排运行得很好,亦是不确之词。如果我们打算继续把社会中的自愿储蓄吸收到"投资"上来,那就必须得把储蓄和投资所由表现的价值标准,保持稳定,并把它作为慎重考虑之后的国家大政方针来对待。俟之将来,如果遗产法和资产累积率将从事企业经营的活跃分子收入的极大一部分,流到那些坐享其成的非活跃分子的手中,那么,就当以别种方式(使得所有形式的财富同等地受到影响,而不仅仅让无辜的"投资者"受到格外严重的打击)来对国民财富进行再分配。

II. 企业家阶层

工商界和经济学家很久之前即已认识到,价格上涨的时期对企业会产生促进的作用,因此对企业家是有利的。

首先,如前所述,投资者阶层的损失,可以相对成为企业家阶层的所得。当货币价值下降时,很显然,就所得利润而逐年进行固定数额货币支付时,那些从事积极的企业经营活动的人们必然要获其利,因为此时的货币定额支出占其货币营业额内的比例,较之以前将会减少。这种利益的享有,不仅发生在变动发生的过渡时期;而且当价格在新的、较高的水平上稳定下来之后,就原有的债务关系而言,这种利益还会继续存在。例如,全欧洲的农场主凡是以前用抵押贷款方式购入土地从事耕作,这项借款到币值变化时还没有偿还清的,此时将会感到几乎已经是完全没有负担一样,而抵押权人则遭受了损失。

而且，在价格变化时期，价格逐月上升，企业家除上述那一点之外，还有一个更大的意外财源。无论他是一个商人还是一个制造业主，在卖出之前，一般总是要先买进的，那么，他至少有一部分存货是要冒价格变动的风险的。因此，在他手里的存货，如果逐月上涨，他就会一直保持着待价而沽的心态，以保证取得超过他原来预期的意外多出的利润来。在这样一个时期，做生意自然是再轻松不过的事了。任何人只要能借到钱，运气如果不是太差，赚钱就是必然的，虽然这与他的付出并不相称。如此一来，价格上涨时，但凡有着债务关系的企业家总会居于有利的地位，他偿还借款时，以实际价值来衡量的话，他的还款所体现的，不但没有利息的支付，即便比起原来的本金也还要少。

但是，如果货币贬值成了企业家的一种利益来源的话，那么这也会让他成为众矢之的，各种毁怨会纷至沓来。在消费者看来，企业家的非分利润乃是可憎的物价上涨之前因，而非后果。此时的企业家，自身处在财产价值瞬息万变的纷乱之中，渐渐也会失去保守的本性，开始更多地关心眼前的巨大利润，把正常业务下微薄而长久的所得，抛诸脑后。他对事业前途的远大利益，不再像以前那样重视，兴奋情绪下的思虑所在，尽是眼前的暴利。他的那些超过常限的利得，原本并非出于他的蓄意而为，他本来是没有这样的处心积虑的谋划或者打算的，但是，一旦尝到了甜头，他就不会再轻易放弃，会竭尽所能地努力争取保住这些战利品。作为一个企业家，凭借着这样的冲动来做事，他自己心情也不会怎么舒畅。就他与社会的关系、他所发挥的作用以及他在经济结构中存在的必要性而言，在内心当中，他已经失去了先前的自信。对于其事业和所属阶层的未来，他心怀忐忑，而对于自己要紧紧抓住的财富，也越发感到缺乏安全保障。身为企业家，他本是国之栋梁，社会的中流砥柱，未来发展的建设者。不久之前，他的积极活动和所获取的报偿，还几乎得到了宗教上的认可，在所有人和所有阶层当中，他是最受人崇敬和赞许的，被认为是社会不可或缺之人。若然对他的行动进行阻挠，必被认为不但会造成不幸的后果，而且还是一种不敬之举。但是，现如今一切都不一样了，人人对他侧目而视，他自己也感到被人嫉视、受人攻击，成了不公不法的律例之下的受害者，觉得自己也不免有罪，变成了一个投机的奸商。

如果一个有血气的人认为那些比他富有的人都是通过幸运的赌博而得到他们的财富的，那么，他一定不会甘心受穷。原本是受人尊重的企业家，现在却变成了人人唾弃的投机奸商，这对资本主义是一记重拳，因为它破坏了一种心理上的平衡，正是这种平衡才使得不平等的报酬得以继续存在的。正常利润的经济原则，人人心中皆有模糊的认识，这是资本主义得以合理存在的必要条件。只要企业家的所得大致在某种意义上跟他对社会有所贡献的积极活动能够发生关联，也只有在这样的情况下，他的所得才可以为社会所认可。

那么，这里所说的乃是由于货币贬值而造成的对现有经济体系的第二个干扰因素。如果币值下降使得投资遭受打击，那它同样对企业也会有所损害。

即便在繁荣时期，也并不容许企业家独自享有全部的额外利润。我们有许多通行的补救措施，试图革除今日之积弊——诸如各种补助金的规定、价格和租金的决定、不当利得的取缔以及超额利润的课税等，但是这些办法常常不过是徒劳，最后它们自身也变成了积弊当中难以被忽视的一部分。

繁荣之后是萧条。此时，价格低徊，对那些拥有存货的人来说，所产生的作用，与价格上涨时恰恰相反。超过预期之外的损失取代了意外之利得，而这种情况与企业效率毫无关系。当此之时，人人所欲的无不是尽可能地减少存货，这就使整个工业陷入困顿。在这一点上，与过去尽可能地囤积存货的兴奋之状，形成了极为鲜明的对比。失业取代了对暴利的猎夺，成为当下的一个严重问题。

Ⅲ. 工资劳动者

工资变动滞后于价格变动，因此工资劳动者的实际所得在价格上涨时期总会有所降低，这已是经济学教科书中的老生常谈。在过去，情况大抵如此，即便在现在，对某些部门的工人来说，要改善他们自己处境相对不佳或组织较差的地位，情况可能依然是这样。但无论怎么样，在英国，也包括在美国的工人，就某些主要的部分来说，情况已经不是这样，他们可以利用具体的情势，结果不但所获得的货币工资在购买力方面同以前所获得的一样，而且还能够在实际上有所改善，使工资的增长与工时的缩减相结合。以英国为例，这样的情况是在整个社会总财富有所减退时实现的。而这种反常现象并非偶然所致，其间有确切的原因可供探究。

某些部门的工人——铁路工、矿工、码头工人等等——为了确保工资上涨，在工作的组织上较之以前更为先进。可能是破天荒头一次，在战争的历史上，军队的生活较之于传统的要求标准，在很多方面都有提高，士兵们穿戴普遍比以前好，饮食方面也常常好过工人阶级，他们的妻子除在战时享受离居津贴，就业的机会比以前有所增加之外，在思想意识方面也有较大的提升。

尽管这些影响足以刺激工人要求生活改善的动机，但是如果没有企业家的超额利得这一因素，还是会缺少达成目的的手段。企业家财源广进，络绎不绝，乃是众所周知的事实，他们所得的利润，远远超过了商业的正常利润，这一点让他们容易招致压力，这些压力不仅来自他们的雇员，而且还来自一般的公共舆论；而要使他们去满足这些压力的要求，并无财务上的困难。实际上，他们也是愿意付出一笔赎金，将所得的横财与工人们同享，以便息事宁人的。

这样，大战之后的数年间，劳工阶层改善了其**相对**地位，除了那些"暴发户"之外，这一点与其他阶层形成了对比。在有些重要的情形下，他们甚至还改善了其绝对地位——也就是说，他们只需工作更少的时间，却提高了货币工资；虽然物价更高，但是有些部门的工人就完成工作每一个单位所得的实际报酬而言，较之以前也更高了。而这种情况虽然为我们所想望，但它是否**稳定**，则非我们所能预料，除非我们能够对劳工阶层报酬增长的来源能够予以准确地把握。我们想知道，工人收入的增长情况，是源于决定国民产品在不同阶层之间分配对经济因素的永久性改变呢，还是通货膨胀以及由之引起的价值标准的变动所带来的某种暂时性的、终将耗竭的影响所致？到底是哪个因素，着实颇费思量。

萧条时期的到来，不免使得劳工阶层受到不利的影响，但这种不利影响更多地表现为失业，而不是实际工资的下降，而且有国家对失业的救济，这种情况当不至于变得十分严重。在这样的时期，货币工资自然会随着物价水平而下降。但是，1921—1922 年的萧条并没有逆转劳工阶层与中产阶级相比之下的相对优势。1923 年英国的工资率，与战前相比，若然把工时缩短这一因素考虑在内，显然要比生活费用的提高要高得多。

B. 币值变动对生产的影响

不管什么样的原因，无论是对是错，如果工商界**预期**价格将会下跌，那么，生产的过程就会受到影响；而如果他们预期价格将会上升，那么，生产就会受到过度的刺激。价值的标尺发生波动，一点儿都不会改变世间的财富、需求或生产能力。因此，它也不应影响生产的性质与数量。而相对价格的变化，也即各种不同商品的比较价格的变化，则会影响到生产的性质，因为这也表明，不同的商品并不是在完全相同的比率上被生产出来的。但是，一般物价水平（general price level）的变动，情况却不是这样。

对一般物价水平变动的预期会影响生产过程这一事实，是深深地根植于社会现行经济体制的特质之上的。我们已经看到，一般物价水平上的变动，也即价值标尺——这一价值标尺将货币借入者（是由他们做出决策来启动生产过程）对借出者（一旦他们将货币出借即不再有所作为）的义务加以确定——的变动会影响到这两个群体之间实际财富的再分配。除此之外，那些积极有为的群体，也即借入者，如果事前预期到了这样的变化，就会抢先采取行动，如果预期的货币价值变化实现时，就将他们的损失降到最低限度，转嫁给另外一个群体，或者从中进一步谋取利益，牺牲另外一个群体。如果他们作为一个整体预期到价格将会下跌，那就不妨故意地压低生产，这对他们来说当然是合算的，但是整个社会则会由于这种被迫的失业而导致贫困。反过来，如果他们认为价格将会上升，那就会广借资金，大兴土木，盲目地扩大生产，扩大到基于努力而获得的实际报酬达到刚好满足社会获得的补偿之外对他们可能仍然有利的地步。当然，有时候价格标准的变动，尤其是在对这一变化事先没能预见到的时候，会有利于某一个群体而不利于另外一个群体，其偏颇的程度，与这一变化对生产量产生的影响程度相较，也许并不相称；但是积极有为的这个群体对于未卜的前途而言，其行为上的取向当不会出于我上面的描述。简单地讲，这就相当于说，生产的强度基本上是由现行条件下企业家预期的实际利润是多少所决定的。只有当各种利益的微妙调节没有为价值标准的波动所打乱时，这样的判断标准对于整个社会来说才是一个正确的标准。

币值不稳定,也会直接带来相当大的风险。在生产的漫长过程中,企业界会发生很多以**货币**来计的支出——支付给工人的货币工资以及其他生产费用等——预期到在稍后的某个时期产品售出后较为容易地使货币回笼,这类支出就很容易得到补偿。这就是说,工商界作为一个整体,它一定总是处在这样一种地位之上,价格上升时即会有所得,价格下跌时则会有所失。在货币契约制度之下,无论工商界是否喜欢,生产技术总是会为它带来很大的投机意味;如果它不愿意处于这样的地位,那么,生产过程必将陷入困顿。在工商界之内,总是存在着某种程度的投机职能的专业化,其中有一类职业的投机者对于正常的生产者会施以援手,对他们的风险,会帮助分担一部分,而这样的事实并不会影响到上述的观点。

现在,我们知道,不仅价格变动**实际发生**时,会有利于某些阶层,而不利于另外一些阶层(这是本章第一节的主题),而且对价格低徊而产生**普遍的恐惧心理**时,整个生产过程可能也会因此而受到阻抑。因为如果预期价格将趋于低徊,那就不再会有足够多的冒险者,愿意让自己身处投机的"多头"地位,这就意味着企业家将会畏缩不前,不敢参与进漫长的生产过程中去,事先垫付货币支出,事后收回长期的垫付——由此产生了失业。价格低徊这一事实使企业家遭受了损失;因此对价格低徊的恐惧之情,促使他们减少活动,防止亏损,保护自身;然而,正是各个企业家对风险估计的加总,以及他们承担风险的意愿,决定了生产的活动和就业的水平。

还有足以将事态变得更加严重的是,如果关于价格趋势的预期普遍一致,那么在结果上就会有累积之效,最终会达到某一具体之点。如果工商界预期价格会上涨,而且据此行动的话,这一事实会带来价格的一时上涨，而达到某一具体之点，证实了价格上涨的预期之后，原有的预期就会得到特别强化；如果预期价格下跌，那么情况也会与此相类。这样，即便是一个相对微小的初始推动力，都可能会引发一场轩然大波。

要根治这种个人主义的致命恶疾，最好的方式莫过于釜底抽薪，将任何能够使得价格上涨或下跌的有信心的预期根本失去存在的可能；或者说，能够做到这样，即使价格发生了变化，也不会扩大事态，不会由此引发重大风险。设若出于意外或偶然的原因，价格发生了适度的变动，由此发生的后果是，财富的重新分配虽然在所难免，但财富的数量却不致减低，这样就不会发生严重的扰动。

要想彻底消除这类初始波动带来的一切可能影响，然后又同时取得上述的这些结果，此种希望似无实现之可能。比较合理的补救方法，似乎可以这样：当价格标准方面不管发生什么样的情况，如果听任自然，将会引起对一般价格水平变化的预期时，货币管理当局即当采取步骤，把与当下趋势相反的那些因素调动起来，以抵消尚在襁褓中的这类预期。这样的政策，其目的在于消弭预期，避免发生实际的变动，即使实施的效果不能尽如人意，也总比袖手旁观、一切不闻不问的政策要好得多。如果将价值标准拱手让予命运的机缘来支配，刻意使之脱离中央的控制，自不免会发生无可约束的预期，使生产的治理陷入瘫痪或过度兴奋。

因此，我们可以看到，价格上涨和下跌，各有其特有的不利一面。通货膨胀会带来物价的普遍上涨，结果对个人或阶层，尤其是对食利者们会造成不公，因此对储蓄是不利的。通货紧缩会带来物价的普遍下跌，结果企业家们为了避免损失，将会限制生产，而这对工人阶级和企业而言，都不是能带来利好的事情，将造成贫困之后果，因此对就业是不利的。当然，通货膨胀和通货紧缩二者的影响，并不一定都是如此泾渭分明，后者于借入者而言，也会造成不公之后果，而前者会过度刺激工业生产，同样也不是一个有利的因素。但是，这些后果并没有像前面特别指出的那般严重。因为借入者为了避免受到通货紧缩最坏的影响而自我保护时，总是相对更有办法，所处地位也较为有利；而且工人阶级在市场状况开始好转的情况下进行自我保护，以免于身疲力倦的能力，也比市场状况恶化、就业不足的情况下要更强一些。

由是观之，通货膨胀有欠公允，而通货紧缩则不合时宜，二者皆非所欲。但是，如果把像德国发生的那种极度恶化的通货膨胀的情形排除之后，那么两者之中更不为我们所欲的似乎是通货紧缩；因为在贫困的情况下再引发失业，比之于让**食利者**生活受到挫折要更加糟糕。然而，对于这两种不利情况，应该如何权衡轻重，是不必放在心上的。大家很容易便可得到一致的看法，即认为二者都是应该竭力避免的灾祸。以今日个人主义为基础的资本主义观之，正是因为它将储蓄委托给个人投资者，把生产交给了个人雇主，所以才**必须有赖稳定的价值标准的存在**，若然没有这一前提，资本主义万不能行之有效——甚或根本无可生存。

基于上述这些重要原因，我们一定要打破这样一种深信不疑的偏见，即认为对价值标准的规制，不是可以由人们**深思熟虑所能做出的决策**。有人认为价值标准问题自有其独有的特征，在各种不同的程度上与这一特征难以解分的是气候、出生率、宪章制度等等之类因素，总而言之，在其中起着决定作用的乃是一些天然的原因，或者是众多个体单独行动的综合结果，或者认为除非通过革命，否则无法改易局面。同样基于上述那些重要原因，我们决不能再存因循之念，决不能再把价值标准问题列入这样的范畴进行考虑了。

3　法国法郎[1]

I. 给法国财政部长（不管他是谁，或可能是谁）的一封公开信

先生：

我在日报上读到了您及您的前任们对起草新预算和整顿旧债的日常计划，由此给了我这样一种印象，在居于伦敦的我看来，似乎属于技术分析的那一类问题，在巴黎却很少讨论到。因此，我斗胆请您稍分心神，暂时脱离即使向国会提出也白费心力的这等预算，来注意一下某些基本的考虑。

最近几年，我多次谈及法郎，一直到今天，我仍然没有改变任何看法。在两年多以前，我就曾这样说过："法郎的水平问题长期来看必须予以解决，而决定这个水平的，不是投机或贸易余额，甚至也不是鲁尔事变的结果，[2]而是法国纳税人允许从他手中拿走其辛勤所得的收入给法国食利者们的比例。"目前我仍然认为这是一个最为根本的思想观念，您的

---

[1] 本篇首次发表在 1926 年 1 月 9 日的《国家文艺杂志》上，标题为：《法国法郎：给法国财政部长（不管他是谁，或可能是谁）的一封公开信》。——译者注

[2] "鲁尔事变"是指 1923 年 1 月 11 日，法国以德国未能履行《凡尔赛和约》有关向法国交付赔款的规定，伙同比利时出动 10 万大军，进占德国鲁尔地区，打破了第一次世界大战后凡尔赛体系建立的"和平"局面，在国际上引起强烈反响。英美政府极力对这一事件施加影响，法国被迫于 1925 年撤军，结束了占领。由此，法国外交政策遭到了大战后最惨重的失败。在这一过程中，突出地反映出了当时西方诸大国如德法英美之间矛盾、斗争的尖锐性与复杂性，呈现了战后初期欧美国际关系的中心内容及其发展变化。——译者注

计划应当从这一点出发来进行考虑。

现在的情况很明显，要想获得所期待的均衡，有两种办法。您可以增加纳税人的负担，或者你可以降低食利者的权利请求。如果您选择第一种办法，那么，法国国民收入中的四分之一将为税收所吸纳。这种办法真的可行吗？如果作为一个异邦之人谈及另一个国家的政治氛围可以安之若素的话，那么我大胆断言，根据最近的迹象看，要增税到如许地步，使之足以满足在当前水平上食利者们的要求，法国民众必不肯接受。即便这样的税负在政治上可以办得到，在行政管理上也可能不免会垮台。法国财政部当下的迫切任务，不是去设计如何增加税收，而是要建立一个能够胜任这一征税任务的行政管理机构，来从事征收现在这样的税赋。因此，如果我处在您这样的位置，作为一名政治家，我将不会再多花一分钟去考虑新税计划，就财政部分的职责而言，我将集中心力巩固和管理现有的税赋工作。

仅仅做到这一点还是不够的，故而您接下来的任务是——只要您接受我关于法国民众的情绪之观感——冷静思考一下，怎样才能通过最为适当的方式，来降低食利者们的权利要求。这里有三种方法可供选择：第一，实施普遍的资本课税；第二，强制降低公债利率；第三，提高物价水平，这可以降低食利者们货币债权的实际价值。毋庸置疑，从功效、公平和理论依据上来说，较为可取的是第一个。设若英国处于同样的困境，我也将建议使用第一种方法。但是，就法国今日之情势而言，进一步进行征税，必将遇到政治和管理方面的重重困难，最终不免使得这一建议使用的方法归于失败，因此我不会在这一点上枉费时间。第二种方法因为不牵涉行政管理上的困难，故而具有很大的吸引力。我相信，法国某些政要一定是赞成这种办法的。尽管如此，若然我居于您的位置，对这样的建议，我必表示拒绝，因为它与一般的资本课税以及货币贬值的办法不同，它是赤裸裸地拒付债务的赖账行为，是背信弃义的举动，采取这样的财政措施是非常危险的，若非万分危急之时，绝不可轻易动用。

因此，经过逐一排除，我们现在只剩下唯一一条出路——提高国内物价水平；这可以让我们从财政领域脱身，转移到价格水平、外汇、法国银行的黄金储备、国外投资的数量以及贸易余额上来。这里，我还不得不请您留意一种很有意思的有关法郎价值变化的特殊情况。

事实上，历任财政部部长们都曾尽其最大能力，以便从我所指出的这条出路上寻找解决之法。他们曾大规模推进通货膨胀政策，除了间或有些短时的回流之外，他们逐步降低了法郎的黄金价值。他们已经竭尽所能，除此之外，还能做些什么呢？

我要告诉您，您的前任们尽管已经尽其最大努力，但在充分地降低法郎的**内在购买力**方面却依然是无功而返。摆在您面前的困难，并非由纸币的通货膨胀，或者交易的下降所致（因为这些情况总是有助于你摆脱困境的），而是由于这些因素没有能够成比例地减低食利者货币权利要求的内在购买力所造成的。

以下这些数字把你面临的问题之本质给呈现了出来。在1925年12月，外汇市场上法郎的黄金价值是其战前平价的19%；世界黄金价格是战前水平的158%；因此，以战前的基准来看，纸币的发行量以及法郎的价格水平总计可达战前数值的830%（158÷19＝8.3），这一点可无异议。现在的纸币发行量约为战前数据的1 000%，大体与外汇价格水平相对应——尽管考虑到版图的扩大以及金银币在流通中的损耗，和战前相比，与外汇交易相联系来看，这可能仍然太低而非过高。

另一方面，当我们来看国内法郎价格水平时，会发现这完全是另外一番天地。进口的原材料价格无可避免地抬高到了国际平价水平。

而诸如食品以及其他类目列入生活指数项下的那类商品，国内生产的产品占据了主导地位，却远低于它们的均衡价值。1925 年 11 月的食品批发价是战前的 490%，巴黎（十三个类目的商品）的零售价格则是战前的 433%，1925 年的第三个季度，巴黎的生活费用指数仍高达战前的 401%。这些数据对价格的实际上涨展现得可能犹尚不足，但似乎可以肯定的是，法国的国内成本并未高出它们战前数据的五倍以上。这意味着法国纯国内产品的价格，以现有汇率予以转换，并未超过世界价格水平的一半太多，实际上就黄金价值而言，尚低于其战前水平。由是观之，通货膨胀对外汇汇价发挥了作用，因之也就最终对进口商品价格充分发挥了其作用，但对国内产品的价格则基本上未能达到这样的效果。

现在，纳税人对食利者的税收负担乃是用法郎的国内购买力来衡量的，前者须将这项购买力的一部分交出来，转移给后者。**这样，如果国内价格上升得和外汇汇价一样快，那么国家债务的实际负担将会下降至少三分之一。**因此，我这样向您表达的意思是，尽管您所面临的财政困难，其解决办法除了提高国内价格水平之外别无他途，但是这是否会伴随着进一步的通胀，或外汇汇价的进一步下降，则并不是那么一目了然。

对您而言，希望以什么样的价格水平来平衡预算，是要您自己来决定的。决定了之后，您下一步一定要尽可能以有序且科学的方式来实现这一物价水平的上升。作为一个局外人，自我观之，八到九倍于战前的国内价格水平可能已经足够高了。在这种情形之下，任何进一步的通胀或法郎外汇汇价的下降，都无合理的依据。您必须要做的事情就是稳定纸币的流通量，以在接近目前的水平上稳定法郎的外汇汇价水平，并给国内价格留出时间，以便其完成相应的上升过程。

那么，对于法郎价格目前所处的较低水平又当作何解释呢？我们认为原因如下：(1) 时间因素——国内价格变动较缓，但只要时间充裕，它应该迟早可以达到所应当达至的境地；(2) 对纸币的贮藏，规模上更甚于前，导致现有通货流通趋于迟缓；(3) 由于缺乏自信，法国人过度进行国外投资，结果造成汇率下跌，降到了与商业形势相适应的水平以下；(4) 对地租等的法律限制。

这些影响应该可以补救，其中 (1) 只要经过适当长的时间，情况就自然会有所转变，至于 (2) 和 (3)，则主要取决于国内信心的恢复。因此，正确的策略应该是先恢复信心，然后再静观时变。而关于恢复信心的办法，当然不是拼命增加税赋，而是要稳定法郎的外汇价格，使其在接近于当前的水平上固定下来，不再让人对之有疑虑或非难的可能。

那么，如何来稳定法郎的汇价呢？要做到这一点，并不像我们想象的那样困难。当下的贸易余额对于法国是极为有利的。目前国内的价格水平颇有利于出口而不利于进口。法兰西银行的贵金属储备（按当前汇率来计）差不多占纸币发行量的40%。于当今之势，我认为无须别有所为，只要法兰西银行能够明白地宣布，至少在两年之内，该行对美元与法郎之间的汇兑将保持在某一比率之上，在**不亚于这一比率的行市之上无限制地凭法郎供给美元**；法兰西银行应该已经做好准备，如果确有必要，在贯彻实施这一政策时，当不惜动用库存黄金。所选中的这一汇兑比率可能大体应该介于 1 美元合 25 法郎到 30 法郎之间，而最开始的时候选择切近于后者似较稳妥，然后再逐步争取，希望最终可以达到较近于前者的比率。[1] 要实现这样的计划，只需要法兰西银行能够严守诺言，取信于人即可。据此稳定的局势为背景，您就能够借得足够的资金，不再需要通过进一步的通货膨胀来度过这一过渡时期。

1　这是一个巧合，因为两年半以后实行的汇率是美元对法郎汇价为 1∶25.5。

至于其余的一切，您只能将它交付给时间来处理，静观其变了。当国内价格水平逐渐上升到与汇率持平，当征税机制逐渐有所改善，您的预算收入将会逐渐提高，一直到能与支出相抵。这里可以附带地提一点，凡是按法郎来规定缴纳的非从价（*ad valorem*）税，当然应该随价格上涨而在同一比例下（*pari passu*）提高。

有两个问题，法国政府在处理上应当有钢铁一般的决心：一是在最低值上固定法郎汇率，即便要动用黄金储备也在所不惜，二是足额征收税赋。这两种手段皆不可或缺。处在当下这样的阶段，花费大力气来提高税率，实是南辕北辙，断难取得成功。

反对这里提出的主张的人，又有些什么样的论调呢？一番检视后不难发现，这些论调莫不出于政治性的考虑。凡是要靠积极提高价格、非此不足以顺利实施的任何政策，必然涉及生活费用的提高，这在广大民众当中断然不会受到欢迎。此外，这种政策使得国内价格和国外价格处于均衡之态，必然有损出口事业的利益，因为出口业所以能够欣欣向荣，就在于这两种价格之间的不均衡状态。除非纳税人会为食利者的利益而牺牲自己，否则国内价格的上涨是势所难免的；而且除非让法郎汇价永远低落下去，否则国内与国外价格的均衡，也是势所难免的；而这样的说法，于注重实际的人们，恐怕未必有多大的说服力。

但是，在问题的另一方面，也同样具有某种有分量的政治因素。农产品价格的上扬不会不受农民们的欢迎的，而他们过去售出的产品在价格上实在过于低廉了。进一步来说，政府如果较为明智的话，就应该事先明确说明自己并无意于使工资劳动者和公务员们受到损害，就应当明令，在接下来两年内，一切工资与薪金，每季度做一次调整，使之与生活成本的上扬相适应。

好了，我把我认为值得一言的意见就说到这里。无论这些意见是否

合乎您的意愿,我敢断言,下面这些问题应当是您必须要予以仔细考虑的:

1. 国内价格水平的提高,是否能够解决您所面临的困难?

2. 设若价格不提高,这些困难您能否予以解决?

3. 无论如何,要在长期当中阻止价格上涨,是否果能办到?

4. 假如办不到的话,那就不如因势利导,使价格呈现组织地上涨,这样来做,在您岂不是颇合时宜吗?

5. 无论您采取的是这里所说的还是别的办法,有关动用法兰西银行的黄金来锚定法郎汇价这一点,有没有什么充分的反对理由?

您恭顺的仆人,

J. M. 凯恩斯

II. 法郎的稳定(1928 年)[1]

我们对政治家的不满,不是在于他们在政策上的前后不一,而是在于他们的顽固不化。他们只是我们命运的阐释者,而非主宰者。简而言之,他们的任务就是把既成事实加以记录而已。就此而论,我们所有人都会赞赏普恩加莱先生,[2] 因为他从不怕受到在政策制定上前后不一致这样的批评,没有在这一点上存在什么顾虑而造成他在推行政策时的障碍。多年以来,他一直认为,法郎不应当进一步贬值,以免国家陷入

---

[1] 本篇曾以同题在 1928 年 6 月 30 日首次发表在《国家文艺杂志》上。——译者注

[2] 即雷蒙·普恩加莱(Raymond Poincaré,1860—1934 年),法国政治家。1912—1913 年担任法国总理和外交部部长,1913—1920 年担任法兰西第三共和国总统,1922—1924 年与 1926—1929 年,他再任总理。1924 年,因鲁尔事变,在议会选举中失败,他被迫下台。1926 年 7 月第三次出任总理兼财政部部长,在稳定法郎以解决法国的财政危机方面功勋卓著,使法国出现了一段新的繁荣时期。1929 年因病退出政界,1934 年卒于巴黎。——译者注

破产境地，造成国之耻辱；他把法郎固定在约为战前黄金价值的五分之一这个标准上，真的是一件很大的功劳，无论是谁对此横加阻挠时，他甚至不惜以辞职相抗。

他最后所选定的这个比值标准，大体上看来是正确的。法国有些权要，认为应该将法郎的比值标准定在战前的六分之一（即150法郎兑换1英镑），以为如此方称妥善。但是，把法郎大体固定在战前五分之一的水平（即124.21法郎兑换1英镑）则有一个很大的好处，因为这同最近差不多十八个月以来的实际行情是相一致的。没有任何统计数据可以证实，普恩加莱先生所选的这一稳定比值错误且带有通货紧缩的意味。在1925年12月到1926年11月期间，法郎汇价变动剧烈，国内价格还没有来得及与这一趋势相适应；但是，除了这个狂热的十二个月以外，法郎比值标准（以黄金为依据），从来就没有比现在所选定的这个标准更低过。此外，预算是与纳税人按目前水准所能支持的公债利息负担相平衡的。因此，另外选定一个更低的汇率，我认为没有充分的理由。

那么，选定这个汇率值会不会太低了呢？关于这一点，需要根据法国自身的情况予以判定。这里有两个检验标准。这个汇率值是不是低于国内价格与之相适应的那个标准？在这一汇率值下，对食利者所要求的牺牲会不会太大？官方的物价指数——如果这个统计可靠的话——表明，与物价相一致的法郎的黄金价值，接近战前价值的四分之一（100法郎兑换1英镑），与战前价值的五分之一相距稍远。但是，法国的指数统计是非常粗糙的，误差范围也比较大，而且两年半之前，法郎的价值是高于目前所定的这个标准的，两年半是一个相当长的时间段，足以使物价从容地向上进行调整，在这个期间，让物价向上移动要比向下移动方便得多。毋庸置疑，房租必然有所提高，而关于其他物价，即便有所提高，与国外金价相对照，上升的程度大概也不会非常显著。至于食利者这方面，程度相当剧烈的资本课税已经是不易的事实，虽则尴尬的局面总算没有出现，但若要在已有基础上再进一步，那也着实有些过分了。不过，这里还有三个与实际情况相关的论点，普恩加莱先生所信服的可能就是这三点。第一，如果把法郎的汇率比值定得比较高，也许会破坏预算均衡，而这种均衡是好不容易方才达到的。第二，比值过高，会使得以出口为导向的实业家处于颠覆的地位，而这些人在政治上是颇有影响力的。最后也是最实际的一点是，法兰西银行作为政府的一个代理人，按照现在的汇率，已经购入外汇达 3 亿英镑之多，如果再提高法郎汇率比值，该银行恐将遭受损失。例如，如果把汇率定为 100 法郎兑换 1 英镑，那么，法兰西银行的损失可能要达到 6 000 万英镑，而外国人将从中获得很大利益。这个道理是普恩加莱先生和每个其他的法国人都懂得的。

因此，这件事就这样办了。这会使得世界各地的货币市场和证券交易所里有关法郎汇价的不确定因素得以清除殆尽，使得法国进口商和工厂主再也不用缩手缩脚，从而使得原来处于闲置状态的大量购买力如今重新获得积极的使用。我们可以这样说，普恩加莱先生这一次堪称成就斐然，或许这还是他政治生涯中的第一次，他的这些政策让我们倍感振奋。

把法兰西和大不列颠在战后这段时期所遭遇的时运作一番对比，倒是别有兴味。在英国，当局从不像他们的法国同道们那样，放言无忌，也从不如此粗暴地违反所有的财政稳健原则。但是，英国从这一过渡时期走出来之后，它的战争债务分量更重，对美国的债务丝毫没有减少，通货紧缩的财政政策方兴未艾。前者的结果是沉重的税收负担，后者则造成了上百万人的失业。而法国的情况可大不一样，它先是一笔勾销了国内债务的五分之四，然后又说服其盟国免除了它超过一半的外债；现在，它又躲过了通货紧缩带来的恶劣影响。然而，在它努力实现这些结果时，对于稳健财政政策和资本主义原则，它又始终坚守不渝，这方面的信誉丝毫未曾受到损害。而法兰西银行的表现，也要比英格兰银行坚强得多；现在每个人仍然认为，法国是储蓄心理和食利者精神得到培养的最后大本营。的确，作风过于拘泥并没有什么好处。

可能我们今日之处境，是应得之报。法国在政策上不拘形迹，因时制宜，但却一直都有一个坚不可摧的主张，对于一切可以避免之牺牲，总是避之唯恐不及，说到底，它是在汲取失败的教训。在英国，我们却既没有接受理论的警示，又无视现实的压力，固执地拜服于传统习惯，墨守成规。

4 劳合·乔治能够做到吗?
——经受得住检验的承诺[1]

I.

这个国家至少十分之一的劳动人口,除了恢复金本位前夕在 1924 年有一个短暂的复苏时期之外,八年以来,鲜能获得就业的机会。这在我们的历史上,是绝无仅有的现象。自 1923 年劳工部开始进行统计以来,获得失业保险而列入失业 项的人数,迄未低于百万之数。今天(1929 年 4 月),失业总人口更是可达 1 140 000 人之多。

如此失业水平之下,我们每年必须在失业基金项下支出现金约 5 000 万

---

[1]《劳合·乔治能够做到吗?——经受得住检验的承诺》是一篇由凯恩斯和休伯特·亨德森(Hubert Henderson)联手写成的小册子,意在支持劳合·乔治在 1929 年大选中许下的以公共支出计划来削减失业的竞选承诺。其中第 7 章曾以"自由党计划的成本"为题发表在 1929 年 5 月 11 日出版的《国家文艺杂志》上,这一天是那本小册子出版的次日,由两位作者联合署名。在《劝说集》中,凯恩斯编入的是第 3、9、10、11 章,他将那本小册子(通篇抄录于此)中的斜体字全部转换成了普通字体。这本小册子里的内容,到底哪些部分是由他们二位中的谁来写就的,可能已经无从辨考。小册子书成于选战正酣之际,也许二人都无暇顾及,没有留下底稿。作为《国家文艺杂志》的主编及顾问班子的主席,亨德森与凯恩斯的立场和观点非常接近,在打造自由党竞选计划上,二人在很多年里通力合作,一起发挥了很大的作用。借用一下休伯特·亨德森的遗孀亨德森夫人的话,可以这样说,这本小册子似乎是"一部真正的合作作品,至于谁在其中贡献更大,已无需追究。"——译者注

英镑。这还不包括对于贫困人口发放的救济。从 1921 年至今，我们对失业者所支付的现款，总计已不低于 5 亿英镑，而虽然付出如此大的代价，实际上却几乎一无所得。这么大的款项，如果用来建造房屋，则可达百万间之多；差不多相当于邮政储蓄银行全部储蓄额的一倍；可以建成全国公路的三分之一；远远超过我们所有各种矿产资源的总值；足以用来彻底更新我们国家的工业设备；或者，如果我们把核算的对象转向比较轻松的那些方面，可以这样说，这笔款项足可以为全国每三户供应一台汽车，足以让全国人民终日免费看电影，而无须花费分文。

但是，这里说的还绝对不是所白白耗去的全部资财。就失业者自身而言，损失还要大得多，这种损失体现在足额的工资和失业救济金之间的差额，此外还包括失业者们在体格和精神上的双重消磨上。雇主的利润、财政大臣所掌管的税收进项，皆不免要受到损失。持续达十年之久的失业，使得整个国家的经济进步延缓了十年，这种损失是难以计算的。

1924 年的生产调查告诉我们，一个英国工人一年净产出的平均价值约为 220 英镑。以此为基础进行推算，从 1921 年起，因失业造成的损失差不多近 20 亿英镑。这笔资金几乎可以把全英国的铁路重新铺设两遍；用它可以偿还我们欠美国的全部债款；协约国对德国索取的全部赔款，加在一起也不到这个数。

认识并且认真地感受一下这些数字，是很有必要的，因为从这里我们可以对劳合·乔治先生计划中所涉的那些估计数字，有一个更为真切的看法。他预计，扩张计划每年支出 1 亿英镑，就可以使 50 万人重新回到工作岗位。**从比例上看，这笔支出与因失业而年复一年累积起来的损失和耗费相比，并不是那么大**，这可以从上面提到的那些数字对比上看出来。这笔支出只占自 1921 年以来因失业造成的已有损失的 5%，大体上相当于国民收入的 2.5%。如果这项扩张计划能够继续试行三年，在三年内每年按计划支出 1 亿英镑，而且假定这些支出完全被消耗，那么，这项支出此后每年应付的利息，也只是使预算增加约 2% 不到一点而已。总而言之，这是一个**非常谨慎的计划**。有人认为，这个计划杀鸡用了牛刀，需要医治的创伤并不怎么严重，而所用的手段，却牵涉到了极大的危险。事实恰恰相反，所需要担负的风险是微不足道的，而所要挽救的却是一场极为可怕的灾难。

这个计划内容切实可行，即就其本身而言，也值得一试。即便试行之结果中支出有一半都被虚耗，我们**也仍有好处可得**。即便在实施过程中我们不免要稍冒些风险，也应当拿出勇气来尝试一番，得失相较，难道还有比这件事更值得一做的吗？

如果我们坐视不管，只来评头论足，这种态度似乎显得很聪明。但是，就在我们袖手旁观的时候，失业者那没能获得使用的劳动力资源，却无法蓄积起来存到银行的户头上，供我们日后随时支取。这些劳动力资源给无可挽回地浪费了，如东逝的流水，一去不返。鲍德温先生每吸一口烟的工夫，数以千计英镑的代价就跟着也化成烟雾散去了。

有这样一种反对的声音，提出的人可能要比其他的反对意见还要多一些，这种声音认为，由政府筹措资金用于生产计划时，就必然会在一定程度上降低为一般的工业所供给的资本额度。如果情况真的是这样，那么，国家的扩张政策就不会真正增加就业机会。它只不过是用国家计划下的就业来代替通常的就业罢了。持这种观点的人还常常会这样说，要么出现的是这种情况，要么就是必然导致通货膨胀。因此，这就等于说，政府在这个问题上可以出力的地方要么是很少，要么就是根本没有任何可能。这是毫无希望的顽疾，我们只能听天由命。

这就是财政大臣在他的预算报告中所持有的观点。他这样向下院说:"这是财政部一贯的信条,也是要始终不渝地予以坚守的,一般来说,无论在政治上或社会上有些什么样的利益,要想通过政府举债与政府支出来增加就业,其实现的希望都是非常渺茫的,即便能够扩大就业,这种现象在事实上也必然不可持久。"由此他得出结论,认为有些支出虽然无法避免,但是这类支出即使本身使用得恰到好处、无可非议,**对于失业问题也是于事无补**。

联系到我们今天的现实情况,可以断言,这种论调实在是毫无根据可言。

首先,这种论调就其本身而言,说它只适用于政府举办的事业,是没有任何理由的。如果这个论调果有确切的依据,那么,对国有事业如此,则对于莫里斯或考陶尔德所开启的任何新的事业或开办的任何新企业,只要涉及资本支出的,就必然同样适用。如果有消息告诉我们,我们工业的某些巨头决定大胆地发起一个新的创业计划,准备投入大量资本建设新的工厂,要投放的资金,比如说为数高达1亿英镑之多,那么,我们一定会预期到就业必然有一个大幅的增进。当然,这种预期应该是绝无问题的。但是,如果上述这位财政大臣的观点是正确无误的话,那么,我们必然错得一塌糊涂。如果这位财政大臣的观点是正确的,那么我们就不得不断言,在这些企业家的庞大计划之下,只是把资本从别的用途转向到他们所意欲开启的事业,结果对就业并没有什么实际上的贡献。事实上,我们甚至还会得到更加荒诞离奇的结论。我们由此还不得不断言,要吸纳失业的劳动人民,无论使用什么样的办法最终都是于事无补(除非是出现高得不可思议的通货膨胀),在我们前进的道路上,横亘着的唯一障碍,只能是资本上的不足。然而,你看这是多么奇怪的现象,在英国存在着巨额的剩余资金,但它却习惯于把这笔资金投放到国外,投放的金额,每年都在1亿英镑以上。

上述的这一论点,当然不是从常识中得到的。近年来通过住房建设计划,已经使很多人找到了就业的机会,这是一个不争的事实;没有哪个普通人会认为,假如没有这样的计划,社会上还会存在着一样多的就业机会。同样的道理,如果实施了劳合·乔治先生的就业计划,就会有更多的人找到工作,这一点对大多数普通人来说,是一听就明白的。

但是,上述的这一论点,不仅不合理,也是不真实的。能够使新的投资提供实际上的就业增量的,有三种来源。

第一个来源是储蓄,我们现在就是从这里支出失业者的津贴的。

第二个来源还是储蓄,由于缺乏充足的信贷,这部分现在被消耗殆尽了。

第三个来源则来自对外出借资金**净额**的减少量。

让我们逐个对这些根源进行考察,先从第一个说起。所谓个人储蓄,意思是说,某些人所**生产**的超过了他们所**消费**的。这个剩余额可以用来且也应当用来改进资本设备。但是,不幸的是,这并不是储蓄可以被使用的唯一方式。储蓄也可以用来使别的一些人的**消费**超过他们的**生产**。

当经济中出现失业现象时,情况就是这样。此时,我们是把储蓄用来救济失业者,而不是拿来为国家增加设备。劳合·乔治先生计划下所要使用的储蓄,并不是从别的资本设备项下挪用过来的,而是部分地取之于救济失业项下的。仅就失业津贴这一项来说,我们现在就得支出5 000万英镑,而这还不是用以援助失业者的全部费用。

我们再来看第二个来源,个人的储蓄并不一定会转化为投资。关系到资本改良的投资量,一方面取决于英格兰银行信贷创造的规模大小,另一方面取决于企业家对投资的欲望强弱,而其间政府本身——正如我们所看到的那样——在今天就是一个居于最重要地位的投资者。在这些因素的支配之下，总投资并不一定与总储蓄相平衡，两者实际上往往相差甚远，正是这两者之间的不平衡，造就了许多困扰我们的时代难题。

当投资高于储蓄时，我们就取得经济上的繁荣、较高的就业率，同时也会伴随着通货膨胀；投资小于储蓄时，我们就会陷入经济上的萧条状态，失业率高企，而这正是我们当下所面临的处境。

关于信贷扩张，往往有一种常见的反对意见，认为由此势必会造成通货膨胀。但并不是**所有的**信贷创造都意味着通货膨胀。只有当我们每个人都有工作可做，储蓄已经完全耗尽，而我们仍然不断地扩大我们的经济活动范围时，就像战时和战后一个时期我们所做的那样，才会发生通货膨胀。

有人认为，在资本支出政策下，如果不同时在一般的工业中减去一些资本，结果将导致通货膨胀。如果所处的是繁荣时期，那么，这个说法当然是完全正确的。资本支出政策如果有了不恰当的过度推进，以致对储蓄求大于供时，这个说法也是符合实际的。但是，就目前的情况而言，我们离这样的局面实际上还远得很。我们现在首先需要克服的，是严重的通货紧缩，是经济上的萧条状态；至于由国家发展政策所引发的通货膨胀，其危险性尚且微乎其微，几可忽略。在当前情况下，把通货膨胀这个可怕的恶魔作为反对资本支出的理由，就仿佛是对一个精力已经消耗殆尽、骨瘦如柴的病入膏肓之人发出这样的警告，说过度肥胖是危险的。

一直到现在，英格兰银行都不敢大胆采取进一步的信用扩张政策，究其原因，可能是害怕因信用扩张而引发黄金的流失，而该行认为，他们尚且不具备充足的黄金储备来应对这一局面。

当此之时，如果英格兰银行因为看到国内企业不振而扩大信贷量，这项新增的信贷，是不是会由国内的企业家按当时的利息率予以吸收，对此是没有确切的把握的。这时市场利率将会下跌，新增的信贷，也许有很大一部分会流到**国外**的借入者手中，结果银行的黄金储备将会外流。因此，在银行方面，除非能够事先确定，在当时的利率水平下**国内**的借入者愿意吸纳贷款，否则银行贸然扩大信贷是有一定的危险在的。

自由党的计划之所以能与目前形势下的基本情况相因应，原因就在这里。它提供了使银行得以安全地扩大信贷的必要条件。

当然，英格兰银行对政府的资本支出计划必须抱有忠实合作的态度，奋其全力，使政策能够得到贯彻执行、顺利实施。因为不幸的是，假如英格兰银行要推行通货紧缩政策，目的在于防止信贷的扩张，从而破坏筹划得极其周密的政府计划，使通过财政部支出的资金，**的确是**以牺牲其他企业为代价得来，这一点英格兰银行方面是可以做得到的。

因此，我们同意麦肯纳先生的观点，认为关键问题在于信贷的扩张。但是，我们如果只顾扩大信贷，而不顾及为国内开辟信贷的具体用途提供条件，那么我们难免会疑虑满怀，担心新增信贷量的绝大部分都会流入外国借入者手中，从而造成我们的黄金储备流入他们之手。由此，我们可以得出这样的结论：银行信贷量的扩张，也许是扩大就业的一个必要条件（*sine qua non*），但积极发展国内投资计划，从而使增加的信贷得以在国内被吸收，却是安全扩张信贷的一个必要条件。

自由党的政策所需要的资金之第三个来源，在于对外净投资量的减少。

我们储蓄中有很大一部分，现在的出路是对外投资。假如说，当国家决定推行规模庞大的发展政策时，其所需的资金全部取之于对失业救济的现有支出和现在被消耗掉的储蓄这两个部分还不够，再假如，为了满足这一国家发展政策所需的资金，势必会有其他借入者无法获得贷款；在此种情况下，我们有什么理由认为此时的这些借入者就一定会是英国的企业家呢？鉴于资本市场在现代技术上的发展，这部分无法获得贷款的借入者更可能是国外的政府或国外的地方当局，因为伦敦目前在这些方面的资金融通在规模上是极为庞大的。因此，英国政府的贷款行为主要影响所及乃在于债券市场。

目前，英格兰银行由于自身的原因，对于凡是能够减低对外投资额的任何事物，总是会表示欢迎的。现在外汇的形势总体上颇不稳定，最近银行贴现率的提高就是一个明证。但是，对外投资额如果能有所缩减，外汇的不稳定局面就会趋于缓和。英格兰银行就是为了这个目的，故而在一两年之前，对对外投资还一直保持着半公开的禁止态度。当然，禁止是一种较为粗暴的手段，只适合做短暂的使用，我们不建议重新启动它。现在情况虽然已经不那么紧张，但是依然严峻，因此仍然存在着施行禁止之令的可能性。现在，我们的对外贸易虽然处于入超状态，但是这个时候对外投资如果有所增长，那将是十分危险的；对外投资之所以会发展到这般危险的程度，部分就是因为储蓄在国内缺少出路所致。

由是观之，如果能够充分推行资本支出政策，那么，其结果不但可以消除通货紧缩下的萧条现象，而且比这个还能更进一步，可以使现在向国外寻找出路的储蓄，大部分转回到国内发展，这样的结果当然是我们所乐见的，也是符合英格兰银行的利益的。

有人反对这种说法，认为如果减少对外投资，那么我们的出口事业必将趋于萎缩。我们实在看不出这种推测其背后的理由何在。正如我们所指出的那样，对外出借净额的减少，其直接的影响是英格兰银行黄金储备方面所受压力的减轻。但它主要的影响，最后不在于出口的减少，而是在于进口的增加。因为新计划的实施将会需要一定数量的进口原材料，一方面那些现今处于失业的劳动人民，一旦重新找到工作，获取了正式的工资收入，自然会增加对进口食品的消费。

这就是我们提供的答案。劳合·乔治先生计划下所使用的储蓄，并不是从其他的资本设备所需资金项下挪用过来的，部分乃是出于失业津贴所需资金项之下。还有一部分，其来源是储蓄，而这项储蓄现在是由于缺乏适当的信用关系而被无端消耗掉的。新政策将会带来经济繁荣，繁荣本身将会推进关于某些方面事物的供应；而由于对外投资的减少，我们仍可取得新局势下的平衡。

到那个时候，新政策的实施将会使当下陷于失业困境的全部劳动力量重新获得就业机会，从而增进国民财富。有人认为，这种做法必将造成财政上的灾难性后果，根据"安全第一"的原则，应该使一部分人处于失业状态。这种谬论简直是荒诞至极。

我们之所以进行新的投资，目的就是为了**利用那些闲置的生产资源**。

我们的观点简单明了，不容辩驳。要吸收闲置劳动力，使其从事于生产活动，其间也许会出现某些现实性的困难，但无论怎样，我们都是可以设法避免占用其他形式下的资源的，这一点并不是困难问题之一。

II.

近几年来，我们的整个经济政策处在财政部关于战债转化问题的成见支配之下的。财政部认为，政府举债越少，则把战债转化为利率较低的长期债务的希望就越大。因此，为了便于战债的转化，他们就尽力削减一切公共借款和政府方面的资本支出，而不管这类支出如何有利于生产，多么地有价值。这种做法，究竟产生了多么巨大、持久而广泛的影响，恐怕公众还一无所知。

他们应对一切有利于发展、有利于企业的审慎周密的计划时，只要事实上做得到,就总是以否定的回答拒人于千里之外。实际上,缩减资本支出,对政府债款利率的降低,的确会产生一些作用;但同样的事实也表明,由此会增加失业,会使举国皆停留在战前装备的水平之上。

即便仅从预算的角度观之,这样做是否值得,也是一个问题。如果说一个有理解力的人会认为这种做法尚有可取之处而表示赞许,那真叫人难以置信。资本市场是一个国际市场。那些出乎我们控制之外的诸般因素,对金边债券的利率有着决定性的影响;英国政府通过缩减或扩大资本支出这类手段,在这方面所能起到的作用是非常有限的。假如说,由此所发生的影响可以使利率降低四分之一个百分点——这已经是一个极端夸大的估计了。如果适合与转化的战债为 20 亿英镑,则这个数字所体现的每年债务负担的差额即为 500 万英镑。试将这个数目与失业基金项下的支出两相对照一下吧——后者去年我们所支出的金额已达 5 000 万英镑以上。

此外,在嗣后(比如说)十年当中,形势很有可能会发生变化——在战前这类变化经常发生——由于国际上的一些原因,利率会降到异乎寻常的低位,较之于财政部在国际市场利率非常之高的不利环境下千方百计希望达到的水平还要低得多。这个时候,才是实现战债转化计划的绝佳时机。因此,财政部即便在今天能够如愿以偿,即便能在利息上节省四分之一或二分之一个百分点,结果也许仍将证明,这样做是极端缺乏远见的。为了在利息上获得一点微不足道的便宜,而过早地实施战债转化计划,其结果必将铸成大错。我们必须要沉着、冷静,静待理想时机的到来,一旦条件成熟,财政大臣自然会大有所获。

但是,除了要考虑预算上的得失之外,还要虑及另外一种在思想上根深蒂固的混乱情况,它会阻碍我们这个国家资本的发展。有两个相对对立的原因,其中任何一个都会造成利率的下降。由于储蓄供应充裕,也即可用于投资的资金过剩，它会下降；而由于投资需求不足，也即缺乏花费储蓄的动机，它也会下降。如果利率的下降是由第一个原因造成，那显然对国家极端不利。但是若出于第二个原因，我们刻意限制了投资的出路，而造成利率的下降，那么这简直就是使我们陷入贫困的自我毁灭的举动。

如果个人不把他的收入尽数用于当前消费，这是他个人的节俭行为，单单是这样的消极行动，是绝不可能让国家富裕起来的。要使国家走向富裕，还要依靠另一方面的积极行动，要能利用这些储蓄，来提高国家的资本装备水平。

变得富裕的人不是守财奴之类，而是能够把钱财用在有效投资上的那些人。

我们劝谏人们厉行节俭，其目的是可以借此来从事住房建设、道路修缮等等。因此，凭借停止提高新资本的手段来压低利率，从而堵塞储蓄的出路，使储蓄丧失掉其意义的政策，其行为无异于自杀。这样的政策，即便尽力鼓吹，说得天花乱坠，可能也不会有几人支持。而事实上，在过去若干年里，财政部所遵行的正是这样的政策。有些情况下，来自公共舆论，或其他政府部分，又或地方当局的压力，也会使他们难以抵挡。但是，当他们的力量足以遏制反对的意见，能够压倒对方时，他们就一如既往地如此这般做下去。

这种政策，既乏健全的理论依据，也不会有什么效果，最后终于得到了证明，事实胜于雄辩，它甚至都没能做到使利率下降。因为，正如我们上面所看到的那样，如果投资在国内的出路被堵塞，从而造成储蓄外流，使其在规模上与我们的贸易顺差不相适应，那么，结果就会波及英格兰银行的黄金储备。为了对抗这一趋势，就不得不提高银行利率。

如此则最后我们这里的情况将会糟到无以复加的地步。这个国家的资本设备水平由于未能彻底地予以更新，已经处于倒退的境况之下。企业利润低下，所得税收入减少，这使财政大臣倍感失望，当此之时，我们的财政大臣既无法减轻纳税人的负担，也无法推进一切社会改革计划，失业越来越严重。繁荣的不足，实际上降低了储蓄的进度，因此我们最初要降低利率的目的也就倍受打击，难以如愿。毕竟，利率仍然处在高位之上。

保守党政府陷我们于此种困境，并非偶然，这是他们所秉承的哲学观点的必然结果：

> 你一定不要过早推进电讯或电力事业，因为这将会导致利率上升。
>
> 你一定不要急于上马公路和住房建设，因为这将会耗尽我们将来也许还有需要的就业机会。
>
> 你一定不要漫无限制地雇佣工人，因为这将会造成通货膨胀。
>
> 你一定不要进行投资，因为你怎么知道它什么时候才能返本获利呢？
>
> 你一定不要轻易尝试做任何事情，因为你只要做了一件，那就只能意味着你不能再做别的了。
>
> 安全至上啊！我们对一百万失业工人施以援手，这个政策已经实行了八年，结果不也没出什么问题吗？为什么还要冒险做政策上的改变呢？
>
> 除非我们能够做得到，否则我们决不轻易许诺。因此，我们什么都不许诺。

这就是他们一直向我们灌输着的一些言论。

这都是些象征着萧条和腐朽的教条，体现出来的是处在消沉之中的一个行政组织的怯懦、愚陋，它已经成为时代进步的绊脚石。

消极、束缚、懈怠——这些就是政府所信守的真正格言。在他们的领导下，我们不得不勒紧裤带，过着艰苦的日子。恐惧和猜疑充斥着我们的内心，我们就像是一个疑病症的患者一般，对任何事都畏首畏尾，缩在家里不敢出头。但是，我们可不是跟跄着走向坟墓之人。我们是心智健全、精力充沛的上帝宠儿。我们需要生命活力的勃发。我们对一切都毫无畏惧。与他们所告诉我们的正好相反，未来的前途为我们准备的是更多的财富和经济上的自由，以及更多的个人生活上的可能性，这些都是过去所未曾提供过的。

我们没有任何理由不让自己放开襟怀，尽可以放心大胆、坦然直率地采取行动，积极进取，努力发挥我们的首创精神，去遍尝各种未来的可能性。而横亘在我们前进道路上的，不过是少数几个道貌岸然、顽固不化的老头子而已，对待他们也不必过于愤激，只消在平易的心情之下带着些许的轻蔑，就足以让他们像一排九柱滚球那样，齐刷刷地倒将下来。

非常可能的结果是，待到激烈的局势过去之后，他们在新的环境里冷静下来，自己也会感到愉快的。

5　1930年的大萧条（1930年）[1]

I.

今年，我们正生活在现代历史当中最为严重的一次经济大灾难的阴影之下，这一点已经逐步而为迟钝的世人所认识到。而现在，几乎任何一个普通人都已经明了所发生的是什么样的情况，但是，他仍然不清楚这一切到底为什么会发生，其原因何在，所以，和之前问题尚起于青萍之末一样，他即满怀可以称得上是过分的恐惧之情，在保持合理的焦虑情绪上，缺乏自制的表现。他开始对前途表示怀疑。是不是过去只是一个令人感到欢愉的梦境，而现如今却从睡梦中清醒过来，要面对这现实的黑暗了呢？又或者，当前这一切都只不过是一场旋即就会消逝的噩梦呢？

他无须心怀忧惧。过去虽非梦境，现今却**正是噩梦一场**，一俟东方欲晓，这一切都会远去。因为大自然的天赐资源和我们人类的聪明才智，从来都和过去一样地丰裕、深厚，一样地富有生产的效力。我们对生活中物质问题的解决，其前进的步伐并未放慢。我们仍然和之前

---

[1] 本篇最初曾以两篇文章的形式出现在《国家文艺杂志》1930年12月20日和27日那两期上，标题都是同一个。——译者注

一样,有能力使每个人都过上更高标准的生活——我所谓的"更高"是与二十年前相比——而且不久就会掌握使生活标准更进一步的办法。我们之前并没有被谁欺骗。但是,目前我们的确已经陷入了无边的泥潭之中,在一个精微的机器控制下,步履蹒跚。而对这台机器是如何运作的,我们却并不了解。最终的结果是,我们在获取财富上的潜力可能要白白耗费一个时期——可能还是一个较长的时期。

我有些疑虑,不知道我是否有希望能让读者的内心与我内心中的所思所想达成高度的一致。我所要说的,对一个门外汉来说,可能太多了,而对一个专家,又可能太少了。因为——尽管无人会信——经济学是一个充满技术性而又异常艰难的领域。甚至现在它正在变为一门科学。不管怎么样,我都将尽我的全力,不惜把有些地方删略掉,因为问题实在过于复杂,为取得对当前事务的全面理解,就不得不这样做。

首先,要注意的是,这次萧条其情况极端地严重。在世界上三个主要工业国家——美国、英国和德国,有1 000万工人无事可做。几乎没有哪个地方的哪个重要产业能够取得足够的利润,使其可以继续扩张的,而这本是检验经济是否在进步的试金石。同时,在那些初级品的生产国,矿产品和农产品之中几乎任何一种重要的产品,所售卖的价格对于许多生产者,甚或绝大多数生产者来说都难以收回成本。在1921年,价格也曾一度暴跌,那是从一个极为繁荣兴旺的价格水平上跌下来的,在原来的那个价格水平上,生产者的利润异乎寻常地丰厚;而这次却是从去年的正常价格水平上跌落下来的,而且下跌幅度之巨、速度之猛,实为现代历史之所仅见,除此之外,再无他例。这次灾难的深广程度,由此可见一斑。

在生产停滞、失业达至顶峰之前,会有一段逐渐酝酿的时间,因为各种原因,对于初级品而言,酝酿的时间要比工业品来得要长得多。在大部分情况下，初级品的生产单位要小一些，为实现渐次压缩生产而做的组织工作也不够好；尤其是在农业当中，生产时间还要更长一些。这样，生产上暂时的停顿，常会使代价更加高昂。生产者往往就是自己的雇主，因此，在收入减少时他们仍然愿意继续工作，在这一点上更容易顺应局势。在那些相对比较落后的地区，劳动人民失去工作所带来的社会问题也会更为严重些。而在那些初级品几乎是国民赖以生存的全部的国家，一旦这类产品的生产陷入停顿，它所带来的财政问题就会更加严重。尽管如此，形势恶化得却非常之快，初级品生产者的产出不久就会和工业品一样受到极大的限制。由此又会给工业品生产者进一步带来不利的反应，因为到那个时候，初级品生产者就没有购买力来购买工业制成品，这会使得工业品售卖不出去。如此往复，局势就在这样一个恶性循环当中发展下去。

在这一困境之下，个体生产者们认为，只要唯独他们采取对他们个人或所在的生产者阶层有利的行动，就可以把他们那虚无缥缈的希望寄托在这样的行动方针之上。但是，这只是一厢情愿，如果每个人都采取这样的方针，那么就不会有一个人能从中获利。举个例子，限制一种特定的初级品的生产，而使用这种初级品的产业的产出却不受限制，那么，这种初级品的价格就一定会提高。但是如果各方面的产出都被予以限制，那么，对这种初级品的需求就会下降，其幅度会与其供给的下降一样多，如此一来，就不会有一个人可以获得更多的利益。此外，如果某一个生产者或一个国家削减工资，那么，假如其他生产者或国家不紧跟其后，以样学样，则该生产者或国家即可从现行贸易中获利更多。但是，如果所有的地方工资都被削减了，那么整个社会的购买力就会下降，其幅度和减少的成本一样多；结果仍将是无人可以获得更多的利益。

由是观之，不管是限制产量，还是削减工资，这类手段本身是无法达到恢复均衡这样的目的的。

除此之外，即便我们最终在与（比如说）战前价格水平相适应的较低的货币工资水平上，成功地重新规定了产出的大小，也仍然无法摆脱我们所面临的困境。因为自1914年以来，无论是国内还是国际方面，我们所背负的巨额公债债务负担，以货币来计，已经得到了缩减。而每一次价格下跌，都会重又加重这一债务负担，这是因为债务额所由决定的货币的价值由此而得到了提升所致。例如，如果我们按照战前价格水平安定下来，那么，英国的国债较之于1924年的欠款额度将会增加近40%，较之于1920年则将增加一倍。原来大家认为"道威斯计划"在德国是无法承受的，而现在在"杨格计划"下，负担反而更加沉重；大战之中各协约国对美的负债，若用商品和劳务加以折算，比起这笔债款的结算在最初商定的时候所体现出来的，要增加40%—50%。有些债务国，如南美洲诸国和澳大利亚，此时除非为债权国的利益而降低生活水准，否则将无力履行偿还债款之义务；世界各地的农业生产者和房产所有人，但凡是以抵押方式借入资金的，此时都将成为债权人的牺牲者。在这样的处境下，破产、违约、拒付债务等一系列现象就会层出不穷，使得资本主义的基础发生动摇，因此，此时是否还来得及采取一些必要的调整办法，以阻止这类现象的发生，是值得存疑的。如此一来，这些地区就会成为孕育暴动、政变和革命的沃土。世界上的很多地区，现在已经处在了这样的局势之下。然而，大自然的天赐资源和我们人类的聪明才智，始终还是同以前一样丰饶，一样富有生产效力。这样的干扰，只不过是使机器发生了一时的障碍。我们可不必因为见了一时的紊乱和机器失灵状态，就心灰意冷，以为汽车文明的时代已经过去，不久又要坐回走起来轰隆作响的四轮马车了。

II.

目前的局势的确一团糟,我们正处在莫大的困难之中。那么,我们怎样才能重整旗鼓、东山再起呢?让我们且从头说起:

1. 为什么工人会失业、工厂会停工?这是因为工业家预期如果不这样则继续下去将无利可图,售出产品时将不能免于亏损。

2. 为什么工业家会预期售出产品将不免亏损呢?这是因为产品价格的降低之幅度远超过了成本的下降幅度,而实际上成本的下降是非常之小的。

3. 产品价格的下降幅度,怎么会远超过成本的下降幅度呢?这是因为成本是企业家在商品生产中支付的费用,而商品出售之时能收回代价的多少,则取决于价格。就各个企业或各类商品来说,价格和成本两者之间怎么会出现不相均等这种情况,其实是很容易理解的。但是,就整个社会而言,企业家所收回的,跟他所支出的,必然是属于同等的数量,因为企业家在生产过程中的支出即构成了社会的收入,然后由社会再将这笔钱付还给企业家,用来交换其产品。这就是我们所了解的生产、交换和消费的正常循环。

4. 不!不幸的是,事实并不是这样;问题的症结、灾祸的根源,就在这里。企业家支出的生产成本,并不一定要在出售商品时,如数收回销售所得。市场繁荣时,销售所得会超过生产成本,这是这种经济形势的特征。而经济萧条时期的特征,则是生产成本往往超过销售所得。此外,要想凭借降低总成本这样的手段,不管是采取产量限制还是削减报酬率,以为这样就一定可以恢复均衡,只能是一个幻想。因为工资收入者同时也是企业家商品的购买者,企业家压缩了支出,那也就削弱了这些人的购买力,如此一来,就是使得企业家的销售所得减少,而减少的幅度与工资压缩的程度将会大体相等。

5. 那么，世界上的企业作为一个整体，其总的生产成本，怎么会与总的销售所得不相均等呢？两者之间的不均等，到底取决于哪些因素呢？我自信我是懂得其中的道理的。但是，对这一点要我在这里给出圆满、彻底的解释，我觉得有些过于复杂，倒不知该从何处下手了。（我在其他地方曾尝试着给出过有关于此的准确、到位的解释。）[1]所以，在这里，我就只好先含糊过去了。

首先，让我们从消费品说起，这类商品是在市场上进行销售的。这类商品的生产者的利润（或亏损）取决于哪一点呢？从另一个角度来看，生产的总成本与社会的总所得是同一回事，而生产的总成本可以在消费品成本和资本品成本之间的某个比例上进行划分。社会的收入，也即社会的总所得，却是在用于消费品购买的支出和储蓄两者之间的某个比例上进行划分。现在如果第一个比例大于第二个，那么，消费品的生产者就会**亏本**；因为他们的销售所得是与社会对消费品的支出相等的，所以它会低于（这点稍加思索就会明白）生产这些商品时所花费的成本。另一方面，如果第二个比例大于第一个比例，那么，消费品的生产者就可以取得不同一般的丰厚**盈利**。由此可以得到这样的结论：只有当社会将收入的较大部分用在这类商品的支出上时（这意味着储蓄要少一些），或者，当资本品生产占据着较大比重时（因为这就说明消费品的产出比例更小一些），消费品生产者才能重又获得利润。

但是，除非资本品生产者有利可图，否则这类商品的生产规模必不会扩大。于是，我们就遇上了第二个问题——资本品生产者的利润又取决于哪一点呢？他们的利润取决于我们的社会是更愿意把储蓄以货币这种流动形态而持有在自己手中，还是用它们来购买资本品或与资本品

---

[1] 在我的《货币论》一书里。

类似的其他事物。如果社会愿意购入后者，那么，资本品生产者就要亏本，其结果是资本品产量的降低。出于上文所述的那些原因，由这一结果所引发的后果，是消费品生产者也将亏本。换言之，所有的各类生产者，势必都将亏本，于是，普遍的失业就一定会跟着发生。这个时候，就会出现一种恶性循环，由于一系列的作用与反作用的结果，情势变得越来越糟，直到发生其他的事端，才会使得这种趋势发生转变。

这是对于一种复杂现象的一个过度简化的描绘。但是，我却认为，它包含了事态发展的实质内容。尽管可以加入很多变奏曲、用于修饰的赋格曲和其他一些经过改编的管弦乐曲，但是，总的说来，曲调却始终如一，未尝变化。

那么，如果我的理解没有什么错误的话，则困难的根本原因乃在于新创企业的缺乏，企业家在这方面表现出来的企业家精神的不足，原因在于资本投资的市场状况难如人意。商业是国际性的，在世界范围内新的资本品产出不足，就会普遍影响到各地的商品价格，因此也就会波及所有国家生产者们的利润。

为什么整个世界新资本品的产量会出现不足呢？在我看来，这是好几个原因综合起作用的结果。起初，是借出者的态度——因为新资本品很大程度上都是依靠借入资金来进行生产的。现在，则取决于借入者态度的成分，和取决于借出者态度的一样多。

出于好几个原因，借出者对于贷款所要求的条件，超出了新企业所能承受的程度。首先，战争阶段结束之后，由于要弥补战时的消耗，所以企业在一个时期内的确可以担负得起较高的利率，这一事实提高了借出者的欲望，使他们习惯于做出利率比战前要高得多的预期。其次，目前各种借入者形形色色，性质不同，有的是带有政治性的借入者，目的在于履行条约规定的义务，有的是银行借入者，目的在于支持新近恢复的金本位,有的是投机性的借入者,目的在于在证券交易所繁荣发展时参与进去分一杯羹,最近还有一类让人感到很不幸的借入者,他们因价格低落而亏负颇多,不得不拆东墙补西墙,暂时靠借款来渡过难关。所有这些借入者,几乎都是怀着一种饥不择食的态度,若有必要,就不惜接受任何条件,这自然会使借出者往往对他们索要较高的利息率,从而高于真正的新企业所能担负的水平。第三,世界市场状况的不安定形势和国民的投资习性,也限制了许多国家和地区对资金的借入,而在这些地方本来是不会缺乏资金的,只要条件合理,很多借出者是打算进行投资的。占全球很大比例的地区,由于种种原因,那里的借出者丧失掉了投资的信心,他们为防范风险,往往在贷款时提出各种条件,其苛刻的程度足以扼杀新企业的生机。过去两年来,世界上三个主要债权国中有两个,即法兰西和美利坚,就长期贷款而言,已经基本上把它们的资源从国际市场上撤回。

同样,借出者固然不愿意轻易出借,借入者也不愿意轻易借款,两者的态度可谓彼此不相上下。这是因为大家看到,价格下降对那些背了债的人来说真是损失惨重,而那些由于习惯拖延而对新企业迟迟未曾进行投资的人,却幸免于难,大获其利。这种情况,不但吓唬住了借出者,也让借入者感到惊惧。最后,在美国,近五年来新资本企业有了大规模的发展,这多少也暂时把企业进一步发展的获利机会给吸纳殆尽了——不管怎样,只要商业萧条氛围依旧,情况就总会是这样。到 1929 年年中,除美国以外,在整个世界范围内,新资本企业的规模已经与当时的情况不相称。而后在美国,新投资陷入崩溃的境地,这让企业界饱受打击,至于其极。美国的新投资现在要比 1928 年约减少 20%—30% 这么多。因此,就新投资的获利机会而言,在某些国家要比以前大受限制;而在另外一些国家,则有着更大的风险。

如此一来，其最终的结果是，在真正进行新资本投资这一目的上，借出者和借入者两种看法之间，存在着一道宽阔的鸿沟。由此导致借出者的储蓄并不是被用在发展新资本事业上面，而是被企业亏损和陷于困境的借入者所逐渐消耗殆尽。

现如今，基于心理上的多种原因，萧条的局势发展得可能稍有些过分了。因此，适度的复苏迹象，也许随时都会到来，亦未可知。但是，以我的判断，除非借出者的想法和从事生产的借入者的想法能再度取得一致，否则真正的复苏是不可能出现的。要使二者在想法上充分接近，一方面在于借出者要能放宽贷款的条件，要能在更广阔的地理范围内进行贷款，另一方面在于借入者要能逐步恢复其企业家精神，勇于借款来进行投资。

借出者和借入者在认识上存在着如此悬殊的差别，如此难以调和，在现代历史上还是罕见的。如前所言，这一点正是我们当下的病源所在，除非我们对这一诊断的正确性深信不疑，由此振作精神，集中我们的意志力和所有的智慧，沿着这样的方向去努力寻找解决方案。否则的话，一旦我们的这个判断**果然**正确无误，而我们却讳疾忌医，那么，萧条的局势必然会变本加厉，萎靡的价格水平徘徊不前，还会持续好几年，这对物质财富和各国社会稳定都会造成难以言喻的重大损失，谁也无法置身事外。我们只有认真寻找解决之道，才能令我在本篇开头时那番乐观主义的论调获得证实，局势才会在更近的将来得以扭转。

而要为未来的政策指出方向，则不在本文落笔的范围以内。但是，可以这样说，除了主要几个债权国的中央银行之外，再也没有谁能够率先展开行动了；而且任何一个中央银行的孤立行动，也不会起到什么效果。绝大多数人都看不到致病之源，往往被一些表面现象所误导，这些人的行动只会让事态恶化。而美国联邦储备银行、法兰西银行和英格兰银行的果断行动所产生的效果，则比一般所认为的要大得多。无论从哪个方面来看，最有效的补救方法，莫过于这三大债权国的中央银行联手行动。它们应该联合起来，制订一个大胆的计划，设法尽可能地恢复国际长期借贷市场上的信心。这样，会有助于各地企业的更生与活力的催发，有助于恢复价格和利润，从而使得世界商业在相当短的时间内即可重新走上正轨，顺利前行。即便法国对黄金储备的安全这一点抱有着牢不可破的成见，不愿加入这一创造新财富的冒险事业，我仍然相信，在美国和英国的同心勠力之下，也一定可以在一定的时限之内，让这台机器重新发动起来。这就等于说，如果它们对于问题的根源何在有了确信，而这种信心又确实发挥了作用，那么重新发动这台机器，使其正常运转，是指日可待的事情。英吉利海峡和大西洋两岸的执政当局，今天之所以畏首畏尾，缩手缩脚，不敢作为，主要还就是因为缺乏这种信心的缘故。

6 关于节俭（1931年）

I. 节约与花费（1931年1月）[1]

商业的萧条、失业的上升、企业的严重亏损，使得我们正处在世界现代史上史无前例的灾难之中。没有一个国家能够幸免于难。遍观世界，在今天数以百万计的家庭里，极端的贫穷和——有时候更恶劣的——极度的恐慌肆无忌惮地在蔓延着。在世界上三个主要的工业国——英国、德国和美国，我估算了一下，大概有1 200万个产业工人无事可做，处于失业状态。但我还不敢确定，那些主要的农业国，如加拿大、澳大利亚和南美国家，情况是不是更加严重。这些国家数以百万计的小农场主们眼睁睁地看着自己被农产品价格的下跌所摧垮，濒于破产之境，他们收获之后所得到的收入，远远低于为种植这些庄稼所投入的成本。由于世界上一些主要产品，如小麦、羊毛、蔗糖、棉花以及其他绝大多数产品，价格下跌的幅度之大，简直是毁灭性的。如今，这些产品的价格均已低于战前的水平；然而，我们知道，它们的生产成本却依然停留在战前水平之上。据报道，在一两个星期之前，利物浦的小麦售价，降到

---

[1] 本篇是为英国广播公司关于失业的系列广播所做的广播讲话，1931年1月14日发表在《听众》(*Listener*) 上，标题为"失业问题——II"。（凯恩斯的讲话是该系列的第二篇。）——译者注

了250多年以前查理二世在位时期以来的有纪录的最低价格水平。这样的情况,让农民怎么有可能生活得下去呢?可以肯定地说,他们是生活不下去的。

你或许会这样想——而且有些很朴素的人事实上也确实会这样认为——物价便宜必然于我们有利。因为生产者的所失,也就是消费者的所得。但是,事实上并不是这么一回事。因为我们当中从事某种工作的人——这是我们中间的绝大多数——只有当有所生产时,才能有所消费。所以,如果生产过程遇到了阻碍,那么,消费过程也势必会受到遏制。

关于这一点,其原因在于,对于成本和价格两者的下降,所发生的阻碍多种多样,而且它们所产生的影响也是均等的。举个例子,大多数工业家所负担的工资成本,实际上和以前相比并没有什么变化,但是我们来看看这个恶性过程到底是怎么发展的。羊毛和小麦的价格下降了。人们或许会这样想,这对于小麦和毛线衫的英国消费者是有利的。但是,羊毛和小麦的生产者,由于他们生产了这些物品之后收入减少,所以就不再能够像以前一样来购入英国的商品了。英国的消费者同时也是制造这些商品的英国工人,这个时候他们就会处于失业的境地。东西是便宜了,但是收入也在下降,此时东西便宜些又有什么用呢?

当约翰逊博士游览斯凯岛时,有人告诉他在这里1便士可以买到20个鸡蛋,约翰逊博士这样说道:"先生,我倒是觉得,这并不是说明这里的鸡蛋特别多,而是在您这可怜的岛上,便士实在是太少了。"

如果是因为生产工艺进步导致效率和技能提高了,从而带来了产品价格的低廉,那真是好事一桩。而如果物价低廉的代价是生产者的破产引发的,那只能是经济上可能发生的最为严重的灾难之一了。

要说我们对当下的情况没有加以重视,那真是冤枉。但是,我们是否给予了足够的重视呢,这一点是值得打个问号的。在数以百万计的工人被迫失业的情况下，那么多的潜在财富浪费于无形，这真是创造了一个令人心痛难抑的奇迹啊。现今处在闲置状态的工厂和工人，原来每天都要生产出价值数百万英镑的产品——而且工人的心情也更愉悦，境况当然也好得多。当此之际，我们应该收拾心情、稳定心神，把我们在战争期间所具有的那种坚毅气魄和不惜一切代价排除万难的精神拿出来，寻找切实可行的补救措施，来改善目前的严重事态。然而，有一种惯性的力量，似乎压得我们毫无进取之意。在我看来，今天这种局势其特殊之处在于，几乎所有提出来的补救办法都颇受指摘，当然这些提议中并不是都无可指摘，其中有一些确实要比另外一些提议要更高明一些。所有这些内容上不尽相同，有的甚至完全对立的政策建议，总还是有一些有价值的东西值得一听的。但是，我们却一个也不予以采纳，全部拒之门外。

最为糟糕的事情在于，我们袖手旁观、无所事事，却还为自己的这种态度找到了一个绝佳的借口，那就是，一旦谈到如何对事态进行挽救，便认为这样的任务在很大程度上是在我们的权力范围之外，我们自身对此是无能为力的。我们常说，这是一个国际性问题，对于我们这样一个国家，依靠的是对外贸易，即便我们凭借自己的努力做得再多，所能取得的成就也是极其有限的。但是，这并不是我们之所以无所作为的唯一理由，而且这个理由也并不充分。有些事情是我们力所能及的。在我观之，还有另外一个主要的理由，那就是我们对于到底哪一类措施有效，哪一类措施无益，存在着严重的误解。今天有许多好心人相信，为了改善当前的事态，他们本国和邻邦所能采取的最有益的办法，就是比平常更节俭些。他们认为，如果平素的花费占收入的比例能比往常小一些，那对就业肯定会有所帮助。他们如果是市镇议会或州县议会的议员，就会认为，在这个时候应该恪守的正确方针是，在有关享乐设施或公共工程方面的支出，均应当予以阻止。

诚然，在某些情况下，这样做是无可厚非的，甚至可以说完全正确，但是很不幸，在目前这种环境之下，这样做却是一个重大的错误。与一贯的看法不同，而且与之恰恰相反的是，这样的举动是要把我们引入歧途，其结果将是绝对有害的。节俭的结果是使得工人放下工作，令他们无力从事房屋、工厂、公路、机器之类资本品的生产。如果可以用在这类生产目的上的资金，已经有了大量的积累，无处可用，此时再厉行节约，其结果只能是继续扩大这种积压，因而会使得失业工人的人数进一步增多。此外还有一层，一个人以这种或者任何别种方式失去了他的工作，那么他的支出能力自然会有所减低，这就会进一步造成失业，因为别人原来为他生产的商品，现在他已经买不起了，这转过来又使得别人也因此而无事可做，进入失业状态。如此一来，情况就一天比一天糟糕，陷入了恶性循环的境地。

我所能做的最不大会出错的推测是，不论什么时候，如果你节约了5 先令，那么，你就使某个人失去了一天的工作。你节约了5 先令，对失业可以扩大到一个人一天的程度，这个人减少了一天的收入，又会给其他为他提供商品的人带来一定程度的失业，以此类推。另一方面，不论你什么时候购入了商品，你都促进了就业机会；既然你要促进的是本国的就业机会，那么你要购入的商品就必须得是英国制造的商品。归根结底，这不过是最简明的普通常识罢了。因为在你购入商品的时候，总要有人为你生产这些商品。如果你不购入商品，那么，商店里的存货就会积压，无法出货，就会有人要失去工作了。

因此，爱国的家庭主妇们，明天一早就赶紧出发，到大街上去购物吧，那里到处是广告，到处是精美的甩卖商品，任君选购。这对你来说真是有太多好处了，因为东西从来没有如此便宜的，便宜得会让人大呼意外，简直是你做梦都想不到的便宜。衣料、被单、毯子，堆积如山，总之你想要什么就有什么，尽可以满足你的一切需求。此外，还有一点，如果你想起来这一点你会感到更加的开心，那就是，你买走了这些价格低廉的商品，同时也就是在促进就业，在为国家增进财富，为种种有益的活动得以重新启动开了一个头，为兰开夏郡、约克郡和贝尔法斯特带来了机会，使它们重新有了希望。

这些不过是举了些例子罢了。我们的意思是说，只要是为了满足你个人和你的家庭最切实的需要，而必须要努力完成的，不管是什么，只管放手去做，去力争有所改善，有所建设。

因为我们现在所需要的，不再是勒紧裤带过苦日子，而是一种向前发展、积极活跃的心态——多做事、多买东西、多制造产品。毫无疑问，这些都是最明白、最普通的常识。假如我们处在这样极端的情况下，把自己的收入全部储蓄起来，一点儿都不拿出来花费。那么当然，也就不会有人再出去工作了——根本找不到工作。而不久之后，我们也就不再会有收入可以供我们花费。到了那个时候，真是任何人都不会有哪怕是一个子儿的财富可以增加的，我们所有人都只有饿死的份儿。事情怎么会弄到这般田地，这无疑是我们应得的报应，谁让我们彼此之间拒绝购买他人的商品、拒绝相互之间的帮助的呢——要知道，我们大家都是靠了这样一种互相的帮助才得以生存的呀！就地方政府的工作来说，情况也是如此，而且更加是如此了。现如今各地政府应当忙起来，积极有为起来，是时候来做出各种各样的合理的改进了。

病患之人需要的不是休息。他需要的是运动。遇事一味地退缩，只管拒绝采取行动，拒绝签下合约、发出订单，这让人还能做成什么事呢？正好相反，要使经济进步、财富生产的车轮重新润滑、运转起来，唯一有效的手段就是各种方式的活动。

就全国的情况来看，我也很希望看到这类伟大而壮丽的计划能够得以设计和实施。几天前，我在报上看到了这样一个提议，建议新修一条公路、一条宽阔的大马路，这条新的通衢大道在泰晤士河南边，沿着河岸将威斯敏斯特和伦敦连接起来。这个想法是很有见地的。但是我还是希望看到有更加宏伟的设想能够被提出来。举个例子，何不把整个伦敦南部从威斯敏斯特到格林威治彻底改造一番，使它旧貌换新颜——在工人工作地点附近对他们较便利的地方建造更多的住房，容纳比现在多得多的人口，新建的房屋要尽量考究，要具备现代生活所要求的一切便利设施。而且同时还要提供一系列的配套条件，建设数百英亩的广场，社区内林荫道路纵横，工程完成之时，公园和其他公共空间应有尽有，给人以耳目一新的感觉，这些不但对人们的生活大有裨益，为人们带来极大的便利，而且也可以作为我们这个时代的一个人居典范。这样的工程难道还不会雇佣大量的人员来施工吗？不错，那简直是一定的！从事这样的工程建设，赚取薪水来养家糊口，难道不比无事可做、凄惨地依靠救济来生活好得多？当然要好得多得多。

接下来，我就把我现下想给你们说的主要几点和盘托出。首先，值得强调的是当前事态的极端严重性，我们大约有四分之一的劳动人口处在失业的状态，问题不可谓不严重；其次，目前这种困难是世界性的，我们无法仅凭自己的能力就可以把它给解决掉；第三，但是我们自己总还是可以做些事情的，我们必须以积极有为的精神面貌，动手做一些于我们的现实有益的实事，鼓励大家进行消费，使大企业能够重新焕发活力。

最后我还有一个观点要给你们摆出来。我猜想，有些人对我的建议可能会感到有点吃惊，其中的一个原因或许是源于这样一种恐惧心理，即他们把这样的建议视为过度浪费之举，认为我们实在是太贫穷了，以致根本没有办法负担得起这样的花费。他们认为我们很穷困，而且是远比之前的我们来得穷困，所以我们现在需要做的主要就是量入为出，也就是说，我们必须削减消费，降低我们的生活水准，努力工作，节俭度日。他们认为，只有这样，我们才能摆脱困境。在我看来，这种观点是站不住脚的，与事实并不相符。我们其实并不穷，我们缺少的只是使用财富的勇气。因此，我打算给你提供一些让你们感到振奋的事实来，让你们对这个国家的经济实力有一个更为翔实的了解。

我来首先提醒你们一些最为显而易见的事实吧。今天广大的人们比他们之前任何一个时期，在生活水平方面都要好得多。当下我国失业人数接近我国总劳动人口的四分之一，他们依靠失业救济所维持的生活水平，可能都比大多数其他国家里在工作的工人们的生活水平还要更高一些。然而，即便在这么多人处于失业的情况下，我国的财富仍然在逐年增长。我们所支付的工资，要远高于诸如法国或德国这些国家的工人所得到的报酬。有工作的工人领完工资，维持占总劳动人口四分之一的失业人员生活的救济发放完毕，为这个国家的住房、公路以及发电厂等等之类大规模地增添设备亦已完成之后，我们仍然还有大量剩余留存，可以将它们作为借款借给其他国家，1929年，这笔出借款项的规模，比世界上所有其他国家可用于此种用途的剩余资金都要大，甚至包括美国在内，也不例外。

我们又是如何做到这一点的呢？悲观主义者认为我们现在工作上非常缺乏效率，支出上又过度铺张、毫无节制，只会使我们变得越来越穷，如果这些人的看法是对的话，那么很显然，我们是不可能取得上述这样的事实结果的。我们之所以能够做到这一点，正是因为那些悲观主义者错得一塌糊涂。如果我们把事情处理得更加妥当一些，避免陷入如今这样的困难局面，我们肯定会比现在还要富裕。而且我们也并不缺乏效率，并不贫穷，也没有坐吃山空，无所作为。恰恰相反，我们的劳动者和我们的工厂现在所具有的生产力，比之过去不知道要高出多少倍。我们的国民收入增长得也十分迅速。这就是我们可以实现上述那些结果的原因所在。

下面我给你们提供一些相关的数据。我们的人均产出量，即使同1924年这样一个较近的时期相比，也大概提高了约10个百分点。这就等于说，我们可以在减少10%的就业量的情况下，生产出与1924年同样多的财富来。与战前相比，人均产出上的增长可能可以高达20%之多。扣除币值的变化，国民收入——即便在较近的1929年有着大量失业人口的年份（当然今天的情况可能更加糟糕一些）亦不例外——每年大概增加了1亿英镑；而且这种逐年增长的趋势已经持续了很多年的光景。与此同时，在收入分配朝向公平的方向发展上，我们已经完成的变革，几乎可以称得上是一场静悄悄的革命。

因此，可以自信地说，我们正在遭受的是青年人成长的阵痛，而不是老年人易患的风湿病所带来的困扰。我们还没有充分利用好我们的机会，还没有为我们的生产力和生产能量上的巨大增长找到出路。所以，我们一定不要缩手缩脚，畏葸不前；我们一定要把它们发挥出来，不使它们遭受无谓的浪费。不但要在个人，而且还要在国家的层面上，发扬积极有为、大胆向前、富于进取的精神，这样的话，我们所面临的这些病痛就一定可以治愈。

II. 经济委员会的报告（1931年8月15日）[1]

经济委员会的这篇报告，我们可以从多个角度对之进行解读。这份

---

[1] 本篇曾以《经济委员会报告的一些经济后果》为题发表在1931年8月15日的《新政治家与民族》（*New Statesman and Nation*）上。之后一周，凯恩斯曾致信该杂志，对其中的印刷错误做了改正，这封信件的内容本处从略。——译者注

报告是一份极有价值的文件，因为它对我们在某些重大问题上决定采取这种或那种政策，提出了质疑。尤其是它迫使我们做出决定，借助国际价格的下跌而向英国的薪金和工资水平施加压力，切实实现通货紧缩的效果，是不是我们的意图所在。如果这的确是我们的意图所在，那么，报告中所主张的不要降低教师和警察的薪水，其可能性几乎为零；如果认为通货紧缩的过程在教师和警察那里会停顿下来，不再继续，那简直是愚不可及的想法。委员会的报告，某些地方有些过了头，而有些地方又远远不够充分。但这不是我希望在这里加以讨论的问题。我要说的，只是在我看来的似乎被报告所忽略的其他一些方面。

经济委员会在报告中提出了他们的计划，但是，对于该计划实施之后，对失业数量和税收收入将会产生什么样的可能影响，报告中完全不曾谈及，似乎经济委员会对此根本未曾加以考虑。他们建议部分地通过减少人们的收入，部分地通过使现在就业的人员失去工作，来降低英国民众的购买力。他们认为购买力上的这种降低，可以由其他方面的提高来补充，但是，他们又没有给出任何理由来对此加以说明。他们的想法是，政府应该利用他们所建议的节俭方案，所采取的方式不在于减少税收，而在于减少借款。在这些人的内心深处，所存的或许是这样一种粗疏而不成形的想法，那就是认为存在着一笔数额固定的贷款基金，而且始终处在借出状态，因此，如果政府的借款减少，那么私营企业的借款就必然会增加。但是，如果他们把这个想法用确切而具体的语言表达出来的话，那么，认真思索之后，你会发现，这是一个连他们自己都不会相信的幻想。

虽然工业上的工资下降有利于出口，但是，他们的建议甚至也还是不能对我们的贸易余额带来什么有利的影响。因为根据他们的建议来计算的生产成本也不会降低，实际上还正好相反，由于他们建议提高雇主们的工人生活保证金,所以成本反而还将会更高。

因此,我们可以尝试着将这份报告中漏失的那部分内容给重新填补上来,并对根据所建议的方式来降低购买力会带来何种可能的后果,进行一番推测。

这种购买力的降低,其中有的部分预期会导致减少对外国商品的购买,比如,如果失业救济金削减之后,失业人员就不得不勒紧裤带,尽可能地少消费进口的食品。这种后果在某种程度上对我们现在的局势是会有所助益的。有的部分会因为储蓄的减少而被节省下来,例如教师们薪金的削减往往会带来储蓄的减少,甚至为了维持已经习惯了的生活水准,不惜动用原有的储蓄。但是,除此之外,英国的生产者从消费者(警察、教师、失业救济人员等等)支出所获取的收入也将减少,估计净减少额将达7 000万英镑之多。如果这些生产者不减少他们自己的支出或者解雇一部分工人,抑或二者兼而有之,也即是说,他们不得不效仿政府的行为,那么,他们就无法弥补这些损失,而如果这样做了之后,又会有引发一系列性质相同的后果,产生连锁效应。

随着收入和利润的下降,所必然带来的净结果,将会是依靠失业救济金生活的人数大大增加,而政府税收收入则会减少。政府削减赤字的直接后果,实际上与其希望通过这样的行为促使私人企业增加贷款从而提供更多的资本这样的设想之后果恰恰相反。我们无法准确地预测这两者的确切数量,但是它们大体上应该是相等的。委员会有几条建议,例如与公路、住房和植树造林等相关的那几条,确实表明,他们对于公共工程用于解决失业问题的一般原则在整个理论基础上都存在着显著的误解,事实上,他们所要求实施的政策,恰恰是基于这一原理而应该采取的政策的反面。然而,他们还不愿意对这种情况进行深入研究,认为这是自找麻烦。我猜测,他们大概是那一类非常简朴、单纯的人,因为对他们来说，不花钱的好处似乎再明显不过了。他们如此单纯，甚至都意识不到我们现在所讨论的这些问题的存在。但是，他们却又公然地与一部分相当有影响力的舆论相违背。因为对于以公共工程来解决失业的方案持反对意见的人们，其主要的理由并非基于一般的原则，而是在于拟定合理的计划所面临的现实困难。但是，目前已经付诸实施的委员会的建议，所采取的措施却完全是反过来的，是故，这一建议不但在实际可行性方面应当受到质疑，就是在原则方面也应当予以否定。

尽管会稍微显得有些轻率，但我还是愿意权且对经济委员会建议的1亿英镑节俭方案实施之后更为直接的后果，在规模上做出一个粗略估计，如果仅仅是为了便于阐释和说明，我相信这一估计大体上还是可以供我们参考的。我预期，这一节俭方案会产生如下后果：

（1）失业人数会增加25万—40万人；

（2）对外贸易逆差将减少大约2 000万英镑；

（3）公众的储蓄将减少1 000万—1 500万英镑；

（4）企业利润将减少2 000万—3 000万英镑；

（5）由于企业利润的下降，仰赖利润过活的企业家和其他一些人的个人支出，将减少1 000万—1 500万英镑；

（6）对委员会建议的采纳，会对企业经营的"信心"产生向好的心理影响，虑及此点之后，随着企业利润水平的下降，预计资本构成、营运资本以及私人企业在其他国内投资方面所做的投入，总计将减少500万—1 000万英镑。

（7）由于税收的减少和失业扩大而带来的费用增加，使得原来预算的1亿英镑的节省方案其中部分俭省下来的数额将会被抵消，因此，政府赤字的**净**减少额，当不超过5 000万英镑。

当然，我在这里所给出的具体数字，都只是出于推测。但是，

(2) + (3) + (4) − (5) − (6) = (7)，这里 (7) 就是政府赤字的净减少额，这个关系等式可说是确定无疑的，这就如同 2 + 2 = 4 一般正确无误。除非对进入这个关系等式的各项的数据存在着不同的意见之外，有关其中各项之间的逻辑关系，应当不会有什么争议。可能还是会有些人有不同的意见，例如，他们会认为在 (6) 里总计的数字应该是增加而非减少的；然而，根据我的判断，这种看法并没有什么较能站得住脚的理由来支持，如果这一项上的数字果然有一个较大的增加，那么，这会使得委员会所建议的政策所具有的权宜性变得至关重要。

当前，所有国家的政府都存在着巨额赤字。可以这样说，对于政府通过各种方式借入资金，是再自然不过的补救措施，在如今如此严重的萧条情势之下，政府此番做法可以防止损失，避免其进一步扩大到使生产完全停顿的地步。从各个方面来看，政府举债的目的都应当是用于为投资活动进行融资，但凡这些投资活动有一点实效，这样做都比找钱来支付失业救济金（或退伍军人的津贴）要好得多。但是，不管怎样，只要萧条的局势以当前这种程度在延续，那么，对我们来说，就只有唯一的一个行之有效的选择，那就是政府举债，而且无论是出于哪一种目的（或者比如是为了减少偿债基金，其效果并无二致），政府举债实际上均无可避免。人类对有些事物经常秉持一种错误的成见，但是就现在这种情况来看，我们可以断定，人类天性中的弱点将会消除人们的这种执迷不悟的成见，拯救我们于水火之中，这可能是一件值得庆幸的事情。

这并不是说，除了这一点之外，我们就没有其他可以自我拯救的办法。譬如关税政策、货币贬值以及降低全部货币收入的全国性规约，都不失为具有可取之处的措施，但是，这些并不是我在这里要关注的方面。我只是在分析，经济委员会的建议一旦被作为缩减预算内无法弥补的赤字的一种手段而被采纳，则将会产生什么样的可能后果。为避免造成误解，我还要再附带说上几句，根据我的看法，他们的有些建议，倒的确比大多数征收附加税而非关税的方案要可取得多，因为他们既有着细致分析和解决问题的能力，而且还抱有着秉公办事的态度。

只要萧条的局势一日不去，我即主张预算政策应当暂时将偿债基金搁置起来，而继续为失业基金举债，并征收财政关税。为了摆脱目前的这种萧条状态，我们必须要有"风物长宜放眼量"的姿态，打开思路，去寻求一些其他的权宜之策。等到萧条结束，此时私人企业对新资本的需求重新恢复正常，就业形势转好，而税收收入也就会不断地增长，这个时候，就可以重新恢复偿债基金，而把注意力集中转到那些在生产效率上乏善可陈的国有企业上来。

III. 节俭方案（1931 年 9 月 19 日）[1]

现在的这篇预算报告和节俭方案，通篇充斥着愚蠢而又不公正的认识。对于很多确然具有自我牺牲精神和心怀善意的人们来说，他们的道德力量和处世热情，却要被这些错误的方案所误导，这实在是一个悲剧。

为了应对紧急情况，我们国家政策的目标应当主要致力于改善我们的贸易余额，其次应当使税收收入与预算内正常的经常性支出保持平衡，所据以实现的办法应当是增加而不是减少产出，从而增加国民收入和政府的岁入，与此同时，还要考虑到社会公平的各种原则。政府的具体政策在实际执行当中于所有这些评判标准上的表现都不甚佳。它对贸易余额的影响相对来说是比较细微的，但是，却又会造成大量失业人员的增加，以及政府岁入的减少，与此同时，不仅违背了公平原则，而且

---

[1] 本篇发表于 1931 年 9 月 19 日的《新政治家与民族》上，标题为"预算"。——译者注

其违背的程度于我看来还简直是难以想象的严重。

让我们先从最后一点说起吧。富裕的人们,其收入被削减了 2.5%—3.5%。中小学教师除了不得不承担纳税方面的额外负担之外,其薪金还要减少 15%。[1] 只不过因为他们凑巧是政府雇佣的从业人员,而把这个阶层给特别地挑选出来,这真是一件骇人听闻的不公正之事。更何况近些年来政府还曾做了一番努力,将那些有着较高资历的教师给吸收到这个职业领域,并对他们许下了某种富有前途的期待,由此来看,这就更显得这一举措荒谬不堪了。这一方案甚至还建议,可以使用权力来解除现有的契约关系。竟然会把中小学教师推出来特别作为财政计划下的一种献祭品,这充分证明,这些内阁阁员们已经处在了何等歇斯底里的疯狂状态,何等不负责任。他们称教师薪金的削减是出乎万不得已而为之的,这种说法是不可能站得住脚的。从这项折减中可以节省的总额共计 600 万英镑。同时,划拨到偿债基金中去的是 3 200 万英镑,而茶叶、蔗糖以及作为收益来源之一的关税,其税率均未有所触动。首相对此尚未置一词进行辩解,而他的一些前任同僚,由于刚从局势的沉痛中回过神来,于是在一时的惊慌失措之下,也开始在考虑某些性质类似的建议。

对待中小学教师的这种态度,是政策不公的最为突出的表现。但是,政府雇员的收入水平也都受到了打击,不公平的情况是普遍存在的,只不过在程度上有所差别而已。那些在政府机构服务的人员,他们在待遇上遭受了歧视,原因在于他们在政策上最容易被触及,而这样的一种原则是无法让人接受的。而且他们还在文件里使用了"同等牺牲"这样冠冕堂皇的口号,如果不说这些漂亮话,至少还会显得大方一些。

此外,可以这样说,政府的这一计划不但愚不可及,而且错谬

---

[1] 后来被改为削减 10%。

不堪。这一计划对就业必然会带来灾难性的直接影响。可以断定，原来打算削减失业救济金10%，但是，最终的结果一定是失业者在数量上的增加将超过这一比例。私人投资萎缩之后，迄今为止已有各种局部性的努力，希望借此减轻投资萎缩所带来的后果，而这次的计划却展现出了对既有努力的一次轻易的颠覆，如此倒行逆施，使得事态进一步恶化。而这就是所谓的"财政部意见"的一个极端典型的例子。情况还不止如此，不仅仅购买力将会大幅缩水，而且关于建筑公路、建造房屋等诸如此类的计划也将受到影响，须紧缩开支。地方政府当局也就跟着中央政府学，依葫芦画瓢，有样学样。如果这一计划所据以实施的理论果能被大家广泛接受，那么，最终的结果除了几个自给自足、自食其力的少数幸运儿之外，将不会有一个人可以获得就业机会，因为为了节约，每个人都将会拒绝购买任何其他人的劳务。在目前的情况下，为了维持偿债基金而侵夺修路基金，简直是几近疯狂之举。

最后，我们来谈谈关于贸易余额的问题，毕竟，就关系到紧急事态的这方面来看，它是主要的问题所在。一般来说，生产成本并没有什么变动。削减中小学教师的薪金并不能帮助我们重新夺得世界市场。凡是处于政府直接管理范围之内的工资、薪金，就其与出口贸易方面的利益关系而言，对它们加以削减，恰恰是最无济于事的。有人这样告诉我们，如果谁要是把这次薪资的削减，说成是对工资进行全面攻击的前奏，那必是一种恶意歪曲。而这种说法与事实的确是相一致的，但凡稍有理智之人未尝不会对此一说法额首表示同意。同时，政府已经注意到，计划当中恰恰有那么一个环节，是足以提高生产成本的，即工人生活保证基金的提存规定，这实际上就相当于在给每一个就业人员附加征收了一种人头税。由此可见，政府实际上是主张**提高**生产成本的，这也说明政府当局已经糊涂到了什么地步。

政府计划对贸易余额的帮助，只能通过两种方法来得以实现。一种方法是通过失业来降低消费。无论何时，一个人失去了工作，或者因为其他问题而陷入贫穷之地，就不得不减少消费。这种消费的减少中的绝大部分，将只是带来本国企业的亏损以及本国人的失业。然而，还有一部分，大约为其中的五分之一的光景，会有助于进口贸易量的减少。尽管是这样，如果那些贸易自由主义者认为缩减贸易量可以带来相应的出口减少这一论调是确实可信的话，那么，即使牺牲进口业务恐怕也没有什么好处，因为进口额的下降将会带来出口量亦作如是的下降。无论如何，片面强调减少进口额，总不大有什么意义。此外还有一个办法，那就是增加失业量，同时加剧失业所带来的痛苦，因为这就可以使得降低工作的要求更容易为人所接受。说穿了，节约这件事的根本目的无非就是放弃资源，使其闲置，而并没有其他的作用或意义。在这样的情况下放弃的资源的一小部分，对贸易余额将会起到些许作用。但是，那些被闲置的资源的其他部分，则是国内的工厂设备和工人劳动力，在这些方面，我们原本就已经有了剩余，现在也正处在闲置状态之中。

由是观之，政府竭力地试图使我们不加详究即轻信他们的这个计划，实际上大部分是在错误原则的指导之下完成的，它对失业和贸易逆差这两个相伴相生的问题的解决，其实并无助益。

对于后一个问题，如果不采取些什么措施加以纠正，而听任其自然地发展，那么在不久的将来，或将因此而破坏金本位制度，即便我们把中小学教师的薪金减低到零，也终将无济于事。现在唯一可供选择的补救措施，只能是使货币贬值，用直接的办法来猛烈地限制进口，大幅削减薪金和工资（以我度来，所减幅度当不低于三成），或者是使国际局势发生决定性的改变。对工资的大力打击，势必会引起严重的劳资斗争，其结果将会在几周之内即迫使我们脱离黄金平价。因此，这实际上并不是货币贬值的一种替代方法。这样一来，就只剩下了三条可供内阁加以考虑的政策路线了。第一条也是最温和的策略，就是限制进口。第二条策略是想方设法地与金平价脱离开来，但是又不使事态发生过于激烈的演变，以致难以收场。第三条策略就是召集一次国际会议，这个会议应当具有极其明确的目标，为各金本位国家提供一次最后的协商机会，与会各国应当抱持务实的姿态主动地寻求解决的途径，在这一点上，这个会议应该与以往举行过的任何其他国际会议完全不同。除此之外，其他都是枉费心机、徒劳无益的。国际局势的改善是非常具有其必要性的，这最后一条如若不能实现，那么我们在国外的投资收入将会化为乌有，而这方面的损失，在规模上却不是靠改变税制和货币贬值就可以取得补偿的。因此，即便召集这样一次国际会议，取得成就的希望并不大，也仍然值得一试，要改善国际局势，这也是唯一可想的途径了。

7　币值崩溃对银行的影响（1931年8月）[1]

一年前，经济局势的主要特征是农业、采矿业、工业和运输业无法取得正常的利润水平，随之而来的是失业和由此所造成的生产性资源的浪费。而今天，最使我们担心的是在世界的很多地区，银行方面发生的严重困难。1931年7月，德国发生了一次令人备感惨痛的毁灭性危机，究其本质，乃是一次金融恐慌，虽然是这样，也可以肯定地说，这正是因为政治事件和政治上的不安情绪所造成的。此次危机引起了整个世界的惊慌失措，较之于它原本应该发生的程度要更深重。这种头重脚轻、危如累卵的局面，终于轰然坍塌，一败涂地，而根据我的判断，这种局面根本就不应该让它出现，那就是一种愚蠢的妄举，它与银行业的稳健原则是完全背道而驰的。我们眼睁睁着这个局面赫然呈现在我们面前，未尝不提心吊胆，充满讶异和恐惧之情。但是，之所以会发生这样一种一蹶不振的后果，使其会实现的那些主要的诱因，却并非是那些个银行家所能控制得了的，而且也几乎没有什么人可以预先见到——那就是金币

---

[1] 本篇由《劝说集》一书首先予以付印而面世。它最初是为美国流行月刊《名利场》（*Vanity Fair*）于1931年8月而写，但是在10月份，凯恩斯对它做了相当幅度的修改，正如他自己在给该杂志执行编辑写的信中所言："部分是为了适应新的形势［英国已经与金本位脱钩］，部分是为了满足你的批评，还有一部分是我对它又进行了重新的思考。"——译者注

价值发生了重大的变化,结果使得固守金本位的国家所约定的以黄金偿还债款的债务人的债务负担,也发生了重大的变化。

且让我们从头说起。世间各色实际的资产,构成了我们的资本财富——诸如房屋、存货、在制造中和在运输途中的商品等等,皆属此类,不一而足。这些资产的名义上的所有者,为了取得它们,往往会借入货币。在相应的程度上,财富的实际所有人有它的索取权,这些索取权不是针对实际资产而是针对货币的。这种"资金融通"行为中有相当可观的一部分,是通过银行体系来予以实现的。银行居于存款人和借款人之间的中间担保人这一角色之上,存款人将资金借给银行,而借款人向银行借入资金,用来购买实际资产。这样,在实际资产与财富所有人之间就拉起了一面货币的帷幕,这正是现代经济的一个突出的特征。部分是由于近年来对一些主要银行机构信心的增强,这种资金借入、借出的业务,已经发展到了令人感到吃惊的地步。举个例子,将各种银行存款合并来计算,在美国其数额约达 500 亿美元;在英国约为 20 亿英镑。除此之外,还有大量由个人持有的担保或抵押债务存在,这些尚未计算在内。

这些情况,一般来说都是人尽皆知的。还有一点,我们也是比较熟悉的,那就是当币值发生了变动时,拥有货币索取权的那些人与负有偿还货币义务的那些人之间的相对地位,会发生重大的变化。其原因是显而易见的,价格低落之时,对货币的索取权在价值上就会有所提高,这样的事实告诉我们,实际财富有一部分从债务人转移到了债权人那一边,因此,由存款人的索取权来体现的那部分实际资产,就会占到较大比例,而为了购买资产借入货币的资产的名义上的所有人,他们所拥有的实际资产的比率,就会相对地有所降低。这是我们都了解的事情,价格变化时何以会引起混乱,这就是原因之一。

但是，我希望读者诸君能够有所注意的，并不是价格下降时的这种人们比较熟悉的特征。价格下降时会发生的进一步的演变，这在通常情况下我们往往可以不必深入地探究，但是当币值变动达到了极其严重的地步，超过了一定的限度时，这种进一步的演变立刻就有了非常重大的意义。

银行是居于存款人与债务人之间的中间担保人，当币值变动并不是那么猛烈，只是像我们过去所常见的那样时，这对银行就不会有什么紧要的关系。因为对某一特种资产价值的变动，以及对一般实质资产价值的变动，银行在事前是会有相当的措施空间来为这类变动预留余地的；习惯的做法是要求借入者支付所谓的"垫头"。[1]这就是说，当借入者向借出者提供资产，作为贷款的"担保品"时，银行向他出借的资金，只能达到"担保品"价值的某一比例。根据以往的经验，"垫头"会被规定为一种惯常的百分比，在一切如常的环境下，这种比例一般是相当安全的。当然，实际的百分比在不同情况下于较为宽泛的限度内是高低不同的。但是，就易于出售的资产来说，20%到30%的"垫头"，一般来说会被认为已经相当充分了，如果"垫头"达到50%，那么，一般来说借出者的态度是过于谨慎了。因此，资产的货币价值的向下变动幅度，如果只是在通常比较温和的范围之内，那么银行对此并不会特别关注；在银行的资产负债表上，一方是它们欠存款人的，一方面是贷款人欠它们

---

[1] 所谓垫头（margins），是指在票据抵押放款和商品抵押放款时，票据面额或商品价值与实际贷款金额之间的差额。银行在发放票据抵押放款时，所贷出的款项不是票据面额的全部，而只是其中一部分，通常为票据面额的60%—80%，以避免在有些票据难以赎回或贷款难以收回时遭受损失，这时垫头为票据面额的20%—40%。银行在发放以商品或商品凭证（如铁路的提单、仓库的栈单、水运的提单等）作抵押的放款时，垫头较大，通常为商品市价的30%—50%，因为银行必须考虑到在处理担保品时商品的价格可能会下跌，商品的销售可能遇到困难等情况发生，从而引起无法收回贷款金额的风险。——译者注

的，至于货币价值到底是多少，与它们其实并无多大关系。但是，请设想一下，当资产的货币价值在短期内的向下变化，**超过了**用此作为出借资金的那些资产中一个很大部分的通常的"垫头"范围时，将会发生些什么样的情况。毋庸置疑，银行将会处在可怕的境地之下，任何意外事件都有可能马上发生。值得庆幸的是，这样的情况还是非常难得一见的，而现在我们所遭遇到的，则是历史上绝无仅有的一次大变故。在1931年之前的近代历史上，尚且未遇其例。在很多国家里，近些年来，资产货币价值都发生了大规模的向上变动，通货膨胀也持续了一段很长的时期。无论这种现象对其他方面造成了多么大的灾害，但是却并没有使银行的处境发生任何的危险；因为这种现象使得银行掌握的"垫头"，在价值上是有所增加的。当1921年市场进入衰退状态时，价格曾发生过严重的下滑，但是，那是从原来一个非常之高的价格水平上跌落下来的，那一回的物价高企只是持续了几个月或几周，因此，银行贷款以那种较高的水平为依据的，只占一个很小的部分，而且因为高水平的价格持续时间非常短，对于这种短暂的一时之现象，一般来说也不会带来多大的信心。而近两年来，实际资产的货币价值已然陷入近乎全面崩溃之境，其范围波及整个世界，以今日之局面而思之，这般景象之前尚**从未遇到过**。最近几个月——时间这样迫近，以致银行家们自己对当前这种局势还没有来得及予以充分的认知——价格下落的趋势变本加厉，很多情况下，已经渐渐超过了通常的"垫头"范围。以市场中的行话来言之，即"垫头"早已被抽干，空空如也。此中各种具体的详情，局外人是无从知会的，除非因为某种特殊的变化，也许是某种近乎完全意外的变化，使得事态发展到危急关头，否则这种情况局外人是不得与闻的。因为银行只要还能够静待时机好转，同时还能够对它出借的许多贷款的担保物品已经不像原来那样安全可靠这一事实完全视而不见，那么，从外表上总是什么迹象都看不出来的，而且也没有恐慌的任何理由。但是，尽管如此，即便处于这样的阶段，这种内幕情况对新业务的开展也仍然大都会产生极其不利的影响。因为银行方面此时已经觉察到，它们所经营的贷款实际上已经有一大部分处在了冻结状态，所涉及的潜在的风险，比它们自愿负担的要大得多得多，这就会使它们生出极大的戒心，对于它们全部资产的其他部分，就会尽力审慎地处理，尽可能地躲避风险，使资产处在高度流动的状态之下。银行的这种行为，会在各种无声无息、不易为人所察觉的方式下，反映到新企业层面。这意味着，银行对于会使它们的资源处于不是那么可流动状态的任何计划，都不会像往常那样乐于对之施以援手。

现在，我提请大家注意的是，我们要讨论的是币值变动问题，在估计这一因素在定量方面的重要意义上，就要考察一下各类资产在价格上都有了什么样的一些变化。首先，我们来看国际商贸往来中所涉及的那些主要的原材料和食品。这些商品对银行来说可谓非常重要，因为这类商品无论是保存在仓库中还是处于转运状态下，无论是属于半制成品形态还是属于制成品形态但仍没有出售，其中有一个很大的部分都是借用银行的资金来予以维持运营的。在过去十八个月中，这一类商品的价格**平均而言**下跌了25%。但这只是一个平均数，而银行是不可能拿这个客户的担保品价值与另外一个客户的担保品价值来进行平均的。其中有许多这样的大宗商品，在商业上占有着极其重要的地位，其价格甚至已经下降了40%—50%都不止。

接下来是一些大公司和大企业的普通股或一般流通股，这是世界各地证券交易所里的主要交易对象。在绝大多数国家中，这些股票的平均价格已然下跌了40%—50%；当然，这仍然是一个平均数，它表明有些个别的股票在两年之前尚且被认为是属于潜力股而成为众所追逐的上上之选的，现如今其下跌的幅度则大大高于这个平均数。此外，还有债券和固定付息的证券。它们中属于最优等级的那些，市场价格的确还是有所提高的，有一些即便价格有所下跌，但是下跌的幅度至多也不超过5%，这样的结果在某些方面是有着切实的助益的。但是，还有很多其他的固定付息的证券，那些虽然不能列入最优等级之列，也仍然不失为颇有潜力的证券，它们的市场价格却下跌了10%—15%。而至于国外政府公债，众所周知的情况是，其价格跌落的幅度之大是颇为惊人的。这些价格的下跌即便在趋势上是比较温和的，但由此而带来的后果仍不可谓不严重，这是因为这些类证券（尽管在英国不是这样的）完全是由银行自己直接拥有的，因此并不存在所谓的"垫头"来预防亏损，也就不存在任何的保障。

大体而言，有关商品和证券价格的下跌，绝大多数国家受到的影响是一样的。当我们谈及另外一类财产——而且是具有非常重要的定量意义的一类财产——即不动产时，国与国之间各自的情况，则要更加多样一些。在英国，我相信法国也是这样，稳定事态的一个重大因素是不动产的价值能够始终保持着相当的稳固态势。在这个地区，这一类财产并没有发生暴跌现象，结果房地产抵押业务情况如常，对这方面的贷款没有受到什么损害。但是，在很多其他国家，情况则大不一样，这类财产也同样被卷入了价格下跌的狂潮之中。而且美国的情况可能还特别明显，在那里，农场的价值大跌，城市的现代建筑同样如此，很多房产今日的售价，仅仅占到原来建造成本的60%—70%，有的时候甚至还远不能达到这样的比例。这种情况加剧了问题的严重性，使得当地的局势一发不可收，一方面是因为这一范畴所涉金额十分巨大，另一方面则是因为这类财产原本是被认为相对来说没有什么风险的。最后还有一类贷款，是银行贷给它们的客户的，意在对这些客户所经营的业务施以援手。在很多例子里，这一类贷款被证明是所有那些情况里最糟糕的。在这样的情况之下，担保品主要是所予以资助的企业的实际利润和未来利润；而在当前这种环境下，如果局势一时不能好转，许多的原材料供应商、农场主和制造业者就会无利可得，极有可能陷入破产的境地。

总而言之，除了不动产之外，其他任何财产，无论它对社会福利如何有贡献，如何重要，它当下的货币价值没有不大幅下跌的，跌幅之大可谓前所未有。我曾言及，我们的社会是这样组织起来的，在一个较为宽广的范围之内，介乎实际资产和财富所有者之间是一道货币的面纱在遮掩着；上面所述的这些情况就发生在这样的经济社会中。实际资产的名义所有者在购入这项资产时，其所需的资金是从财富实际所有者那里借来的，非此不能完成这项购买业务。此外，在借入这笔款项时，他们大都是通过银行组织来实现的。这也就是说，银行为了获取报酬，承担了实际借入者和实际借出者之间的担保人这一角色，是通过发挥中介作用而取得报酬的。他们对实际借出者提供担保；但是，只有当属于实际借入者的资产货币价值确实具有所借资金的价值时，这种担保才会真正有效。

正是出于这种原因，所以当货币价值有了像我们现在所经历的这样严重的暴跌时，它就会危及整个金融结构的稳固性。银行和银行家，天生就是盲目的。他们压根看不到不久的将来将会发生什么样的事情。有些银行家，多年来早已形成了一种固化的思维模式，这是他过去的成长时期所赋予给他的，他们认为目前这样的价格水平是公平的、"自然"的，并且是无可避免的，因此，当价格下跌，走向战前水平时，他们甚至还曾表示欢迎。在美国，有些银行家还雇佣了一批所谓的"经济学家"，这帮人直到今天还在不停地向我们灌输，说我们当前遇到的困难是由于某些商品和某些劳务其价格还没有能够充分地下跌造成的，他们从未思虑到这样的结果：如果他们的补救措施真的得到了实现，那么雇佣他们的那些机构的安全就会大受威胁，这一点是如此显然，一望可知。呜呼悲哉！一个"稳健"的银行家并不是那些能够预见风险并加以规避的人，而是那些虽然注定要破产，但却能以光明磊落、合乎传统的方式与他的伙伴们一同面对而不致招来非议的人。

但是今天事情到了这般田地，他们最终也开始对此有所注意了。在很多国家，那些银行家在不那么让人感到愉悦的情绪下，逐渐地认识到，他们客户的"垫头"固然已经渐趋枯竭、损耗殆尽，而他们自己也终于被波及，处在了"危险的边缘"，资金上已经没有回旋的余地。我相信，如果今天对所有被质疑的资产进行一番真正保守、稳健的价值评估，那么，我们就会发现，世界上银行中的很大一部分，实际上已经处在了破产的境地；而随着通货紧缩的进一步加剧，这个比例还会不断地扩大。值得庆幸的是，在我们英国境内，由于种种原因，目前来看，各家银行可能尚可以算得上是银行中最为坚强的。但是，如果通货紧缩一直这样无止境地发展下去，到达某个限度之后，是没有哪一家银行能够永远坚持下去的。在世界的很大一部分当中，美国是绝对在这一部分里的，银行所处的地位在整个局势中实际上是最最薄弱的一个环节，尽管这一点在公众面前被遮掩得很是周密，但是事实就是如此。很显然，如今事态的这般趋势如果让它继续发展下去的话，那么必然会在某些方面带来毁灭性的打击。而如果听其自然，无所作为，那么，真正严重的破坏首先会降临在世界各地的银行业身上。

于我观之，现代资本主义面临着两种选择，必须在二者之间择取其中的一个来继续前行：要么就是找到某种方法来提高资产的货币价值，使它朝向恢复原来的水平而努力，要么就是听任自然，一任破产和违约现象蔓延开去，使金融结构的很大一部分趋于崩溃。在后一种选择之后，我们经过一番风雨洗礼，然后一切再重新做起，到那个时候，应该不会像我们预想的那样极端贫困，也许境况比现在还要更加令人感到顺畅些，但是，这中间总不免要度过一个极其痛苦的时期，充满着消耗、动乱和社会不公现象，私有财产和财富所有权会在这一时期被重新安顿，仿佛被整个地洗了牌。就个体而言，我们中的很多人或许会遭遇到"毁灭"的命运，尽管从集体上来看，我们和以前相比并没有什么两样。但是，在艰辛的世事磨砺和动荡带给我们的心潮起伏所加诸的压力之下，彼时我们或许会变得更加聪明，比现在更加善于处理我们所面对的事务。

现在的迹象表明，世界各地的银行家简直是心甘情愿地走上自杀之路的。在每一个阶段上，他们都是不情愿采取充分而迅捷的挽救办法。如此拖沓纵容，才使得现如今事态已然演变到了这步田地，再要找寻任何的出路，就让人觉得是千难万难的了。

对于一个银行家而言，保持自己衣冠楚楚的形象，表现出超越凡俗人类的一贯可贵气度，早已是其平素业务中的一个必要部分。这种贯穿生活本身的习性，使得他们养成了最富于空想、最不务实际的心性。这一点早已化为了他们的第二天性，他们从来都没有怀疑过自己的地位会因此而受到影响，甚至他们自己已经失去了反省的能力，待到事态发展至此，如梦方醒之时，一切为时已晚。他们原本也和许多正派、诚实的公民一样，看到这个万恶世界的各种危机，所持的态度未曾有什么两样，当危机深重，浮出水面时，他们也感到发自内心的愤怒，却又毫无歉疚之意；但是，他们是无法预见到这些危机的。危机来临之际，总有人将它归罪于银行家，认为这是银行家的阴谋！这种想法是非常荒谬的！我还但愿这样的危机都是银行家的阴谋策划出来的！因此，我预料，如果他们能够脱此厄困，那一定不会是出于他们自己卑鄙的阴谋行径而做到的。

第三部分　回归金本位

1　对黄金的贪婪（1930年9月）[1]

将黄金选作价值的标准，主要是依据传统的观念而来。在表征性货币尚且未被演化出来之前，将一种或者一种以上的金属，作为最为适宜的用作价值贮藏或支配购买力的商品，乃是自然而然之事，其中的道理已经被反复说明了多次。

大约在4 000或5 000年以前，文明世界就已经开始使用黄金、白银和铜作为货币，铸造镑、先令和便士，那个时候，白银是居于最高地位的，其次是铜。迈锡尼人则把黄金放在首位。[2] 后来，在凯尔特人[3]和

1　本篇摘自《货币论》（1930年）第二卷第三十五章"国际管理问题——Ⅱ.金本位制度"。——译者注

2　迈锡尼文明是希腊青铜时代晚期的文明，它由伯罗奔尼撒半岛的迈锡尼城而得名。迈锡尼文明是爱琴文明的一个重要组成部分，继承和发展了克里特文明。约公元前2000年左右，迈锡尼人开始在巴尔干半岛南端定居，到公元前1600年才建立王国。迈锡尼文明从公元前1200年开始呈现衰败之势，后多利亚人南侵，宣告了迈锡尼文明的灭亡。这是古希腊青铜时代的最后一个阶段，包括《荷马史诗》在内，大多数的古希腊文学和神话历史设定皆为此时期。——译者注

3　凯尔特人（Celt），为公元前2000年活动在中欧的一些有着共同的文化和语言特质的有亲缘关系的民族的统称。这个古老的族群集中居住在被他们的祖先称为"不列颠尼亚"的群岛，就是爱尔兰、苏格兰、威尔士，以及法国的布列塔尼半岛。他们与日耳曼人并称为蛮族，也是现今白种人的代表种族之一。——译者注

多利亚人[1]的势力影响范围内,在欧洲和地中海北岸一带,取代铜而把铁作为货币的现象,也曾出现过一个较短的时期。之后,在波斯帝国的阿契美尼德王朝统治时期,[2]曾一直使用把金银保持在一定比率的复本位制度（直到亚历山大[3]推翻了这个王朝才终止了这项制度）,而后重新安定下来,复又回到以黄金、白银和铜为货币的,而白银居首这样的局面之下;从此,白银便长期居于支配地位（中间除了在罗马君士坦丁堡黄金曾一度抬头之外）。这一时期,尤其是在十八世纪和十九世纪上半叶,曾屡次出现实施金银复本位制的努力,但是始终没有取得多大的进展,白银的优越地位从未被撼动过,只是到了大战爆发之前的五十年时间里,黄金才击败白银,取得了最终的胜利。

弗洛伊德博士[4]说,在我们的潜意识的深处,存在着一些特殊的

---

1 多利亚人是古希腊人的一支。在古典时代,多利亚人的国家斯巴达、克里特诸邦曾显赫一时。多利亚人不喜欢舞文弄墨或建城设防,却以全民为战,战斗中义无反顾著称。这似乎成了他们是入侵者的佐证。无论是古典作家还是现代作家,几乎都没有怀疑多利亚人的移民,或曰入侵,或曰赫拉克勒斯子孙的返回。荷马史诗中也提到"赫拉克勒斯子孙和许多人是从伊庇鲁斯出发南下的"。——译者注

2 阿契美尼德王朝（前550—前330年）,也称波斯第一帝国,是古波斯地区第一个把领土扩张到大部分中亚和西亚领域的君主制王国,也是第一个横跨欧亚非三洲的君主制国。极盛时期的领土疆域东起印度河平原,西至小亚细亚、欧洲的巴尔干半岛的色雷斯,西南至埃及、利比亚、努比亚和阿比西尼亚。公元前330年,在马其顿亚历山大大帝的进攻下,帝国都城波斯波利斯陷落,大流士三世在逃亡中被害,帝国灭亡。——译者注

3 即亚历山大大帝（Alexander, Alexander III of Macedon, Alexander the Great, 公元前356—前323年）,生于古马其顿王国首都佩拉城,世界古代史上著名的军事家和政治家。曾师从古希腊著名学者亚里士多德,十八岁随父出征,二十岁继承王位,是世界历史上最伟大的军事天才,建立了亚历山大帝国。他的远征客观上使得古希腊文明得到传播。——译者注

4 西格蒙德·弗洛伊德（Sigmund Freud, 1856—1939年）,奥地利犹太心理学家、精神病医师。精神分析学派创始人。——译者注

原因，这些原因可以解释为什么黄金作为一种象征，特别能够满足我们那些强烈的本能。古代埃及的祭司，曾给这种黄色金属覆上一层神秘而充满魔性的特质，这种特质到现在也没有完全丧失。然而，黄金作为价值贮藏的一种手段，虽说一直都不乏忠实的追求者，但是，作为购买力的唯一标准而言，它却差不多还只是一个新贵。到1914年时，黄金在英国取得这样的法律地位，也不到一百年的时间（尽管从事实上来讲已经存在了两百多年），而在其他大多数国家这种法律地位的确立尚不足60年的光景。这是因为除了这中间若干较短的时期之外，黄金这种物品在数量实在是十分地稀少的，这就使它还不能满足作为世界主要通货这一角色的需要。黄金是一种非常稀少的商品，而且一向如此，现在也仍然未曾改变。在过去7 000年中人类所开掘或采捞到的全部黄金，一艘现代邮船只需要一次航程，就可以把它们统统运到大西洋的彼岸去。就历史上的情况来看，新的黄金供给源，大约每隔500或1 000年会被发现一次，而十九世纪后半叶的黄金采掘热就是其中的一次，每当这样的时期到来之际，黄金的供应就暂时比较充裕一些。但是一般而言，给人的感觉总是供应不足。

近些年来，对黄金的贪婪之情被遮掩得煞是深密，这种贪婪的情感之外，复又被笼罩上一层外表庄严的衣装，越发地令人敬畏，这样的氛围甚至都扩散到了两性关系或宗教的领域之内。以黄金为本位的制度和复本位制度之间曾展开过一场殊死的搏斗，原本是为了取得最终的胜利才披上的这件衣装，至今也未见它脱下来，对此，黄金的崇拜者们会这样说道：黄金才是现今防止非兑换纸币（fiat moneys）泛滥成灾的唯一预防剂。到底是弗洛伊德那神秘莫测的精神分析指向的原因，还是上面所说的这些道理，促成了今日对黄金的追求的状况，我们倒不必如此好奇，去刨根问底。但是，我们可以提醒一下读者这样一个他原本未尝不明了的事实，即黄金现在已经成为保守主义者们的一个工具，在处理这件事物时，难免不会抱有成见。

尽管如此，我们这一代人却遭遇到了一个重大的变化，最终，这可能会是一个致命的变化。大战期间，个人纷纷将他们那一点黄金存储，投入到国家的大熔炉里。战争有时候会使黄金风流云散，就像历史当中亚历山大大帝之对待波斯庙宇中的黄金，或者像皮萨罗之对待印加帝国的黄金一样，[1] 一个帝国的黄金存储一时间消散于无形。但这次大战的结果则是把民间的黄金存储集中到了几个中央银行的金库当中，而这些银行并没把它们放出来。其所造成的结果是，黄金差不多在整个世界范围内退出了流通。它不再是从人们的这只手腾挪到那只手这般进行传递，而是已经从人们贪婪的手掌中溜走。原来的情况是许多小家神分散在各家各户，藏身于钱袋、袜筒和铁箱子里，现如今各个国家俨然有一位独一无二的大财神，原来的那些小家神被他一起并吞下肚，隐入地下，不可复见。黄金逃出了我们的视野，杳不可寻——重又回到泥土中去了。而我们于此世界也就再也看不到黄盔黄甲、盛装出行的小家神们的身影，开始对它们的存在性进行合理化解释；而不久之后，即把它们抛诸脑后，不复置问。

于是，漫长的商品货币时期最终成为了过去，而迎来了表征性货币的时代。黄金不再具有铸币、积贮或财富的实际债权，而在过去，只要

---

1 印加帝国是十一世纪至十六世纪时位于美洲的古老帝国，其版图大约是今日南美洲的秘鲁、厄瓜多尔、哥伦比亚、玻利维亚、智利、阿根廷一带，首都设于库斯科。印加帝国在 1533 年灭亡，最后一任印加帝国国王阿塔瓦尔帕被西班牙探险家弗朗西斯科·皮萨罗处以死刑，结束了 400 多年繁荣的帝国历史，帝国黄金被洗劫一空。——译者注

个人紧紧握住这种金属实体，价值就不会从手边溜走。现在，它已经变成了一件极为抽象的事物——只是价值的一个衡量标准。之所以这种名义上存在的状态可以得到维持，乃是因为这样的事实：当各国中央银行其中的一家在管理表征性货币的膨胀与收缩上与其邻邦的中央银行的行为相因应时，有着不同程度的参差变化，才需要数量极少的一部分黄金在各国中央银行之间进行周转、转移。即便是这种转移行为，由于存在着一些不必要的运输费用，如今也显得有些过时了，现在最时新的方式，是所谓的"认权储存法"（earmarking），这种方法无需挪动地点即可转移黄金的所有权。这种情况不需要迈出多大的步伐，就可以达到下一种安排的起始阶段，各国中央银行通过这种安排，无需正式宣布黄金的作用，而这种金属实际上深藏在中央银行的金库中，但是，用一种现代化的炼金术，就可以让它的数量要代表多少就代表多少，让它的价值代表什么就代表什么。这样，当初和它的佳偶白银像日月一般高悬于太清的黄金，俨然首先放下了它的神圣属性，而下凡到人间做了一位专制的君王，接下去可能会俯就严肃的立宪君主之位，各国中央银行赫然便是内阁辅臣，它可能永远也不需要成立共和国。但是，这在目前还只不过是一个想象，这种局面尚且没有来到，最终演变的结果也许和这里所述的一切都不相同。黄金的拥护者如果想要避免一场革命，在处理这一问题时，就必须要有高度的智慧和审慎的态度才行。

2 货币政策的若干不同目标[1]（1923年）[2]

在除了美国之外的大多数国家里，货币之所以不稳定，乃是源于这样两个因素：一个是国家的通货无法按照某种人们认定的价值标准，即黄金的价值来使之保持稳定；一个是根据购买力计，黄金本身的价值也无法保持稳定。公众（例如坎利夫委员会）一致所集中关注的，基本上都是上面这两个因素中的第一个。我们往往认为，恢复金本位制度，也即使一个国家的通货按照一定比率兑换黄金，无论在何种情况下，都应该是我们的目标所在。所争论的主要问题，只是在于这一比率的具体大小当断于何处，是应当恢复到战前的黄金价格水平，还是要把价格定得更低一些，争议的无非是这两种情况哪一种比较接近于目前的实际情形；换言之，也就是说我们必须在**通货紧缩**和**货币贬值**这两个目标之间挑选一个出来。

这种认识未免显得过于轻率。且让我们看一看过去五年价格变化的情况，很显然，美国是从来未曾脱离过金本位制度的，但是，它所遭受到的损害，与许多别的国家并没有什么两样。在英国，较大的因素来自

---

1 本篇摘自《货币改革略论》，第四章"货币政策的若干不同目标"。——译者注
2 也即在英国恢复金本位之前。

黄金价格的不稳定，而不是外汇汇率的不稳定，甚至法国也是这般情形，意大利的情况也差相仿佛。另一方面，在印度，它是一向都深受外汇汇率剧烈波动之苦的，但是，在这个国家如今价值标准的稳定程度却超过了任何其他国家。

因此，我们不应该期望通过固定汇率而摆脱我们在通货方面面临的麻烦。这样做甚至还可能会削弱我们的控制力量。有关币值稳定这一问题，所牵扯的面向繁多，我们必须对之逐个地加以考虑。

1. 货币贬值对通货紧缩。且不管我们是否用黄金作为价值的尺度，我们到底是希望把价值标准确定在接近现行价值水平上呢，还是希望它恢复到战前的价值水平？

2. 价格稳定对汇率稳定。要使得国家的通货价值稳定，是根据它在购买力下获得这种稳定，还是根据某些国外的通货下获得这种稳定，哪一方更加重要些呢？

3. 恢复金本位制度。根据我们对前两个问题的回答，无论金本位制度在理论上如何不够完整，这种制度实际上是不是能够使得我们得以达到币值稳定的目的呢？

I. 货币贬值对通货紧缩

缩减一国通货的数量与其所需要的以货币形式表现的购买力这两者之间的比率，从而增进根据黄金或商品而计的通货的交换价值，这样的政策，我们可以称其为**通货紧缩**。

把一国的通货之价值稳定在其当前价值附近的某一点上，而不加考虑其战前的价值，这样的政策，我们可以称其为**货币贬值**。

一直到1922年4月召开热那亚会议时，公众对这两个政策还是不大能够进行清楚地区分的，只是在后来，才对这两者之间的尖锐对立，逐渐有了认识。即便在今天（1923年10月），也几乎没有哪个欧洲国家的政府明确地表示，对于其通货价值，到底要采取哪一项政策，是对之加以稳定呢，还是要加以提高。国际会议所给出的建议，是在现有的价值水平上稳定通货的价值；而很多国家的货币的实际价值却是在不断下降，而不是在上升。但是，从其他的迹象来观察，我们可以看到，欧洲各国的国家银行无论在国家通货政策方面进行得顺利与否，顺利的如捷克斯洛伐克，不顺利的如法兰西，在其内心深处，未尝不希望**提高**它们的通货价值。

反对通货紧缩的简单观点，可以归纳为以下两点。

首先，通货紧缩不是**人们所想要的**，本身并不受人们欢迎，因为它所产生的影响总是有害的，它会使现行的价值标准发生变化，会以一种不公正的方式重新分配财富，这种财富上的重新分配不但会对企业不利，同时也不利于社会安定。正如我们业已看到的那样，通货紧缩所引发的财富转移，是将财富从社会的其余部分转移到食利者阶层和所有的货币持有者手中；这和通货膨胀引发的情况适成相反之状。其中特别突出的一点是，它将会使财富从一切借入者，即商人、制造业者和农民手中，转移到借出者手中，从经济上比较积极的人手里转移到不积极的那些人手里。

但是，通货紧缩所造成的主要的持续性后果，是使纳税人受到压迫，食利者阶层则可由此而分肥；而处于此过渡时期，还会带来另外一个更为猛烈的干扰因素。如果采取逐步提升一国货币价值的政策，根据商品来衡量时，使之比当前价值提高（比如说）100%；这就等于给每一位商人、每一位制造业者发出通知说，在某段时期，他们手中的存货和原材料，将会稳定而持续地发生价格下跌的现象，同时还告诉每一个用借来的资金来为自己经营的事业融资的人说，他迟早会在其债务关系上造成100%的损失（因为对于他所借入的资金，若以商品来计，必须要以加倍的数量进行偿还）。现代企业基本上都是靠借入的资金建立和运营的，在这样的一个过程之下，它们势必会陷入停顿状态。这对于任何一位企业的经营者来说，暂时退出经营，总是符合他们的利益的；而对于任何一位意欲有所开支的人，此时尽可能地推迟这样的支出行为，也总是符合他们的利益的。精明、世故之人会把他们的资产转化为现金，摆脱一切风险，停止一切工作活动，赋闲在自己的家园，静待其现金价值向着自己预期的方向稳步提升。如若人们对通货紧缩产生了可能的预期，这已经是相当糟糕的事了；而一旦发生对通货紧缩的确定预期，那就会大祸临头，其后果将是灾难性的。因为现代企业界对于货币价值向上趋势的波动，比之于对它向下趋势的波动而言，其内在的机制会更加不相适应。

其次，即便通货紧缩在很多国家当真是人们所想要的，实际上也**根本无法做到**。也就是说，要使通货紧缩力度之大，足以将通货的价值恢复到战前的平价上去，这样的程度是不可能达到的。因为这将会使纳税人的负担达到其难以忍受的程度。这种在实践上的不可能性，或许会使得这项政策最后趋于无害，如果不是这样的话，那它将会妨碍到另一种政策的实施，这会延长不安定状态和严重的季节性波动持续的时间，甚至在有些情况下它还会对企业造成很大的干扰。现在，法国和意大利政府公开宣布的政策仍然是要把它们的通货价值恢复到战前的平价上来，这一事实阻碍了在这些国家进行有关通货改革的任何合乎理性的探讨。有些人——在金融界像这样的人是很多的——别有用心，故意把这种政策说成是"正确"的，因此他们就不得不在这个问题上胡说一通，以乱视听。在意大利，正确的经济观点具有较大的影响力，这种观点已经相当成熟，足可供实行通货改革来采用，但是，墨索里尼先生却施加威胁手段，出言恫吓，要把里拉强行提升到它以前的价值水平上去。对于意大利的纳税人和意大利企业来说，可幸的是，里拉对独裁者的话充耳不闻，而独裁者亦无法使它俯首帖耳。但是，这样的空言却可以推迟积极切实的改革；尽管人们也许会感到诧异，这样一个干练的政治家何以会提议施行这样的政策，虽然他是在一种虚张声势、热烈浮夸的态度下谈及这类建议的，但要知道，这种建议若以另外一种意义相同的措辞来表达的话，内容不外是这样的："我们的政策是要把工资拦腰斩半，把国家债务负担提高一倍，把西西里输出橘子和柠檬时的价格减低50%。"

因此，要把欧洲多国的通货恢复到战前的黄金平价上来，不但不值得为我们所期待，实际上也是无法办得到的。然而，为什么还有那么多的欧洲国家把这种既不值得期待、实际上又无法办到的事情作为它们中大多数国家公开宣布的政策呢？我们可以细究一下，它们所以采取这样的政策，到底有哪些具体的理由或者论点。以下是其中最为重要的几点：

1. 战争把一国通货的金值给压低了，现在如果听任它处在这样的低水平，那么，对于食利者阶层和其他以货币而计的固定收入者来说是不公平的，这实际上是一种毁约行为；而恢复通货价值，却是履行债务的**磊落之举**。

通货价值下降，对于那些持有战前定息证券的人来说，势必造成损失，这一点是无可争议的事实。而要做到真正的公正无偏，恐怕还不仅仅是恢复他们货币收入的黄金价值，而且是要恢复其货币收入的购买力，但这一价值尺度却无人提及；至于名义上的公平，实际上并没有受到破坏，因为当初投资之时使用的并非金块，而是当地的法定货币。尽管如此，对于这类投资者若能区别对待，另行处理，虑及公平与满足合理预期之便利，那么若以此原则行权宜之计，就可以在这个问题上做出一个极佳的榜样来。

但实际情况并非如此。战时公债的大规模发行,早已将战前定息证券的持有量给淹没在一片汪洋之中,而整个社会也已经与新的局势大体上相适应了。使用通货紧缩的办法来恢复战前持有的证券之价值,意味着会同时提高战时和战后发行的证券之价值,这也就从而提高了食利者阶层的总的债权,使得他们的收入不但超出了他们应得的那部分,而且使其在国民总收入中所占的比例将扩大至令人无法容忍的地步。当此之时,如若再用公平的尺度来正确地衡量一下,会发现公平已经滑向了另外一端。现在有待清偿的货币契约,签订之时绝大部分的货币价值与现在的价值水平比较接近,而与1913年时的价值则相去甚远。其结果是,为了给少数的债权人主持公道,却罔顾了对大多数的债务人所造成的极大的不公道。

由是观之,一旦通货贬值已经持续了很长一段时间,已经长到了使整个社会都与新价值相互适应的时候,此时再来一场通货紧缩,其后果要比通货膨胀更加严重。二者皆"不公平",都会使合理的预期遭受挫折。但是,通货膨胀可以减轻国家的债务负担,可以刺激企业进行投资,造成偏误的同时,在另一方面尚能多少有些好处,而通货紧缩则一无可取。

2. 将一国通货恢复到其战前的黄金价值水平,可以提高国家在财政上的信誉,提升民众对前途的信心。

如若一国能够将其通货在较早的时候即恢复到战前的平价上来,那么这个观点是不容忽视的。在英国、荷兰、瑞典、瑞士以及(还可能包括)西班牙,这种说法或许不谬,但是在其他欧洲国家,情况就大不相同,不能再这样讲了。在有些国家,即便将它们的法定货币的价值略加提升,也不可能使之恢复到原来的水平,对于这些国家,这种观点是不相适用的。这个论点的基本宗旨在于，要使货币毫**不含糊地**恢复到其战前平价上来。就拿意大利来说，把里拉定在 100 里拉兑换 1 英镑的水平，还是 60 里拉兑换 1 英镑的水平，于其财政信誉无伤大雅；相比较来说，令里拉稳定在 100 里拉兑换 1 英镑的水平上，比让其在 60—100 之间变动不居要好得多。

因此，这个观点只能适用于这样一些国家：其货币的黄金价值与原来价值的差距（比方说）乃在 5% 或 10% 以内。在这样的情况下，我认为这个观点的真正意涵取决于我们打算对下面这个问题如何进行答复。这个问题就是，我们在将来是否也准备像过去一样，把我们自己牢牢束缚在绝对的金本位上。如果我们依旧认为最好的还是金本位制度，任何别的货币制度都不如它，如果我们对通货前途的"信心"，并不取决于它的购买力的稳定，而是取决于它的黄金价值的固定不变，那么长期保持 5% 或 10% 这个程度的通货紧缩，或许值得一试。此一见解同 100 年以前李嘉图在相类似的情况下所表达的观点，如出一辙。否则，如果我们决定把目标锁定在价格水平的稳定，而不是黄金平价的固定不变上，在这种情况下，就没有什么好讨论的，辩论应该马上结束。

3. 如果能够提高一国通货的黄金价值，生活费用的下降将有利于劳工阶层，外国商品就可以在较低的价格下得到，按照黄金来计算的对外债务（例如对美国的负债），在清偿时也可以减轻些压力，相对容易一些。

此种观点，纯属谬见，所产生的影响不输于前面两个。这个观点认为，如果法国法郎的价值提高了，那么，用法郎支付的等额工资就当然可以多买些东西，用法郎来支付的法国的进口品，价格上就会更加地低廉。这种说法实在是大谬不然！设若法郎的价值提高，那么它不仅可以多购入商品，而且也可以多购买劳动力——也就是说，工资水平将会下降；而用来偿付进口品的出口商品以法郎来计时，在价值上会和进口品一样以完全相同的程度下跌。而且，长期来看，当英国向美国偿还其美元债务，因之须将某一数量的商品转移至美国时，无论这个数量是多少，最后进行结算时所依据的换算比率，不论是 1 英镑兑换 4 美元还是战前的平价，从根本上讲是没有什么区别的。这一债务的负担，取决于黄金的价值——这个价值是固定不移的——而不取决于英镑的价值。看来，对于货币，人们是不大容易看穿它的真面目的：它不过是一种交易的媒介，本身并没有什么重要的意义，只是不断地从一个人手中流到另外一个人手中，流转来流转去，不断地收进来又被分散出去，聚散无时，最后，当它完成了自己的任务之后，就从一国财富之中消失不见、杳不可寻了。

II. 价格的稳定与汇率的稳定

在某些限制条件下，一国通货与世界其余部分的通货（出于简化之故，假定只有一种他国通货）之间的汇兑比率，取决于国内价格水平与国外价格水平之间的关系，由是观之，我们可知，除非国内和国外的价格水平皆能保持稳定，否则其汇兑比率是不可能得到稳定的。假如国外价格水平处在我们的控制范围之外，其结果会造成我们自己国内的价格水平，或者我们的汇率，将会受到国外因素的牵绊，而使我们不得不处在屈从的地位上。而如果国外的价格水平不稳定，我们就没有办法使我们自己的价格水平和汇率皆能保持稳定。鱼和熊掌，难以得兼，我们只能在它们之间进行选择，二者择一。

在战前岁月，几乎全世界都实行金本位制度，彼时我们一致看重的是汇率的稳定，而非价格的稳定，那个时候，如果由于一些完全不在我们控制范围内的原因，例如国外发现了新的金矿，或者他国的银行政策发生了变化，从而使价格水平也发生了变动，那么，对于这些因素的社会影响，我们是随时准备屈从于它，而束手无有良策的。我们之所以束手无策、抱持这种屈从态度，一部分是因为胆小，不敢信赖有人为干预力量（虽然是比较有理性的）在内的政策，一部分原因是由于彼时所经历的价格波动过程，实际上还算是比较温和的。尽管是这样，在这一期间，也还是产生过一些要求在政策上改弦更张的有力倡议。其中尤其值得一提的，是欧文·费雪（Irving Fisher）教授所提出的补偿美元（compensated dollar）的提议，除非所有国家都采用了同样的计划，否则的话，这一提议等于是要把注意力更多地集中在国内价格水平的稳定上，而非集中在对汇率的稳定上来。

对于所有的国家而言，到底是应该关注国内价格水平的稳定，还是关注汇率的稳定，哪一种选择才是正确无误的，需要因地制宜，不可一概而论。这个方面，必然一部分取决于在该国的经济生活中对外贸易的相对重要性。尽管如此，如果价格水平的稳定可以实现，那么，几乎在任何情况下，稳定价格似乎总是比较值得追求的目标。汇率的稳定本质上而言是一种便利条件，它可以增进那些从事对外贸易的人们在业务上的效率和繁荣。另外一方面，价格水平的稳定对于上述各种流弊的避免，是有着极端的重要意义的。合约的达成以及企业的预期，绝大多数都是以国内价格水平的稳定为前提的，即便是在英国这样以商业立国的国家，以汇率稳定为前提的也总是比较少的。相反的方面，其主要的观点似乎是这样的，即认为稳定汇率是一个比较容易就可以实现的目标，因为它所要求的只是在国内和国外应当采取同样一个价值标准而已；而要把国内的标准加以调整，使它能够在物价指数上保持稳定，却是一个还从未投入过实际运行的艰难而科学的新举措。

无论如何，支持把恢复固定汇率作为一个有待争取的目标，这样一个考虑欠周详的主观臆说，还需要对之再加以比一般情况下更深入一些的探察，方为妥当。尤其是，在大多数国家采取同样的本位制度这一愿景得以实现的希望仍然极为渺茫的情况下，对这一主观臆说就更加需要做出进一步的深入分析了。如若采取了金本位制度，在这个世界上，任何的其他本位制度都将会显得孤僻、反常之时，我们即可与几乎全世界所有的国家保持稳定的汇兑关系了。到那个时候，价值稳定、使用便利这样的优点，就会助长保守派偏爱黄金之心。尽管如此，即便是这种情况出现，在我看来，带给商人们的便利以及人们对贵金属原始的热爱之心这两个方面也未必具有足够的力量，能保得住黄金王朝的江山不动摇，如若没有其他的、半偶然性的事实加以支持，这一切都还是不足够的；这一事实就是，在过去很多年来，黄金所提供的不仅是一个稳定的汇率，而且从整体上看来，背后还有一个稳定的价格水平在由它维系。我们如今必须要在稳定汇率和稳定价格之间做一抉择，二者孰优孰劣，着实令人难辩。这原本在过去并不是什么了不起的问题，但是，后来南非的金矿被发现，并得到了开发之后，情况就大为不同了，此时，我们似乎面临着的是一个价格水平不断走低的局面，这个时候，金本位制度和价格稳定两者之间的关系开始趋紧，产生了严重的矛盾，当时对复本位制度问题的争论，其程度之激烈，也反映了由此所激起的不满情绪之大。

实际上，近年来，世界上不同国家的价格水平之间，产生了如此之大或如此之突然的分歧，在这种情况之下再用战前的体制来调节黄金的国与国间流动是否能够胜任，尚在未知之数，本身值得画上一个大大的问号。在战前的体制下，一国与他国之间的汇率确定之后，国内价格水平就必须要向这一标准自相适应（也即主要是在国外影响的支配之下）。这种体制的不足之处在于，行动往往比较迟缓，敏感度远远不够，操作模式反应迟钝。在战后的体制下,价格水平主要决定于国内的影响(即国内货币与本国的信贷政策),而此时本国与他国的汇率就必须向这一标准自相适应;这种体制的不足之处在于,发生影响作用时往往过于迅捷,敏感度过高,其结果是,即便只是一时的、偶然的原因,也会引发剧烈的变动。尽管如此,一旦波动突然来临,其势汹汹时,迅速地予以反应,从而保持均衡之态势,则是不可或缺的;战前的方式之所以无法应对战后的局面,正在于这种对于迅速反应的要求,正是这种要求造成了这种时移世易的结果,这也就使得每个人对公布最后确定的汇率这个问题,满腹狐疑,忧虑难安。

汇率的变动不居,意味着政治和情感方面的哪怕是稍纵即逝的影响作用,以及季节性贸易不时产生的压力,都可以把相对价格给搅乱到不堪的境地。但是,这也同样意味着,不管什么样的原因致使国际支付失去平衡时,调整汇率总不失为是一项最为快速,也最有力的校正手段,而当国家对外支付过多,以至超出其资源的承受程度时,这也是一种卓有奇效的预防方法。

因此,当国内价格水平和国外价格水平二者之间原来存在的平衡出现了猛烈的冲击时,在这种局面下,战前的那种方法在实践上可能会不再有效,原因在于,它无法**足够迅速地**对国内价格水平进行重新调整。从理论上讲,假如可以让黄金不受限制地加以流动,直到价格的涨跌达到了所必需的程度,那么,这种战前的方法迟早会奏效。但是,实际上黄金是作为实际的通货或实际通货背后的贵金属支撑,对于它的流入流出,在比率上,在数量上,一般来说总是有一定的限度的。如果货币或信贷的供给在速度上缩减得比在社会和企业的安排之下所允许价格下降的程度还要大,那么,其结果只能是无可忍受的困难局面的到来。

Ⅲ. 金本位制度的恢复问题

截至目前,我们所得到的结论是,当国内价格水平的稳定和对外汇率的稳定,二者无法兼顾时,大体上来说,前者更为可取;而如果偶然遭遇在二者之间进行取舍的两难之境时,可能比较幸运的一点是,为保全前者而牺牲后者,是遭受抵制最少、最便利的一个方法。

恢复金本位制度(而不论是按照战前的平价,还是按照其他某一比率),当然不会使我们的国内价格水平达致完全的稳定态势,即使所有其他的国家都恢复了金本位制度,也只能使我们取得汇率上的完全稳定局面。因此,恢复这一本位制度是否明智,整体而言,取决于它是否能使我们在国内价格水平稳定和汇率稳定这两个理想目标之间,取得一个可行的、最为适当的折中方案。

那些赞成金本位制度,而不主张实行更为科学的其他本位制度的人,其理由乃是建立在以下两个论点之上:一来,黄金提供的是一种相当稳定的价值标准,过去的实际情况是这样,因此将来也仍然会是这样。此外,由于货币管理当局过去实际上的表现一贯地缺乏智慧,因此对于通货的管理,早晚也不会有什么好结果。在这一点上,保守主义和怀疑主义携起手来,结合到了一起,它们常常都是这样的,相伴而生,彼此结合。可能这里还有着某些迷信的成分在,因为黄金附着在其色泽和形态上的魔力,迄今尚未丧失。

在十九世纪风云变幻、纷繁芜杂的世界里,黄金在保持其价值的稳定方面能够独善其身,取得相当的成就,的确令人感到有些不可思议。在澳大利亚和加利福尼亚发现金矿以后,黄金的价格逐渐下跌,已到了危险的境地;而在南非的金矿得到开采之前,黄金的价格逐渐上涨,又已到了危险的境地。然而,在这每一次的危险当中,它却总能化险为夷,保全自己的信誉。

但是，未来不一定是过去的重现，世易时移，情况会大为不同。大战之前，种种特殊的情形，使它得以保持着这样一种均衡态势，但是我们却并没有什么充分的理由可以相信，这种均衡态势于此之后仍将继续保持。要想明白这一点，我们就应当先来分析一下，黄金何以能够在十九世纪表现得如此令人感到满意，其基本原因到底又有哪些呢？

首先，有关金矿的发现这个方面的进展，恰好与其他方面的进展步调上大体一致。当然，这种一致并不是完全出于巧合，因为在那个时期的进展，其特征就在于对地球的表层逐步进行开发，在那样的情况下，较为偏僻地区的金矿床逐渐暴露在世人面前，也是在情理之中的事。但是，这样的历史阶段现如今已经差不多结束了。距离最近一次发现重要金矿床，已经过去了差不多四分之一世纪的时间，从那以后，一直到现在，再无重要金矿发现的消息出现。此后在物质上的进步，将取决于科学与技术知识的发展，由此对金矿采掘行业造成的影响也许是时断时续的。采掘黄金之法，也许会历经多年而仍然没有什么重大的改进；过去人们曾做过许多的美梦，希望能够把贱金属变成黄金；也曾发生过许多的骗局，说可以从海底捞取黄金；未来也许真的会出现一位天才的化学家，将这类幻想一一变为现实，也未可知。总之黄金既可能会很昂贵，也可能会很廉价。但不论在哪一种情况下，期待着出现一系列的偶然事件，使黄金的价格趋于稳定，这样的期望未免有些过分了。

但是，还有另外一类影响，过去常有助于黄金价格的稳定。黄金的价值并不取决于人类之中某一个单一的集体之政策或决策；所供给的黄金中，有相当大的比例并未在市场上呈泛滥之势，而是流入了工艺领域，或流入了亚洲而被贮藏了起来，这是因为黄金的边际价值是在这种金属与其他事物相对照时，由稳定的心理估价所支配的。这就是所谓的黄金具有"内在价值"，而可以免于作为一种"管理"通货的那些危险。

决定黄金价值的那些影响，有着**诸般独立的**因素，这本身就可以被视为一个稳定因素。世界上众多发行货币的银行，皆以黄金为储备金，其间的比率上所存在的随意性和变化无常，并没有就此而形成了一种难以捉摸的因素，实际上，这一点就其本身而言就是一种稳定性因素。因为当黄金的供给比较充裕，流向这些货币发行银行相对比较踊跃时，这些银行就可以把黄金准备金率略加提高，以此来从容不迫地对黄金的增量加以吸收。当黄金的供给相对不足时，这些货币发行银行也从来未曾打算把黄金准备金用在其他任何的实际目的上，如此一来，其中的大多数银行对这一变化犹可处之泰然，把黄金准备金率适当下调，也同样可以应付裕如。在南非战争结束到1914年之间的这一段时间，非洲南部的黄金产量，大部分流入了欧洲以及其他地区的中央银行，而成为了各中央银行的黄金准备金，对价格发生的影响微乎其微。

但是，这次大战却引起了极大的变化。黄金自身已然成为一种"管理"通货。西方如今也和东方一样，学会了贮藏黄金；但美国积贮黄金的动机，跟印度又大为不同。现如今大部分国家都已经放弃了金本位制度，若然这种贵金属的主要使用者以实际使用为量度来保有它，那么世界上黄金的存量就会大大过剩。美国没有能够让黄金下跌到"自然"价值上来，是因为它无法应付由此造成的黄金标准价格下跌的局面。因此，这就使美国不得不采用一种代价高昂的政策，把矿工们在南非千淘万漉、辛苦采掘出来的结晶体，重又深藏到了华盛顿的地下室里。结果，现如今黄金的价值完全出于"人为"，从此之后，它的未来走向几乎将完全取决于美国联邦储备委员会的政策。黄金的价值，不再是造物主主宰之下的产物，它已经不受时运的支配，也不再由众多独立行动的政府当局和个人所决定。即便其他各国逐渐恢复了金本位制度，这种情况也不会有什么太大的改变。现在的趋势是采用某种变相的金汇兑本位制,黄金这种物什在人们的钱袋里将会永远销声匿迹,在这样的情况下,就金本位制度下的各国的中央银行真正**必要的**黄金准备金而言,其需求量将大大低于现有的黄金供给量。因此,黄金的实际价值将取决于那么三到四个最强的中央银行的政策,而无论这几家银行的行动是独立还是彼此一致的,都是这样。否则,有关黄金在准备方面以及流通方面的使用,如果恢复到战前的传统方式上去——在我看来这方面实现的可能性要比前一方式下小得多——那就会像卡塞尔教授[1]所预测的那样,黄金或许会出现严重的不足,其价值也将逐步提高。

美国或许会通过不再由铸币厂吸收货币这种办法,从而使得黄金丧失其部分的通货资格,这种情况发生的可能性我们也决不能忽视。美国目前所实行的无限制接受黄金输入的政策,作为一项临时措施而言,也许可以认为是有它的理由的,它能够让我们保持传统上的习惯,增强安然度过过渡时期的信心。但是,如果把这种措施作为长远的计划,那就不得不说这是一种愚蠢的浪费之举。如果联邦储备委员会意在将美元价值维持在一定的水平之上,而不管黄金的流入或流出,那么,它继续不断地吸收黄金,而这种贵金属对于它是既无需要,代价又无比的高昂,如此举动到底有什么意义可言?如果美国的铸币厂不再吸纳黄金,那么,除了这种金属的实际价格之外,它在其他所有方面的活动,就仍然和之前完全一样,一切如常。

因此,对于未来黄金价值的稳定性所存的信心,取决于美国在这

---

[1] 即古斯塔夫·卡塞尔(Gustav Cassel,1866—1945年),瑞典经济学家。曾在乌普萨拉(Uppsala)大学、斯德哥尔摩大学学习,并于1904—1933年在斯德哥尔摩大学任经济学教授。在理论研究中,摒弃英国和奥地利经济学家的边际效用价值说。多次出席国际经济会议。由于1920年在布鲁塞尔会议中解决世界货币问题及1921年在国际联盟财政委员会工作中成绩卓著,赢得国际盛誉。——译者注

方面的态度：它也许会采取愚蠢透顶的下下之策，继续吸纳黄金，而这黄金对它来说实在并不需要；也许它会变得聪明一些，吸收了黄金之后，还使这些黄金维持在某一固定的价值水平之上。公众对此完全是一无所知，而联邦储备委员会则了如指掌，在这两方的共同研商之下，或许我们可以得识事态的真容。但是，形势一日三变，极不稳定；对于那些关于将来要采取哪一种本位制度仍然处在观望之中的国家来说，局势不容乐观。

对于那些主张恢复绝对金本位制度的人们来说，上述关于黄金稳定问题的前景之讨论，可以部分地回答他们提出的第二个主要观点，即认为这是避免"管理"通货危险的唯一办法。

世故精明的人们，饱尝过往的经验教训，很自然地会认为，此时最为紧要的是确立一种跟财政部部长和国家银行均无瓜葛的价值标准。当前的事态为政治家们的无知和轻浮提供了极为充裕的表演空间，极有可能由此而造成经济领域内颇具破坏性的后果。我们现在会感到，政治家和银行家们在经济和财政方面的素养所具有的总体水平，要使具有创新性的规划能够在他们手里顺利进行而没有大的瑕疵，几乎是没有什么希望的事情。实际上，之所以要努力地稳定汇率，其中一个主要的目标，就是要限制住财政部部长们的活动，不让他们再自作主张地折腾下去。

这些就是人们对新的举措犹疑不定、畏葸不前的原因所在。人们不过是根据其过去的经验，来评判这些政治家和银行家的能力，但是据此来做出这样的评判，却有失公道。我们过去所经历过的那些非金属本位制度，无论我们把它们说成是什么，这些制度都不是在冷静的态度之下所做的科学试验。对它们的采用，就其事实而言，均非得已，都是战争或税收膨胀所造成的结果，当是时也，国家财政已然陷入崩溃之境，或者已经完全失去了控制当时局势的能力，采取这样的措施，只不过是在迫不得已之时所采取的最后手段罢了。在这般情势之下，这样的举措成为灾难来临的伴奏曲和前奏曲，实在是自然而然的结果。但我们不能据此就推断出在正常情况下采取这类措施的后果。我就看不出对价值标准的调节是一件多么难以处理的事，因为其他许多别的任务和这类举措相对比时会发现其社会必要性要低得多，而我们也都成功地完成了，那么，我们为什么就不可能成功地做到这件事呢？

如果真有那么一位高高在上的神灵眷顾着黄金，或者说，如果造物主真的已经为我们预备下了一套现成的、稳定的本位制度，那么，我是绝不会在对它略加改进之后就试着把这套制度交到银行董事会或政府手中进行管理的，它们很可能会因为自身的弱点或愚昧无知而把事情给办砸了。但是，事实情况并不是这样，我们的假设不是现实，并没有这样现成的本位制度存在。经验表明，每当危急关头，我们是无法限制财政部部长们的活动的。而至关重要的一点是，在现代世界，到处都是纸币和银行信贷的天下，面对"管理"通货，我们无处可逃，这种情况并不会因为我们喜欢还是不喜欢而有所改变；纸币是否能够兑换成黄金，并不会改变黄金的价值取决于中央银行的政策这一事实。

对于前述的最后一点，值得我们稍做深思。它与我们在大战之前所学习和教授的黄金储备原理大相径庭。我们过去常常这样认为，没有哪一家中央银行会如此铺张无度，保有超过其需要的黄金数量，也不会有哪一家中央银行会如此轻率不智，让它的黄金储备低到它应该保有的数量以下。黄金会时不时地作为货币进入流通领域，或者被运送到国外；经验表明，这些地方所需要的黄金数量与中央银行的负债大体相合。为了预防万一，也为了提升公众的信心，银行方面必然会把准备金的比例提得更高一些；而至于信贷的扩张，则应主要参照这一黄金准备比率，随时加以调节。就拿英格兰银行来说吧，在黄金大潮的起伏之中，它也随之而动,并不横加阻遏,听任黄金流入流出,让它产生"自然的"结果,不使任何有关阻止价格造成影响的观点对它有所抑制。但是,在大战之前,由于人为的因素,这种体制已然有些不够稳定。随着时间的逝去,黄金准备率的这个"数值"逐渐与事实脱离了关系,而基本上成了一种因袭的常规。某一个其他的数值,无论是比现在这个比率高还是低,原也皆可同样胜任。[1] 是大战打破了这一因袭的常规;原因在于,黄金退出实际流通领域,摧毁了处在这一常规背后的一个现实因素,而纸币的不可再兑换成黄金,又摧毁了另外一个因素。这个时候,根据黄金准备金率这个已然失去其全部意义的数值,来对银行利率进行调节,就实在有些荒谬不堪了;过去十年,已经演现出来了新的政策。现在的银行利率,无论其如何不够完善、如何存在缺陷,都是为了企业的稳定和价格的平稳而被用来调节信贷的扩张和紧缩的。而至于用它来取得对美元汇率的稳定,则是战前政策的遗风所致,要知道这一目标与国内价格的稳定这个目标彼此是不一致的,所以这样做,乃是希望在这两个不相一致的目标之间取得某种折中。

那些支持恢复金本位制度的人们,对于我们在实践中已经不知不觉走上不同的道路,而对原来的方向有所漂移这样的演变状况,不一定有着充分了解。如果恢复金本位,那么,关于银行利率,是不是也要回归到战前的概念上去,让黄金的跌宕起伏按其所喜而对国内价格水平任意摆布、玩弄花巧,再者,关于信贷循环对价格稳定和就业的严重不利影响,是不是也将听任自然,不再从中做出努力,加以节制呢?又或者,我们是不是还要继续对现有政策的种种创新举措试验和发展下去,从而对

---

[1] 可以参看我早在 1914 年就曾谈及于此的文章,原文载于《经济学刊》,第 XXIV 卷,第 621 页。

"银行黄金储备率"置之不理，还是如果有必要的话，让黄金准备金堆积起来，使之远远超过实际的需要，或者就让它减少下去，远远低于必要的储备量呢？那些支持恢复金本位制度的人们，到底是不是这样的想法？

说实话，金本位现在已经是野蛮遗风的残余了。我们所有人，从英格兰银行总裁以降，现在所主要注意的是该如何保持企业、物价和就业的稳定，当这些选择使我们陷入两难之境时，我们决不会刻意牺牲其中任何一个方面来迁就那过时的教条，那种东西过去曾值每盎司3英镑17先令1.5便士，又何必理会。那些主张恢复金本位制度的人们没有观察到，这个制度离我们的时代精神和时代要求，相去已是何其之远。一种在管理之下的非金属本位制度，已经在人们不注意的时候悄然溜了进来。**这种本位制度已经赫然成为事实**。就在经济学家们打瞌睡的当儿，那个百年来学术上的梦想，脱去了它那峨冠与华服，穿上破衣烂衫，在离经叛道的财政部部长们引导之下，悄然进入了现实的世界，这些部长们时常因此而受到指责，但是这比起那种循规蹈矩、墨守成例的作风，却总是要有效力得多。

正是由于这些原因，那些主张恢复使用黄金的开明之士，例如霍特里先生，[1]才不欢迎黄金复归而重新成为"自然"通货，这些人士坚决主张要把它变成"管理"通货。他们只允许黄金复归之后，成为一名宪政君主，把它在古时候的专制权力一概褫夺，强迫它接受银行主导的国会所形成的意见。那些起草热那亚决议中有关通货部分的人士，盘踞在他们脑海中的，主要也就是霍特里先生对黄金问题所坚持的主张。他是这

---

1 即拉尔夫·乔治·霍特里（Ralph George Hawtrey，1879—1975年），英国著名经济学家、货币银行理论家，凯恩斯的密友。——译者注

样打算的,"各发行货币的中央银行彼此之间应保持持续的合作关系"(决议第三条),应把以金汇兑本位制度作为基础成为国际通例,"目的是在于防止黄金购买力过度波动"(决议第十一条)。[1] 但是,霍特里先生并不赞成在不管"对于黄金购买力将来出现的困难是否做好了防护准备"的情况下,就来恢复金本位制度。他也承认,"国与国间的合作是很不容易推动的,如果无法做到这一点,那么目前最明智的做法,似乎应该是集中力量于英镑之上,确保英镑对商品的稳定,而不是把英镑绑缚在对一个前途变幻莫测之金属的关系之上"。[2]

面对这一类的主张,我们很自然要问的是,把黄金这件东西扯到这个计划里来,又是何必呢。很显然,之所以霍特里先生支持这种折中主义的路线,主要还是出于情感和传统势力的影响,英国人宁愿把君主的权力一概剪除,可不愿把君主本人送上断头台。但是这一点他可没有言明,而是另外列举了三点理由:(1)必须用黄金作为一种流动储备,来清算国际债务;(2)在不与旧制度完全脱离开关系的情况下,在这样的计划下可以进行实验;(3)必须对黄金生产者的既得利益加以照顾。不过,这几个方面在我自己于下一节所给出的建议中基本上都会谈到,所以这里暂且不做深究。

另外一方面,有些人对国际合作能维护秩序,抱持着虔诚的希望,希望以此来恢复金本位制度,我却认为,这种想法本身即存在着严重的缺陷。在世界黄金储备的现行分配状态之下,若是要恢复金本位制度,那么,就意味着我们将不可避免地丧失了关于价格水平的调节以及信贷循环的处理这些方面的主权,将它拱手让给了美国联邦储备委员会。即

---

[1] 《货币改造问题》(*Monetary Reconstruction*),第 132 页。
[2] 同上书,第 22 页。

便联邦储备委员会与英格兰银行之间建立起了最为亲密、最为诚恳的合作关系,但是,在权力方面美国联邦储备委员仍将会占尽优势。联邦储备委员会大可以不把英格兰银行放在眼里而我行我素。但是,如果英格兰银行竟敢不把联邦储备委员会放在心上,那它就要吃尽苦头了,随着情况可能发生改变,黄金的储存量很容易就会出现过剩或不足,英格兰银行对此是束手无策的。此外,我们事前即可以肯定的是,一旦出现这样的局面,美国人必然会猜忌有加(因为这正是美国人的性格特点),会认为英格兰银行为了英国的利益,而干预他们的政策,或是对美国的贴现率进行操纵。到那个时候,世界上过剩的黄金储备量可能会蜂拥而至,徒然增加我们的费用负担,对此我们不能不未雨绸缪。

在当前的环境下,贸然实行金本位制度,把我们行动的自由权利拱手让与给美国联邦储备委员会,实可称得上是轻率鲁莽之举。在危急关头,如何勇敢、独立地采取行动,对此我们尚且缺乏足够的经验。联邦储备委员会正在努力追求的目标就是如何摆脱来自局部利益方面的压力;但是,它能否全部实现其目标,在我们仍然是一个未知之数。它仍然有可能屈服于低息贷款运动的威力之下。这个时候,如果联邦储备委员会对英国的行为产生疑虑,那么它的地位绝不会因此而得到加强,恰好相反,这反而会大大削弱它在抵御民众的鼓噪方面的地位。除此之外,如果英美两国采取了相同的政策,撇开政策上的弱点和错误所引起的不良后果之外,这样做对双方是否一定有利,也同样是一个未知之数。在大西洋的两岸,关于信贷循环和企业形势的发展,两地之间有时会出现云泥之别。

由是观之,我以为,价格、信贷和就业的稳定,方才是重中之重,而对于那已然过时良久的金本位制度,我却毫无信心,它过去确也曾对经济形势的稳定有所贡献,然而,时过境迁,一切都不同了,这一制度在今天是否仍然能够略有微劳，我表示怀疑，因此，我反对恢复战前的那种金本位制度。同时，对于霍特里先生所建议的方式，让我们和美国一起来"管理"金本位制度，此法是否可取我亦表示怀疑，因为关于旧的制度下许多的弊端，它仍然未能摆脱，而原来的一些长处反而不见了，而且，这一方案还将会使我们过于依赖美国联邦储备委员会的政策和意图，不得不屈身事人，仰人鼻息。

3 关于未来如何调节货币的正面建议（1923年）[1]

一个健全而富有建设性的货币调节方案，必须具备以下条件：

I. 调节通货和信贷供给的方法，其目的是尽可能地使国内价格水平保持稳定。

II. 调节外汇供给的方法，是为了避免由于季节性或其他原因所引起的纯粹属于暂时性的波动，而不是由国内价格水平与国外价格水平之间的长期失调所引起的那类波动。

我相信，在英国，最为接近这一理想体制，也最容易达到这样一个理想制度的办法，就是对实际在运行的那种制度加以接受，这种制度是在战争开始之后一半是出于偶然而成长起来的。

I. 对于一项良好的建设性方案，我的第一点要求是，只能依靠根据更为审慎和自觉的方针发展我们现有的措施以求得到满足。财政部和英格兰银行一向是以维持对美元汇率的稳定（尤其在战前平价水平上的稳定）作为它们追求的目标的。它们是不是意在固守在某一点上，而不顾及美元（或黄金）的价值波动呢？也就是说，它们在英镑价格的稳定

---

[1] 本篇摘自《货币改革略论》，第五章"关于将来如何调节货币的正面建议"。——译者注

与美元汇率的稳定之间发生矛盾、不能兼顾时,是否会牺牲前者来迁就后者,在这一点上它们的态度并不十分明确。无论如何,我们的方案所要求的是,它们应当以英镑物价的稳定为**主要**目标;虽然,由这一点出发,并不会阻止它们与联邦储备委员会在一般政策上合作时把汇率稳定当作其第二目标。只要联邦储备委员会在保持美元物价稳定这一目标上是成功的,那么,保持英镑物价稳定的目标与保持美元英镑之间汇率的稳定之目标,就并无二致,二者之间了无抵触。我的建议无非是这样一种决心,即万一联邦储备委员会无法保持美元物价稳定,而此时英镑物价如果有办法保持稳定的话,那就不应只是为了守住固定的汇率平价关系,而让英镑也一头扎进漩涡之中。

如果英格兰银行、财政部和伦敦五大银行采用这一政策,那么,它们在调节银行利率、政府借款和商业贷款各个方面,又应当拿什么作为标准呢?首先的一个问题是,这一标准应当是一种精密而准确的算术公式,还是应该根据现有的一切资料而对当前的情况做出的总体判断呢?主张价格稳定、反对汇率稳定的首创之人,乃是欧文·费雪教授,在他所提倡的"补偿美元"框架里就是拥护前者的,这种所谓的"补偿美元"是根据物价指数而自动调节的,用不着任何的评判或者鉴定。这个方法的优点在于,同战前的黄金准备制度以及黄金比率制度很容易彼此相融,他也许正是感受到了这种优点,所以才提出了这一建议。然而不管怎样,我都怀疑如此枯燥、僵硬的制度是否能够行之有效,本身是不是足够明智。如果我们等到价格变化实际上已然开始之后,再来采取措施,以求补救,或许已经太迟了。"我们要想办法应对的,不是**过去价格的涨势**,而是**未来价格的涨势**。"[1] 在信贷循环的激烈过程中有一个

---

1 霍特里,《货币改造问题》,第 105 页。

特点，那就是价格的变动是累积性的，每一次变动都会达到某一点，从而推动在同一个方向上的进一步的变动。费雪教授的方法，用来对付黄金价值变动的长期趋势，也许还可以适应，但是对于危害更大的信贷循环的短期振荡，他的这个办法也是束手无策、无能为力。尽管如此，这种方法也未尝没有它的可取之处。如果能够编制一套正式的官方物价指数，对某一标准下合成商品的价格予以记录，由当局以这种合成商品作为价值标准，道明当局的意向所在，将使用一切资源防止价格的变动，无论在哪一个方向上，其变动范围不超过某一个百分率，就仿佛战前使用一切资源防止黄金价格的变动超过某一个百分率的情况一样。那么，在这种情况下，此方法的缺点固然是在于它的行动颇为迟缓，一直要等到实际价格发生变动时方才会发生作用，但是它却可以提振信心，而成为一种客观的价值标准。至于构成标准合成商品内容的究竟是哪些商品，则可以根据各种商品在经济上的相对重要性，而随时加以斟酌调整。

以上我们所言，是以实际的价格变动趋势作为管理当局决定其行动的标准的，而至于其他的标准，要牵涉到有关信贷循环的诊断与分析，对这个问题的充分讨论，则不在本篇文字的范围之内。我们对这一问题研究得越是深入，对于用银行利率或其他因素来控制信贷扩张的正确时间和方法方面，了解得就越是透彻。同时，我们也已经积累了很多一般性的经验，而且这些经验还在日益增长中，当局大可以根据这些经验，来做出他们的判断。当然，实际价格变动必然可以提供最为重要的数据资料；但是，就业形势、生产量、银行方面所感受到的有关信贷的有效需求、各种类型的投资的利息率、进入流通的纸币数量、对外贸易的统计数据以及汇率的水平，也都必须要一一加以考虑。主要的一点是，当局在自由使用这些资料时，应该以价格稳定作为他们的追求目标。

Ⅱ. 我们的主要目的是追求价格的稳定，同时又希望取得汇率的最大程度上的稳定，那么，怎么样才能使得这两者在最为适当的情况下结合起来呢？既取得长时期的价格稳定，又取得短时期的外汇稳定，我们可以达到二者兼得这样的最佳境界吗？金本位制度的一个显著的优点在于，它可以克服汇率的过度敏感所带来的短期影响。我们的目标如果可能就一定要继续保有这样的优点，而另一方面又要不使我们因黄金价值的巨大变动而随之波动。

我相信，如果英格兰银行把黄金价格的调节这一责任给担负起来，就如同它已经担负起来的调整贴现率的责任一样，那么，在这一方向上，我们就会前进一大步。我们要做的是"调节"，而不是"钉住不动"。对于黄金，英格兰银行应该制定一个购入和售出的价格，就像它在战前所做的那样，而这一价格可能要在相当长一段时期之内保持不变，这一点就和银行的黄金兑换比率一样。但是，这个价格不会一劳永逸地永远不变或者"盯住"某个水平不动，这一点又和银行黄金兑换比率的固定不变有所不同。假定银行的黄金兑换比率每周四早上对外宣布，与此同时，也把贴现债券的利率对外宣布，可与战前的垫头在每盎司3英镑17先令10.5便士和3英镑17先令9便士之间的差异相仿佛；不过为了避免经常变动价格的麻烦，可以将每盎司1.5便士的差额适当地放宽一些，比如可以放宽到0.5%—10%之间。银行在将当时愿意购进和售出的黄金的价格予以确定之后，就可以使英美两国的汇率在相应的程度之内取得稳定，而不至于一有风吹草动就马上发生变化，只是当银行方面经过了审慎考虑之后，认为为了英镑物价的稳定而使汇率加以改变有其必要之时，才应有所变化。

如果在银行贴现率与银行黄金兑换比率相结合的情况下，造成了黄金的过度流入或流出,那么,英格兰银行就要研究一下具体情况,弄清楚这种流入流出的状况是由于偏离了国内动态还是国外动态所带来的结果。为了让我们对此有一个较为明确的认识,现在假设黄金发生了对外流出的趋势。如果这看来是由于以商品来衡量时英镑有了价格下跌的趋势,那么,正确的补救办法就应当是提高银行贴现率。另一方面,如果这看起来是由于以商品来衡量时黄金有了价格上涨的趋势,那么,正确的补救办法就应当是提高黄金的价格(也就是提高黄金购进价格)。此外,如果这种流动的趋势看起来是由于季节关系或其他暂时的影响所致,那么就应当任其自然(当然,这要假定此时的银行黄金准备足以应对任何可能的要求),而不施予任何的约束,在随后的反应中这种情况是会得到修正的。

如果英格兰银行还能够再进一步,每日公布价格的变化,其内容不仅仅包括黄金的即期购入价格和售出价格,而且还包括三个月的期货价格,那么,这就是在这里所建议的制度基础上实现了技术上的改进,但是其基本特征却未加改变。现货价格和期货价格二者之间如果出现了任何差异,那这一差值所体现出来的不是后者对前者的贴水就是升水,具体的情况要看银行是要在伦敦的利息率低于还是高于纽约的利息率,视银行的意向而定。英格兰银行有了黄金的远期行市,就可以为远期汇兑自由市场提供一个坚实的基础,就可以增加伦敦和纽约之间短期资金流动的便利度,这和战前的情况是极为类似的,同时,这也可以使黄金现货实际上的往返移动能够减低到最低限度。

读者将会看到,在我所建议的制度之下,黄金仍然保有一项重要的任务。迄今为止,我们还没有找到比黄金更好的媒介物,能够完成最后一道防线这样的任务,从而为应付突然而起的意外之需来做准备。但是,黄金在实际购买力上的未来变化,黄金前途如何,却是难以猜度的。我坚定地以为，不需要把我们的法定货币与黄金的这类变化趋势无条件地绑缚在一起，随着而上下波动，亦步亦趋，在这样的情况下，我们就仍然可以对它进行充分利用，从中博得最大的利益。

4 银行行长们的发言[1]（1924—1927 年）

I. 1924 年 2 月

在这个国家有一个值得赞赏的习俗，五大行的行长们每一年总要抽出一天，从劝导客户接受贷款这种一年到头徒劳无功的工作中脱身出来，穿戴整齐，登上演讲台，对他们所实践的理论加以阐明——就像是一种欢乐的节日一般，在这一天，我们所有人暂时都处在平等的地位上，以语言为武器，可以畅所欲言。每逢这一时节，人们总是怀着极大的兴趣。但是，他们的用意并不止于此。他们之所讲，具有代表性意义；可以这样说，他们都是金融前沿流行理论的代言者。那么，关于货币政策，这一年他们又说了些什么呢？

他们之中只有威斯敏斯特银行的沃尔特·里夫先生（Mr Walter Leaf）一直保持着缄默，完全没有开口。其他四位，都做了发言。我们可以把他们四人分成两对：其中一对，是劳埃德银行的博蒙特·皮斯先生（Mr Beaumont Pease）和国家地方银行的哈里·戈申爵士（Sir Harry Goschen），他们觉得对这类问题进行深入思考或者讨论都不相宜，或者

---

[1] 本篇曾以《银行行长们的发言》为题发表在《国家文艺杂志》上，时间为 1924 年 2 月 23 日，署名 "J. M. K"。在凯恩斯于 1915—1916 年供职财政部期间，雷金纳德·麦肯纳（Reginald McKenna）是当时的财政大臣，而后二人建立了私人友谊。——译者注

至少也是并不让人觉得多么受欢迎。另外一对,是巴克雷银行的古德纳夫先生(Mr Goodenough)和米德兰银行的麦肯纳先生(Mr McKenna),他们不但绝不反对就这类问题进行讨论,而且还勇敢大胆地踊跃参加了讨论。

我曾提及,皮斯先生不赞成对此类问题进行深入思考,或者像他所说的,这样做是"对机敏思虑的虚耗"。他希望的是"直截了当地面对事实,而不是寻找什么聪明的办法来绕过这些事实",他认为,由货币数量论所引发的那些问题,既有想象的成分,也有实质的成分,"可以肯定,就其价值而言后者并不输于前者"。总之,金本位制度已然列在了道德或宗教的范畴,在那里自由的思想已经没有其存在的位置了。他接下去讲道:

> 就任何一家普通的联合股份银行而言,我不相信,它会有意识地在纯粹货币基础上决定其政策。也就是说,它主要关切的是如何适应当前商业发展的需要,而至于是否要遵守某一种特定的理论,它是并不会以之为意的。它的行为并非商业活动的起因,它是跟在商业活动的后面而不是走在其前面的。

我认为,大体而言,这不失为是对事态的一个正确的解释,皮斯先生对这一点加以强调,是他的发言中最有价值的部分。恰恰是因为这些联合股份银行在反应中的这一无意识因素,才使得英格兰银行关于各银行余额与贴现率方面的政策有这样重要的意义。皮斯先生在结论中表明,他不赞成在当前情况下采取任何具体的步骤,来从事建立任何一种特定的本位制度。尽管如此,他却仍然"对将来我们可以逐步回归到金本位制度而怀有希冀,虽然这一本位制度存在一些缺点和困难,但事实上它过去的运行表现还是颇令人满意的"。

哈里·戈申爵士的发言要比皮斯先生更胜一筹，其中有一段尤为可喜，值得在此对它全部引述：

> 我不禁想到，近来人们对通货膨胀和通货紧缩的优劣短长多有比较，议论纷纭，这一类不负责任的讨论实在是太多了。这类讨论，只会引起我们的邻邦对我们的猜疑之心，怀疑我们是不是要在这两者之间择取一个，若然真要如此，又会择取哪一个。但是我想，我们还是一切顺其自然比较好一些。

面对这些一派天真烂漫、单纯朴质的思想表现，真不知道是该发笑还是该发怒为好。我看，对待哈里爵士，最好的办法还是让他顺其自然吧。

我们暂且把这两位纯洁无瑕、不谙世故的"老处女"放在一旁，再让我们来看看古德纳夫先生和麦肯纳先生的发言，这两位的发言不但富有理性，而且还能做到畅所欲言、百无禁忌。关于时下的政策，两人的看法多有共同之处。他们一致认为，货币政策能够确定价格水平，因此，我们的命运是握于我们自己之手的，应该追求的正确方针是要多加思索、详予讨论。不过，古德纳夫先生更为强调银行利率，而麦肯纳先生则侧重控制在银行手中现金资源的数量。他们都反对在当前这样的时候恢复坎利夫委员会（Cunliffe Committee）的通货紧缩政策。他们也都认为应该把国内的情况而非对外的汇率作为信贷扩张和收缩的准绳。不过，他们也各有侧重，麦肯纳先生主要关注的是就业水平，而古德纳夫先生则更为关切国内价格的稳定。"把我关于通货问题的观点总结一下，"后者这样说道，"我感觉我们的目标应该是使通货与商品之间达成均衡，使它们尽可能接近于两者之间现有的均衡状态……"不过，他们二人都不十分反对价格的温和上涨，只要（根据麦肯纳先生的观点）

国内的生产资源还没有达到其可资利用的限度以外，或者（根据古德纳夫先生的观点）这种上涨的趋势既不是因为投机性的商品囤积，也不是因为英国物价相对于美国物价有所提高这些原因所致即可。麦肯纳先生并没有论及我们最终的目标；为了应对当下的局势，他建议"在通货膨胀与通货紧缩之间寻找出一条中间路线进行下去"，其目的与古德纳夫先生的一样，都是为了求得在一定的限度之内价格能够取得总体上的稳定，并审慎地运用货币政策来缓解信贷循环所存在的弊病。所以，虽然他没有论及最终目标，但是从他的讲话中却可以听出，他并不反对将上述这些主张作为长久之策加以考虑。他说："商业大潮起伏不定，是势所难免的，但是，开明的货币政策总是能够防止这种循环的运动态势走向极端。膨胀性的繁荣会带来过度猖獗的投机行为，长期萧条又会导致人们普遍遭受严重的困窘与贫穷，而这些都是可以加以避免的。这些都并非什么必然的灾祸，并不是什么我们不得不屈服于它、无法理解或难以阻止的神秘事物。"另一方面，古德纳夫先生虽然不想现在实行金本位制，但他说完了上面所引的这一段话之后，接着又这样说道："……尽管是这样，我们还是应当始终把我们的最终目标铭记在心，这一最终的目标就是恢复金本位制度。"同时，他还把希望寄托在美国的通货膨胀态势上，希望可以借此恰足以使得英镑恢复到以前的黄金平价上去，而又不使英镑对商品的现行平价产生任何的扰动。

这些发言到底会产生哪些实际的效果呢？这些发言极大地强化了一些货币改革者的立场，这些货币改革者们深信，稳定国内价格水平和控制信贷循环现象，不但是值得争取，而且也是可以达到的目标。发言还起到了打消人们疑虑、安定人心的功效，因为这些发言表明，伦敦两位极有影响力的人物，对于当前具有实际重要意义的所有方面均了然于胸，必可由此而在正确的方向上发挥他们的影响力，对此我们可有足够的信心。麦肯纳先生和古德纳夫先生都对上述的那些改革者的目标表示同情。即便是那两位"老处女",若说他们坚决反对这些观念,怕也是不够公道的。(他们尽有不够正确的地方,头脑也尽有缺乏灵活的地方,但是他们一派天真朴质,是完全无所偏袒的。)他们所信奉的是"直面现实""节俭度日与勤奋工作"这些古老而又陈腐的箴言,若能对他们细心地加以诱导,使他们从这一固化的思维圈子中跳出来,那么,他们对于保持价格稳定以及商业活动的平稳态势方面的认真努力,也许态度上会有所缓和,也许也不再会那么反感。他们主张"顺其自然",对"干预"这种自然秩序的任何建议都表现出同样的厌恶情绪,在他们眼中,这样的建议就如同在小孩子没有出生之前试图为其确定性别一样多此一举,但在他们的内心深处,却也并不打算真会这么坚持到底,并不会真的坚持非要用某些纯属偶然的方法来解决这类事件。

II. 1925年2月[1]

银行行长们再一次提出了他们在金融流行理论方面的新式样,供我们来检阅。换了换标题,改了改线条,但是这幅新式样的总体图案大体上却还是一样的。第一位发言者简直把金本位制度吹捧到了天上去,吹得是天花乱坠,说如果与这一制度结下秦晋之好,乃是最符合众人的期待、最切要、最体面、最高洁、最有繁荣昌盛的前途的,简直世间再也没有比这更让人感到美好的事情了。另外一位发言者则对跃跃欲试的新郎官发出警告称,婚姻会让现在还是自由身的新郎官承受沉重的负担。至于这件事是好是歹,尚且难有定论,而对它所带来的一切结果都要承受

---

[1] 这部分最初是以《向金本位的复归》为题发表在1925年2月21日的《国家文艺杂志》上。——译者注

和服从。过去是个单身汉,价格和银行利率当然是要符合单身汉的家庭生计需要,而今幸福的日子已然是一去不返,而且结婚以后还要增添许多其他的事务要他来加以料理。这位黄金女士(Miss G.)碰巧又是个美国人,因此以后对我们的新郎官来说更为重要的将会是葡萄柚和爆米花的价格,而不是鸡蛋和熏肉的价格。[1]总而言之,言而总之,就是劝他还是不要轻易陷身其中的好。有的人,如果有人问到他是否相信死后会到极乐世界获得无穷无尽的美妙享受时,他会说,当然了,当然是这样,但同时他还要再加上一句,表示他不愿意讨论这类不大令人感到愉快的话题,现在最好还是不要去谈它为好。我们有些行长们的发言,恰同这样的人一样。

和去年一样,这里也有两个性质不同的主题——金本位制度理想上的优点以及恢复这一制度的日期和方式。有关第一个问题,麦肯纳先生说得很有道理,他说:"我们仍然处在探讨的阶段,尚未取得众望所归的一致意见,还没有形成一个系统的理论体系,一个能够被公认为正统的学说。"关于货币改革,我经过进一步的研究和思考之后,对此有了较之以前更大的信心,认为这是在增进经济福利方面我们所能够采取的最重要,也最有意义的措施。但改革的支持者如果要克服旧习惯的势力和普遍存在的愚昧无知,就必须要对他们所持的论点,做出进一步充实完备而又简明易懂的解释。这可不是一天之内即可判定胜负的一场战斗而已。有些人认为,只要急转直下一下子猛地拉回到金本位上来,所有

---

[1] 葡萄柚和爆米花是美国人常见的食品,鸡蛋和熏肉是英国人常见的食物。其中葡萄柚约于1750年首先在拉丁美洲巴巴多斯群岛的加勒比海岛上被发现。1823年被引种到美国佛罗里达州作为商业栽培,开始受人欢迎,之前只是一种装饰性植物。美国很快成为主要生产国,在佛罗里达州、得克萨斯州、亚利桑那州和加利福尼亚州均有种植。——译者注

事情即可一劳永逸地予以解决了,这完全是对情势的误判。这仅仅不过是一个开端而已。成败之关键,不在于来年的官方决策,而在于事后实际要发生的经历和彼此对立的各方观点进一步澄清与改善。就譬如,那些阅读过伟大的奥弗斯通勋爵(Lord Overstone)[1]作品的人肯定记得,历经多少岁月,经过了多么艰苦和惨重的经历,才使得百多年前的货币改革者在英格兰银行的坚决反对之下,得以建立以银行贴现率与银行准备为基础的战前政策(当彼之时,这的确是一个重大的进步)。

另外一个问题是具有实践的和当前的重要意义的。去年所争论的是用审慎的通货紧缩来促进事态的发展是否妥当这样的问题;而今年所争论的是用取消禁止黄金出口的办法来促进事态的发展是否妥当的问题。今年和去年一样,银行家们在面对这些实际问题时,都表现出了迟疑不安的情绪。我认为这种迟疑不安的情绪背后大有缘故,所以有此看法,乃是出于以下几个原因。

和很多人的看法一样,长久以来,我一直认为,美国的货币状况很可能迟早要引发一次价格水平的上涨趋势,以及一场初发性的经济繁荣;而同时,我也认为,在这样的环境下使用通常的办法来控制我们自己的价格水平,防止我们的信贷条件步美国后尘,是我们应该遵循的正确方针。这一政策若能发挥作用,就可以逐步地改进英镑的汇率;这就并不需要美国来一次比较明显的繁荣,就可以提高英镑汇率,至少可以提高到战前的水平。因此,在过去两年中,我一直坚持认为,如果英格兰银行能够采取比较稳健的货币政策,而联邦储备委员会在这方面的稳

---

[1] 即 Samuel Jones-Loyd,第一代奥弗斯通男爵(1796—1883年),英国银行家和政治家,此人对后世内阁财政政策方面有着深远的影响力,此外他还对英格兰银行法有着较大的影响,银行业方面的经营使他成为当时英国最富有的人,同时,他在货币和银行这些方面的言论也颇为著名。——译者注

健性又表现欠佳的话，英镑的汇率迟早会回归到战前的平价上来，这一结果不仅是人们所期待的，而且也是有实现的可能的。

那么，实际的情况又如何呢？1923年春，美国的繁荣状态似乎正在发展之中；但是，之后主要由于联邦储备委员会的活动，这一繁荣的发展势头不久即中断了。不过，从1924年7月起，美国又出现了强劲的价格连续上涨趋势——这倒始终都是在联邦储备委员会的政策影响之下的——这种态势预计还会继续发展下去。在美国前一时期物价上涨的趋势下，英镑汇率随之也有了相应的改进；后来，随着美国物价的倒退，英镑汇率也出现了倒退的现象。情况有些类似的是，在过去六个月里美国价格的上涨，促成了英镑汇率的改进，这一点已经引起了大家普遍的注意。正如麦肯纳先生所指出的那样，英镑的价格在稳定性上要比美元的价格略胜一筹，与这一较为稳定的物价必然相对应的是，汇率方面就存在着一些不稳定的表现。

不过，就过去六个月的运动态势来看，这中间还杂以各种反常的因素，使得情况变得复杂起来。英镑汇率的改进，尚不仅仅是由于我们的货币政策而带来的结果。英国的短期货币利率曾维持在高于纽约0.5%的水平之上，英国的物价上涨程度也略低于美国，这的确是事实。但是，基本上都比较认同的是，这些都不是充分有力的因素，尚不足以解释一切。商务部的统计资料显示，上一个年度（可能主要发生在这一年的下半年里）在资本项下的资金移动由纽约流向伦敦的数额高达1亿英镑。造成这种现象是有多方面的原因的，其中部分是由于道威斯计划所带来的较大信心，美国投资在华尔街有了高涨以后，随之在欧洲市场也有了进展；其中还有一部分是由于对英镑的投机收购，使人们预期英镑的价值与美元相对照将会有所增进造成的。这种前所未遇的运动态势，为整个局势带来一个不安定的因素；我们无法预计这样的趋势此后是否会在同样规模下继续，而且，这种趋势随时都有发生部分逆转的可能。因此，我们需要一个缓冲的时期，来重新调整我们的负债，其调整的办法，要么是促进与进口对照之下的出口，要么是提高长期贷款利率，提高到足以制止新流入的对外投资（以我的判断这是有些过度了的）复流于外。现在，我们正处于一种危险状态之中，我们所借出的是长期（例如对澳大利亚的贷款），而我们从纽约借入的却是短期。我们战前的地位之所以坚实巩固，乃是由于（经由证券市场）我们大量借出的都是短期，是我们可以收回的。而现在，我们所处的地位却适成相反之状，虽然这也许只是一时之现象，但是，这个现象本身就是一个值得警惕的理由。

那么，接下来又会发生什么呢？有两种主要的演变可能性。联邦储备委员会也许会得出这样的结论，认为这种处于初期阶段的繁荣，如若再任其发展下去将会带来危险，因此就要像两年前一样，应该把局势牢牢地控制在自己手中。这一点几乎是联邦储备委员会义不容辞的责任。在这一情况下，我们所处的情势与十八个月之前是极其相类的，必须就摆在我们面前的两条道路择其一而行之，或者是保持英镑价格稳定，使它对美元汇率低于平价，或者是保持汇率处在平价水平，实行严酷的通货紧缩政策。过早地宣布撤销黄金自由输出的禁令，就预先把我们限定在了后一种选择上了，而这条道路却是我们两年前所刻意避开的。这也就是那些一般不假思索的盲从者目前所想走的路。但是，我们的失业数字依旧没有改观，现在这条路不是一个明智的选择。

另外一种演变的可能性是这样的，联邦储备委员会也许会听任事态沿着当前的趋势继续发展下去，如果是这样，那么，美元的价格将会有很大的提升。在1924年的某一段时期内，委员会在公开市场上断然采取了通货膨胀政策，后来价格的迅猛上涨主要是由这一政策造成。目前他们在政策方面，较之于以往，在态度上更加审慎；但他们是不是就有了任何坚定不移或思虑成熟的政策，却还没有任何明确的迹象显露出来。如果我们提高英镑汇率，而他们对我们在这方面的努力产生了错觉下的同感，那么这就会致使他们将其行动予以推迟；如果他们推迟得过久，那么繁荣状态将会得到巩固。这个时候，我们要把英镑汇率恢复到战前水平，就不会再有什么困难。我们只需牢固守住坚定的货币政策，目的在于防止英镑物价共鸣式的上涨趋势，不需要借助于任何积极有为的通货紧缩策略，就可以顺利实现我们的目的。由是观之，我们并不需要取消黄金出口禁令。美国曾一度出现了繁荣，对于这场繁荣我们并没有充分地分润，繁荣的结果是美元的价格接近了最高峰的水平。在信贷循环的这一时刻把英镑物价和美元物价连接在一起，分明是自寻烦恼。因为美国的繁荣如果一朝崩溃，那么，我们将首当其冲，承受萧条带来的全部打击。只有当美元价格的平均水平略高于近一时期的水平，而且看起来已经渐趋**稳定**时，只有在这样的情况之下，我们才能把英镑物价和美元物价连接起来，而不致马上危及我们的福利状况。

取消黄金出口禁令无异于向大家宣告，英镑**是**与美元处于平价地位上的，而且以后仍将如此。我认为，正确的进行程序应该是先确立事实，然后再发出声明，不要先发出声明，然后再让事实去碰运气。因此，取消黄金出口禁令，应该是有关恢复战前状态的最后阶段上的行动，而不是开始阶段上的行动。就这一问题如果要给出声明，那么，唯一恰当的声明应该是宣布黄金出口禁令不会被撤销，然后一直到英镑处在平价地位之后，并且又已经过了相当长的时期，由此引起的一切基本的调整也均已恰当地予以完成时，才来考虑这一举措。同时，如果我们希望恢复平价，那就应当逐步采取措施，来着手实现上面所提到的**事实**，所着眼的手段也应当是提高贴现率，抑制对外投资。我并非特别有意于恢复平价，但是，我认为上述这些举措对于稳定我们的局势，是会有很大帮助的。我不相信，在当前价格水平的趋势下，略微提高贴现率会对商业发展和工人就业产生什么危害，无论如何，为了保持我们自己各方面的均衡，不久之后，我们将要借助于更高贴现率所提供的支持。其中有几位银行家声明，只要取消黄金出口禁令不会牵涉到贴现率的提高，不冒这样的风险的话，他们是支持取消这个黄金出口禁令的。除非这话不过是不赞成取消黄金出口禁令的一种礼貌、委婉的说辞，否则的话，我是不能同意他们对当前形势的看法的。

这里的篇幅，无法容许我对自己主张长期实行管理通货制这种愿望所抱持的理由，加以详细地说明。在这里，我只打算给出其中最主要的一点。我认为，商业波动与就业波动是现代社会最严重的病症，同时也是最有挽救可能的病症，而这些病症，主要是由于我们在信贷和银行体制方面的缺陷造成的，如果我们能够取得对通货管理的控制，那么，挽救的办法就比较容易能够得到施行。但是，在这里，对这类基本问题我们暂且避而不谈，而是提出一个实际的论点，这个论点与前面我之所言也是有联系的。

实际上，所谓金本位制，概括而言，其含义不过是要同美国保持一样的价格水平和一样的利率水平。其全部的目标就是要把伦敦这座城市和华尔街**紧密地**连接在一起。我要祈求财政大臣和英格兰银行的总裁以及那些可以在暗中左右我们命运的不知名的人们能够仔细地想一想，这样或许会是一种危险的做法。

当下的美国，正处在波澜壮阔、方兴未艾的发展过程中。大幅的经济波动，在我们这里造成的是失业和贫困，在美国，则会消弭在一般的向上发展态势之中。美国的经济活动，总体的规模年年在扩大，每年皆可以百分之几的速度在增长，在这样的一个国家里，一时的经济失调，总是难以避免的现象，同时，这也是它完全可以承受得住的。而十九世纪的大部分时间里，我们自己就曾处在这样的情况下，而今的美国是我们当年的写照。现在最多也只能这样说，我们的发展速度降下来了，因此经济结构上的缺陷所带来的后果，在我们高歌猛进的时候完全可以对它们置之不理的，就像现在的美国，也是不妨对之加以忽视的，但是对于现在这个时候的我们，这却成了致命伤。1921年的一次萧条，美国的情况比我们还要糟糕，但是到了1922年底的时候，它实际上就已经全然恢复了元气。而我们，一直到1925年，仍然在踽踽而行，背后尚且拖着上百万的失业工人。在今后的岁月里，美国也许还要遭受工业和金融方面的大风暴，但是，在它是总能应承得来的；然而，如果这些疾风骤雨蔓延到我们这边，我们就会吃不消，这场大风暴就快要使我们遭受灭顶之灾了。

此外，还有更深的一层需要考虑到。在大战之前，我们将大量的款项出借给了世界各个地方，这些款项是随时可以收回的，毋须为此多虑。我们对美国的投资，使我们成为了它的债权人；我们可以供对外投资使用的剩余资本，其数额之大，超过了其他任何国家。而那个时候，由于美国尚未建立联邦储备制度，所以它的银行业不但薄弱而且混乱不堪，缺乏组织。事实上，那个时候，我们在金本位同盟中是居于主导地位的。但是，如果现在有人以为我们若然恢复了金本位制度，也就同时恢复了以前的情况的话，那真是痴人说梦。现如今，我们已经变成了美国的债务人。去年，美国的对外投资两倍于我们；他们可供国外投资的实际净余额，大概要比我们高出十倍之多。他们所持有的黄金总量，六倍于我们的储存量。在过去一年当中，联邦储备系统各家银行仅就存款的**增加额**来看，就几乎达到了我们存款**总额**的一半。伦敦与纽约之间黄金和短期信贷的一次移动，对于他们来说，只是浅流当中的小小的一个涟漪而已,但是对于我们却是大西洋里的一个巨浪。如果对外贷款在方式上有了什么变化,对于美国的银行家和投资家的影响,可谓是微乎其微,而带给我们在经济方面的后果却不亚于一场地震。如果黄金、短期信贷和国外债券在大西洋两岸之间可以自由流动,对它既没有什么限制,也不存在什么亏损的风险,那么,由此而形成的某种程度上的波动,对我们的影响和对他们的影响是绝然不成比例的。我们如果恢复金本位制度,这是符合美国意愿的,他们在初期就可以随时把某种义务加诸我们身上,使我们不得不履行它。但是,如果认为长期来看他们总应当,或不得不顾及我们的方便而对他们的事务加以安排的话,那就是大谬特谬了。

那么,又有什么切实可靠的利益可以抵消这些风险呢?我是一点儿都看不出来。我们的银行家们谈到了"心理上的"利益。但是,如果人们当中"十中有九"在期盼着利益带来的好处,如果事实上一点都没盼到手,那是会让人大感沮丧的。

我们的银行行长们别无他求,口口声声就是要"回到1914年",他们认为这是最值得争取的目标;而我认为,他们的这种论调实在难称高妙。大凡对此问题有所研究的人士,绝大多数都会同意这样的看法,即认为由所谓处于贫困围困中的失业这类谬论所形成的种种混乱,至少部分是由于我们的信用制度上存在的缺点所致。"五大行"对于我们的社会大众是肩负着重大的责任的。可是,它们是如此庞大,而从某些方面来看,却又是如此脆弱,因此,对它们来说,墨守一些教条、旧的习俗和成规,是颇具诱惑力的。当这些大银行的行长们讨论到一些基本的经济问题时,这些问题中的大部分所依据的基础,他们是并不是熟悉的。如果对这类问题他们所持的立场过于保守,过于缺乏研究的精神,这样是不是会有助于银行体系的安全或稳固,是颇值得怀疑的。以个人主义为特征的英国资本主义，已然到了这样的一个紧要关头，当是时也，已经不能再单单凭靠发展这一个动力，不能再容许存在丝毫的怠惰，而必须要专心致力于改进其经济机器的结构这一科学任务，方能得以延续。

III.[1] 1927年2月[2]

我们的老朋友、这几位银行行长们的发言告诉我们，春天的脚步近了。这些行长们的发言，除了哈里·戈申爵士之外，语气当中都透着点拘谨，只有哈里·戈申爵士认为"我们垂头丧气是没有任何理由的"，而且他和往年一样，仍然觉得"现在全国各行各业都抱有着一种期待时机好转的心情，再也想不出过去的什么情况有比现在更让人乐观的了。"博蒙特·皮斯先生做了一项很有价值的工作，他把有关劳埃德银行业务分析的一些重要数字公之于众，这开创了一种提供信息而不是将信息隐而不发的新政策。沃尔特·里夫先生对最近企业层面出现的合并的倾向，而同时股份的持有却呈现出分散化的趋势，进行了相当全面的观察，并且他还指出，政府应当担负起责任，引导这一终究不可避免的演进走上正确的轨道上来。但是，除了麦肯纳先生——关系到某些细节问题时，还有古德纳夫先生——之外，尚且没有谁提到货币政策的未来。那么，我们且让哈里·戈申爵士自得其乐吧，我们还是和麦肯纳先生一道，尝试着在他所提到的问题上更深入一步，来了解事情的本质所在。

麦肯纳先生提醒我们，过去五年中，美国的经济繁荣高歌猛进、势不可挡，而我们则处在一片萧索的状态，二者形成了鲜明的对照。他说："英美两国在货币政策上有着巨大的分歧，二者经济状况之所以有此

---

1 本部分曾以《麦肯纳先生论货币政策》为题，首次发表在1927年2月12日的《国家文艺杂志》上。——译者注

2 在恢复了金本位制度之后。

两重天一样的表现,这一点至少可以说是其部分的原因。"他认为两个国家银行存款上的扩张与收缩,是衡量这种政策上的分歧的标准,具体情况列表如下(下表中存款量是以1922年为100而计的):

表1

年份	美国	英国
1922	100	100
1923	107	94
1924	115	94
1925	127	93
1926	131	93

他更加详细地予以解释道,除了某些严格的限制范围之外,英国的银行存款量的增减,起决定作用的并不是储户或五大银行,而是英格兰银行的政策,这才是问题的关键所在,但是一般的人对此是很少认识到了的。他的结论是,如果英格兰银行不改变现行的政策,那么我们是不能期待我们国家在生产和就业方面会有什么重大的发展出现的。

虽然对于麦肯纳先生的论点,我并不是在每个细节上都能同意,但是可以肯定,他所做出的诊断大体上都是正确的。货币政策的某些基本原则自有其不可磨灭的真理在,这些真理昭如白昼,而整个伦敦城的商界和金融界,对此却一无所知,如处暗夜之中。麦肯纳先生的贡献在于,他指出了这些基本原则的重要意义,对公众和他的同事们,他不断努力地进行着教育。

尽管是这样,在我看来,这一次他仍然没有把问题彻底解释清楚,实际上他对问题的另一半采取的是避而不谈的态度。英格兰银行的政策要改变到什么样的地步,在什么样的条件下,才能与金本位制度保持一致呢?英格兰银行已经给自己上了一副新打造的黄金镣铐,它现在还是不是一个自由的代理机构,能够自由到如麦肯纳先生在政策上所要求的那样吗？紧要的不是被称作一般价格水平的某种抽象物，而是各种价格水平之间的关系，这是可以在不同的目的上衡量我们的货币价值的。繁荣必须在某种程度上受货币因素的支配，就此点而言，繁荣取决于各种不同价格水平彼此之间的适当调整。英国之所以出现了失业和商业萧条的状态，是一方面国际贸易商品的英镑价格水平与另一方面英镑的国内价值，二者彼此之间原来存在的平衡关系被打破所造成的，而英国人民的货币收入乃是在英镑的国内价值这个标准下予以支出的。此外，当英镑物价水平全面跌落，我们顺利地走向一种新的平衡时，国家的债务负担将会相应地增加，这会使国家预算的情况趋于恶化。如果英格兰银行和财政部真能把受保护的物价水平降低到不受保护的物价水平原来的均衡水平上，那么，国家债务的实际负担，较之于两年以前，将会增加大约 10 亿英镑。

但是现在麦肯纳先生似乎认为，两年之前显然存在的不均衡，如今已然烟消云散。他告诉我们："今天，这类问题只具有历史上的重要意义。"但是，既有的现实情况并不支持这样的观点。各类价格水平之间的差别，非但没有烟消云散，较之于两年以前，实际上反而是**更形显著**了。

那么，在这样的时期，我们又是怎么生活下去的呢？几位银行行长表现出来的乐观主义情绪，以我观之，其真正的依据乃在于这样的事实，即认为我们的资源并没有被过度地消耗，以致达到了我们偿付不及、无法承受的地步。这一点就当真显得如此地迷惑人心，或者说当真有那么大的安慰作用吗？

毋庸置疑，我们在收支的差额上之所以能够取得平衡，一部分是因为我们为了确保安全而在资源方面往往留有较大的余地所致，另外也有一部分是因为在煤矿罢工期间，我们在世界各地的短期贷款增加的缘故。在大战以前，我们在国际账户上的顺差，除资本方面的流入和流出之外，以英镑的现有价格进行计算，每年大约还有 3 亿英镑。由于战争以及以固定货币支出而在价值上的消减，使得每年的余额缩减到了大约 2.25 亿英镑；这就等于说，如果我们今天的出口贸易仍有 1913 年时的那般兴盛，那么，这一余额我们今天仍然是可以享受得到的。我们姑且来这样假定，由于国内价格水平的相对提高，致使我们的出口总值减少了 2 亿英镑，即总输出额减少了四分之一，或者可以说净损失达 1.5 亿英镑。这就是说，有一部分出口的损失是由于进口原料而来的；因此我们才会出现（假定有）100 万人的失业，如若没有这一现象，那么，这部分人就可以直接或间接地从事出口品的生产，有关这一部分的出口损失额，在这里姑且不予计入。当然，这里所列出的数字，只是一种大致合理、粗略地说明，并非根据统计事实而做的科学估计。

那么，我们的国际收支平衡表又是如何得以维持的呢？在前述的情况下，我们每年仍然还有 7 500 万英镑的贸易余额。因此，只要对外投资不超过此数，我们就仍然可以保持收支平衡。我们可以继续长期地将受保护的价格处在较高水平，不过我们必须面对的是由此而造成的四分之一的对外贸易损失以及 100 万工人的失业，然而，即便在这种局势之下，我们也已然可以有一定的剩余可供伦敦做对外投资用，而且还有一个最高的成就，那就是使金本位制度完全不受威胁。金本位制度与其他可以替代它的货币政策比较，可能会使国民财富每年减少 1.5 亿英镑。但是，切勿担心！正如里夫先生指出的那样，"我们经济的后备力量，远远超出我们任何一个人的想象"。用财政大臣的话说，就是"我们的实力，比我们所想象的要强大得多"。总之一句话，我们是有能力来承担的！

上文并未提及煤矿罢工期间所带来的损失。这方面的损耗，其额度当不下 1 亿英镑，这主要是依靠我们的短期贷款债务的增加来加以弥补的；部分是由于逆差的清算过程，其间总要有一段时间上的间隔，部分则是由于伦敦的贴现率还是颇具诱惑力的，足以吸纳国外多余的资金进来。

在决定国家政策前途方面，摆在我们面前的，是三种选择：

（1）我们可以不惜一切代价，力求恢复战前大量出口和大量对外投资之间的平衡。但是，金本位制度得到恢复之后，这一点就没有办法做到了。除非我们对工资全面开刀（而这是首相所拒不接受的），要么就是静待国外黄金价格的明显提升，但是这一点我们已经等了很久，至今仍然是杳无音信。

（2）我们可以在上面所言的商业萧条和失业百万的伪平衡状态下无限期地维持下去。这种伪平衡状态，或许并非是英格兰银行原来的打算，但却是到目前为止所执行的政策造成的结果。如果说这一状况不久即可实现转变，我还找不到什么令人信服的理由。由于煤矿罢工问题一直迁延不决，诺尔曼先生[1]未来的处境，恐怕不大好受。但是，即便出现了最坏的情况，彼时在局部实施对国外投资的禁止，或许也已经足够应付了。

（3）第三种选择是对于出口行业的损失以及对外投资的相应减少，我们把它作为一个既成的事实而加以接受。然后，把原来用于前者的劳动力和被后者所吸纳的储蓄，转而用在改进国内生产的效率以及提高国内生活的水平上来。如果恢复金本位制度真能带来这样的结果，那真可谓是祸兮福所倚。因为做这种选择会得到诸般的好处，在本文收尾之际，我一定对此一一列举。我相信，大众生活水平能否进一步提升，乃取决于我们是否能够做出选择，沿着这条路走下去。

---

[1] 即蒙塔古·诺尔曼（Montagu Norman），时任英格兰银行总裁。——译者注

一言及此，我们就又要提到麦肯纳先生。我认为，他之所以主张信贷扩张，其目的是想在国内工业的总体逐步发展过程中不断吸纳失业人员，在全力生产的同时，间接地也可以对出口行业略有助益。总而言之，他是赞成走第三条道路的。因为他不愿意看到，降低受保护的价格水平或节约生产成本，乃是通过信贷的扩张而实现的。和前几次一样，这一次麦肯纳先生在表面上对金本位制度的恢复所带来的影响也是抱有极大的信心的，但是实际上并非如他表面表现的那样，他之所为相对于他的观念而言，并不那么协调一致。

可是，在金本位制度的限制范围之内，这却是一项极不容易得到执行的政策，若再虑及煤矿罢工问题所带来的1亿英镑的欠债，这也许可以算得上是一项危险的政策了。如果麦肯纳先生高居英格兰银行总裁之位，可以自由地发号施令，那么，我相信，他可能会一方面维持黄金的平价，另一方面大力削减失业人数。但是，对于诺尔曼先生，就他自己那点智力的局限之内，我们能指望他会这样做吗？

5 丘吉尔先生政策的经济后果[1]（1925年）[2]

I. 丘吉尔先生的误解

我们推行的这种提高英镑外汇价值的政策，使它从原初低于战前黄金价值10%的水平上提高到战前的黄金价值上来，其最终所意味着的则是，无论何时，不管我们对外售出的是些什么样的东西，要么是国外的购买者不得不**增加**10%**的货币支付**，要么是我们**减少**10%**的货币收入**。这就等于说，除非国外的价格水平有所提高，否则为了要维持我们的竞争水平，我们就必须在煤、铁、运输费用或者无论是什么的其他一干事物的英镑价格上均降低10%。由是观之，提高汇率10%这样的政策所造成的后果是使我们的出口行业减少10%的英镑收入。

现在，假设我们的这些出口行业在工资、运输方面的支出、税率以

---

[1] 《丘吉尔先生政策的经济后果》最初作为一个系列的三篇文章分别发表在1925年7月22、23、24日的《标准晚报》（*Evening Standard*）上，所论是关于英国恢复金本位的问题，当时的标题是"失业与货币政策"。凯恩斯在这三篇文章的基础上对之进行了扩充，由此形成了一本小册子，同月，由伦纳德（Leonard）和弗吉尼亚·伍尔夫（Virginia Woolf）的霍加斯出版社（Hogarth Press）出版，其中的第 I、III、V 章分别对应着《标准晚报》上的这三篇文章。在美国，这本小册子又以《英镑平价的经济后果》为题予以出版。在《劝说集》里，凯恩斯对这整本小册子中的内容进行了压缩。——译者注

[2] 写于刚刚恢复金本位制度之后。

及其他任何方面的支出皆同时下降10%,那么,这些行业是可以做到削减其售出物的价格水平的,这样做并不会使经济状况较之以前变得更差。但是,这当然是不可能发生的事情。因为这些行业之所用,以及他们的从业者所消费的一切种类的国内生产的物品,是不可能在价格上降低10%的,除非这些国内诸般行业其工资水平和其他所有支出普遍下降10%。而且,如果真的做到了这样的假设情况,其中相对薄弱的出口行业也将会因此而陷入破产的境地。如果黄金的价值本身并未下降,那么,除非国内价格和工资水平普遍地出现下降的情况,否则的话这类相对薄弱的出口行业其处境将举步维艰。因此,丘吉尔先生提高汇率10%的政策,早晚会转化成降低工资水平的政策,其减低的幅度要达到每个人每英镑的工资要减少2先令才行。任何人都是求仁得仁,有什么样的目的,自然会有什么样的手段。现在,我们的政府所面临的一个棘手的任务,乃是如何来贯彻实施他们自己的这个危险而又毫无必要的决策。

  偏离均衡的态势从去年(1924年)10月份就已经开始了,这种态势一直在持续,之后随着汇率的提高而不断地逐步发展——造成这一趋势的是对金本位制度的恢复,并非英镑的内在价值有了提高,一开始的时候是由于对恢复金本位制度的预期所致,后来则是因为这一恢复措施得到实现的事实所引发。[1] 贸易委员会的主席曾向下院坚称,恢复金本位制度对出口行业的影响"一切皆好"。财政大臣所表达的是这样的观点,他认为恢复金本位制度与煤炭行业中出现的状况是风马牛不相及的,这就好像墨西哥湾流与英国煤炭行业之间彼此毫不相干的情况一样。诸如此

---

1 这种见解也为财政部通货委员会所持,该委员会曾报告称,如果我们没有恢复金本位制度,那么去年秋天和今年春季提高汇率是不可能得以维持的。换言之,在金本位制度恢复之前,之所以提高汇率,乃是因为对这一政策的投机性预期所致,此外还包括资本的移动,这都不是因为英镑本身所具有的内在价值上的提高带来的结果。

类的说法，皆可称得上是愚妄、轻浮之语。这些部长们完全可以这样说，恢复金本位制度即便要付出代价也在所不惜，而且这些代价全不过是一时的付出，最终都将会弥补回来的。他们还可以这样说，而且这也不是什么假话，那些处境不佳的行业大多数本身就有它们自己内部的诸多困难在的。当某一**共同的**因素在发生作用之时，那些虚弱的个体就会因为其他的原因而一蹶不振。但是，我们不能因为流行性感冒只是夺走了体虚气衰者的生命，就说它是"一切皆好"的，更加不能说，它就像墨西哥湾流一样，对人类的死亡率同样毫无干系。

一年前，我们面临的情况并不是没有什么困难，而使情况变得更加糟糕的是，现如今这种影响越发地严重了。那个时候，虽然以英镑计算的工资水平和生活费用，在价值上与美国并无差异，但是与欧洲各国相比就显得过于高了。还有一种可能的情况是，我们一部分的出口行业，在工厂设备和劳动力方面，均存在着存量过剩的情况，因此如果能够把一部分资本和劳动转移到国内工业上来，不但符合要求，而且最终也是无可避免的结果。这就是说，在恢复金本位之前，摆在我们面前的，已然有着一个棘手的难题。反对提高英镑国际价值的论点之一，所根据的乃是这样一个事实：英镑在国内价值与国际价值之间已经存有差距，由于英镑对外价值的提高，使这种差距不但没有缩小，反而变本加厉，愈发地恶化。正是这种情况，使我们转入了通货紧缩的阶段，其结果必然是使国内资本扩张的积极势头有所延缓，不利于劳动力转移到国内工业上来。英国的工资水平，若以黄金来衡量，则现在较之于一年前，提高了15%。英国以黄金计算的生活费用，与比利时、法国、意大利和德国比起来，就显得太高了；这些国家的工人可以接受低于我国工人30%的以黄金计量的工资水平，而以实际工资水平来衡量时，却又毫发无伤。我们的出口行业陷入了困境，如此来看也就见怪不怪了！

我们的出口行业陷入了困境，是因为它们**首先**必须得接受降低工资10%的要求，这是它们行业现在的处境。如果**每个人**都同时接受同样的降低工资要求，生活费用将会下降，这样一来，较低的货币工资所体现出来的实际工资，将和之前大体相同。但是，事实上并不存在可以使各方面的工资水平同时降低的手段的。因此，蓄意提高英镑在英国国内的价值，这一政策的意义在于使各个彼此分离的群体相继展开斗争，而且这种斗争最终也没有获得最后的公平结果的希望，无法确保较强的集团为了利益就一定不会以弱者为代价而予以牺牲。

劳动阶层对当前情况的了解，其程度想来定然不如内阁阁员。那些首先受到打击的工人，他所面临的是生活水准将会下降，因为他的生活费用并不会降低，除非所有其他人也受到了同样的打击。这样一来，这部分工人为了他们自己的处境而奋起自卫，是有他们的道理的。而且，首先受到货币工资降低之损害的这部分工人，在之后生活费用相应地下降的情况下，并没有得到可以取得补偿的保证；也没有任何保证，能确保不会以他们的牺牲为代价来使其他部分的工人从中获取利益。因此，只要一息尚存，他们必然是要抵抗到底的。而这必然会导致一场斗争，一直到那些在经济上最贫弱的人们被彻底击垮，这场斗争才会停歇。

目前这种事态，并非出于生产财富之能力有了减退所带来的不可避免的结果。我看不明白，在良好的管理之下，为什么平均实际工资一定要下降。这是错误的政策所导致的结果。

这些论点并不是反对金本位制度本身的论点。金本位制度本身是需要另行讨论的一个问题，我在这里不打算涉足这个话题。这些论点反对的乃是恢复金本位的时机，也就是反对在需要对我们一切的货币价值进行充分的重新调整的条件下来恢复金本位制度。如果丘吉尔先生恢复金本位制度之时，将平价固定在低于战前的水平上，或者待到我们的货币价值已经调整到与战前平价相适应的时候，再来恢复金本位制度，那么，上述的论点当中有一些就失去了其意义所在。但是，他偏偏选中了在去年春天这样一个现实的环境下开始着手，只能是自寻烦恼了。因为他所致力的是压低货币工资和一切货币价值，至于说如何实现这样的目标，他是完全没有主意的。那么，他为什么要干这样的傻事呢？

很可能部分是因为他缺乏一种本能的判断力，因此无法阻止错误的发生；部分是由于他缺乏这种本能的判断力，从而使他在传统财政的一片聒噪声中，失去了听觉，迷失了方向。最为重要的是，他的那些专家们严重地误导了他，使他最终误入歧途。

以我观之，他的那些专家们犯下了两个严重的错误。第一，对于恢复英镑战前黄金平价将会引起的货币价值的失调程度，我怀疑他们是做出了错误的估计的，因为他们所关注的物价指数，与当前的问题并没有什么关系，或者说并不相宜。如果你想要了解英镑价格是否与汇率的提高相适应，那么，仅仅依靠观察诸如利物浦这一个城市的粗棉价格是无济于事的。这个价格**必然**是与汇率的变化相互因应的，因为在输入原材料的情况之下，它们必然几乎是要随时与国际价值的平价保持联系的。但是，如果由此断定码头工人或清洁女工的货币工资以及邮费或差旅费也将会根据对外汇率而随时加以调整，显然就不合乎情理了。然而，据我度之，这正是财政部中诸公的想法。他们乃是将这里的一般性批发物价指数与美国的同一指数进行比较。要知道，这类指数所涵盖的商品种类，其中至少三分之二是属于国际贸易范围的原材料，这一类原材料的价格必然是随着汇率的变化加以调整的。其结果是，国内价格真正的悬殊差异，被大打折扣，只占其真正价值的一个极小的部分。这使他们认为，需要加以弥补的罅隙不过是2%—3%，并不足道。实际上，生活费用、工资水平以及我们所制造的出口品价格这些方面的指数所显示的真正悬殊差异，则是10%—12%。对于这里的目的而言，这些指数都是比较适用的，尤其是如果各类指数彼此大体一致，那就比批发物价指数要适用得多。

但是，情况还不只是这些，我认为，有关要使国内货币价格普遍降低这一点在技术上的困难，丘吉尔先生的专家们所给出的估计也显得过于低了，中间存在着误解。当我们把英镑的价值提高10%时，这就是一笔为数高达10亿英镑的资金，要从我们的钱袋子里拿出来，转移到那些食利者们的口袋中，而这样我们会给国家债务，增加7.5亿英镑的实际负担（这就把我们自战争以来对偿债基金的辛勤贡献一笔抹杀了）。这种情况实在糟糕至极，却又无可避免。但是，如果能够设法将其他一切货币支出同时降低10%，就不至于引起其他的不良后果。当这一过程完成之时，我们就可以使每一个人的实际收入与以前差不多相等。我认为，丘吉尔先生的那些谋士们，他们的心智仍然固守在那种虚妄而富有学究味道的世界当中。这个世界中的人们，尽是些报纸经济栏目的编辑、坎利夫委员会和通货委员会成员之类的人士，在这个世界看来，在英格兰银行的"明智"政策之下，一切都是会"自动"获得必要的调整的。

财政部这些人的理论是，认为出口行业无可否认会首先受到侵袭，陷入衰退，而同时也许还会发生货币紧缩以及信贷受限这样的现象，这类现象进而会均匀而且相当迅速地**散播**到整个社会。但是，提出这样理论的教授们却没有用直白的语言告诉我们，这种散播过程将会如何发生。

有关这类问题，丘吉尔先生要求财政部通货委员会向他提供意见。后来，他在预算报告中谈到该委员会的意见，认为这个意见"包含着一系列言之成理的论点，博得了政府的信任"。实际上，他们的这个意见只是一些含糊其辞、空洞无物的言辞而已，大家都可以拜读，实在难以称得上是一种论证。但是，他们应该说的却没有说，在此，我代这个委员会把这些应该说的话给说出来：

由于您一再宣称要恢复金本位制度，由此引发的预期已经使汇率有所提高，但是，货币工资、生活费用以及价格水平，却没有配合我们对出口业的要求，未能与提高的汇率相适应。现在汇率已经过高，其程度约为10%。因此，在这种情况下，如果您按照这样的黄金平价来规定汇率，那么，结果要么是国内黄金价格提高，诱使国外商人支付较高的黄金价格来购买我们的出口品，要么是在您的政策执行之下，不得不将货币工资和生活费用压低到必要的程度。

我必须给您这样的忠告：这后一种政策的实施绝不是什么易事。这样的政策定然会带来失业，引发劳资纠纷。如果像某些人所想的那样，认为实际工资在一年前就已经过高，那就更加糟糕了，因为工资降低的必要程度，以货币来计算时，将会更加峻烈。

把宝押在国外黄金价格提高这一点上，胜算可能还是比较大的。但这毕竟也不是多么绝对有把握的事情，您不能不为事态的偶发情况未雨绸缪，早做准备。假如您认为金本位制度的好处真有这般重大而迫切，以至于即便由此会引发民众强烈的不满，即便采取严厉的政治行动，也在所不惜的话，那么，事态的发展或许会是这样的：

首先，出口行业将会陷入深重的萧条之中。这一点就其自身而言是有帮助的，因为它可以营造一种氛围，有利于缩减工资。生活费用也将会有所下降，这一点也是有帮助的，因为它可以为您提供一个很好的论据，有利于降低工资。但是，生活费用的下降并不充分，结果除非受保护行业的工资水平下降，否则出口行业就不可能将其生产的产品之价格降到足够低的程度。要知道，那些受保护行业的工资水平一定不会只是因为不受保护的行业出现了失业就下降的。因此，您一定要使受保护的行业内也出现失业，才能削减这类行业的工资。能够实现这一过程的，是对信贷的限制。凭靠英格兰银行限制信贷的手段，您可以刻意地将失业扩大到任何所需要的地步，直到工资水平真的下降为止。当这一过程结束之后，生活费用**定然**也会下降；到了那个时候，如果运气好的话，我们的处境就会和这一过程开始之前是一样的。

我们还应该给您这样的忠告——尽管这样做有些越线——这时如果公开承认，为了要削减工资，您是在故意地扩大失业，那么，在政治上来说这样做是不够妥善的。因此，你就不得不把当前的一切情况都归之于一个可以想象得出的原因，万不可将真正的原因一语道破。我们估计，大概在两年以内，您都不能在公众面前吐露半分真相。两年以后，或者您已离职，或者这个调整过程不管出于什么样的原因已经结束，事情都已过去了。

II. 贸易平衡与英格兰银行

汇率提高以后，进口品和出口品的英镑价格都将降低。汇率提高的结果既促进了进口，也为出口设置了障碍，这使得贸易余额朝向不利于我们的方向发展。当此之时，英格兰银行就不能再袖手旁观了；因为这个时候如果不采取任何措施，那么我们就得用黄金来偿付这项贸易入超。于是，英格兰银行采取了两项有效的补救措施。第一项补救措施，是对我们一向的对外出借设置障碍，对国外贷款以及近来还出现的殖民地贷款施加限制；第二项补救措施，是通过将伦敦的证券利率维持在高于纽约的同样利率一个百分点这样的水平——这种情况以前是没有过的——如此可以鼓励美国把钱贷给我们。

这两种方法在平衡我们的收支账户方面,其有效性是毋庸置疑的——我相信这两种办法在相当长的一段时期之内会一直发挥着效力。因为在这些措施开始推行之时,我们的实力还保有着相当大的余地。根据商业部的统计,战前我们的对外出借能力约为1.81亿英镑,按照现行价格进行计算,约等于2.8亿英镑;即便在1923年,商业部估计,我们的净剩余仍达1.02亿英镑之多。由于新增的对外投资当时并不会带来收益,因此假如对外投资减少1亿英镑,那么在出口方面进行相同额度的减少时,尚且不致产生清偿能力不足这样的风险。就维持金本位这一点来说,我们是拥有价值1亿英镑的国外投资,还是拥有价值1亿英镑的失业,是无关宏旨的。如果那些过去从事生产出口品的人们失去了工作,出口减少的同时,过去用那些出口品来偿还的贷款也会有同样程度的缩减,那么,我们的财政平衡仍将安然无忧,英格兰银行的总裁也不会面临丧失黄金的危险。而且,作为借入者,我们仍然可以保有良好的信誉。我们付出了相当高的利率,这不仅可以弥补一切赤字,而且如果银行总裁高兴的话,我们还可以借入任何数量的黄金,为他每周公布的报告增添光彩。

根据商务大臣的估计,截止到去年5月的这一年当中,我们的贸易账户上并没有出现实际的赤字,贷入和借出基本上持平。如果这一估计没有问题,那么,现在必然会出现贷入和借出明显不能相抵的大量赤字情况。除此之外,对国外投资方面的禁令也只能部分地发挥效力。采取禁令的解决办法,并不能防止一切形式的对外投资,尤其不能防止的是英国投资者直接从纽约购入证券。因此,英格兰银行必须要去寻找其他的补救措施才行。我们在贸易领域面临赤字,输出与输入无法持平,同时英国的投资者虽然处在禁令限制之下,仍然在国外市场上购入证券,这会使得我们在国际借贷关系上发生亏欠。将伦敦的贴现率维持在充分高于纽约贴现率的水平上，可以诱使纽约货币市场出借相当大一笔数额的资金给伦敦金融市场，从而使我们的贷入和借出重新取得平衡。此外，一旦我们提高利率，从纽约短期贷款市场吸取大量资金，那么，即便我们不需要增加借入款额，为了保留我们的既得借款，不使它得而复失，我们也必须继续保持高利率。

法国的政策是凭靠J.P.摩根公司的贷款来维持其汇率水平的，对此我们曾颇为轻蔑。然而，我们把伦敦的货币利率保持在一个较高的水平上，使之足以吸引并留住来自纽约的贷款，这种政策与法国的政策，实在是五十步与百步之异。如果一定要找出这两者之间的差别，其中唯一不同的地方在于，我们维持较高的贴现率不仅意在吸收美国的资金，而且也是我们限制国内信贷这一政策的一个组成部分。这个方面，是我们现在必须要加以注意的一个问题。

为应付失业，使我们从一个借出国一变而成为一个借入国，不得不承认这是一个下下之策，危害极大，其间代价之高昂，是让人难以接受的，我相信，英格兰银行的主事者们也当会抱有同样的看法。他们并不喜欢限制对外投资，也不喜欢从纽约吸纳短期贷款资金。他们之所以做这样的事，可能就是为了赢取一个喘息的机会。但是，如果让他们按照自己的原则行事，委婉地讲，他们一定会利用这个喘息之机来进行所谓的"基本调整"。抱持这种目的，则在他们的权利范围之内，所能进行的就只有一个办法了，那就是限制信贷。在当前这样的环境下，这是实行金本位国家的传统政策。对外贸易的逆差趋势表明，我们的物价水平是太高了的，要使价格降低，可行的办法就是抬高货币的价格——利息率，以及对信贷加以限制。待到药到病除之后，也就毋须对对外贷款或向国外借入资金再行限制了。

如果把话说得再直白些，那么，这一点的意涵到底是什么呢？我们的问题是要削减货币工资，并通过对货币工资的削减，进而降低生活费用，其中的想法是，待到这一圈事体完成之后，实际工资会和以前一样高，或者接近和以前一样高。那么，信贷限制又是在怎样的运用之法下，实现这一目的的呢？

其实，并无他法，无非是故意扩大失业一途而已。 在目前这种情况下，限制信贷就是要从雇主们手中收回资金融通手段，不让他们在现行的价格水平和工资水平上雇佣劳动力。要使政策能达到其目的，无限制地扩大失业，是唯一的途径，一直扩大到工人们在严酷的现实之压力下，不得不接受货币工资的必要降低为止。

这就是所谓的"上策"，这就是要把英镑钉在某一黄金价值水平上的鲁莽行为的结果，但是，这一黄金价值水平，用英国劳动力的购买力来衡量，一直到现在也还没有达到。任何心怀仁爱、明智而有见识的人，对这样的政策都抱着畏葸不前的态度。据我判断，面对这种政策，英格兰银行的总裁就抱着这样畏缩不前的态度。但是，他身处危境，进退维谷，叫他又有什么办法好想呢？目前来看，他似乎抱持着折中的态度。奉行这一所谓的"上策"，诚非他之所愿。然而对于种种现象，他也总不敢道破天机；他只是期盼着将来或许能有什么转机的可能，若果有这样的转机出现，这就是他最好的运气了。

英格兰银行的工作多涉机密，很多重要的统计资料都不能公开，因此要想确切地说清楚它到底在做些什么，并非易事。已经在实施的信贷限制是以多种方式来进行的，这些方式部分是彼此并不相关的。首先，对新币发行施加限制，这可能会减缓货币流动的常规速度。然后，在3月份提高了银行贴现率；紧接着市场利率也跟着有了提高，接近于银行贴现率。最后——也是所有方式中绝对最重要的一点——英格兰银行以某种方式来操控资产和负债,降低各清算银行[1]作为信贷基础而可以加以利用的现金数量。最后这一点,是进行信贷限制的主要手段。这一手段的实际影响怎么样,我们尚且没有直接的信息来源,目前对它的最为可靠的反映就是各清算银行的存款情况。这类存款目前表现出来的下降趋势,说明这一主要的限制信贷的手段其作用程度已然相当显著。不过,由于季节性波动以及六月底要进行收益结算这一类人为的特点,所以对于最近三个月信贷限制的进展情况到底如何,我们尚无法给出确切的估算。就我们所能给出的判断而言,直接限制的结果尚且不是非常可观。但是,也没有谁能够预料,如果我们沿着目前的这种方阵继续下去,那么,信贷限制到底应该施予多少,方才可以达到所必需的程度。

尽管如此,即便这类措施作用有限,以我观之,对于工人的就业它们也还是产生了重要的影响的,近来失业之加剧,这些措施不能说不是其中的一个重要推动因素。信贷限制作为一种手段,其威力相当惊人,即便略加施为,影响也会颇为久长,更何况,在当前这种情况之下,正是需要采取相反的措施之际,信贷限制的作用较之平时或将更为明显,影响也会更为持久。故意扩大失业以图压低工资,这样的政策实际上已

---

[1] 清算银行(clearing banks)亦称"划拨银行""汇划银行",是能直接参与票据交换所进行票据清算的银行。票据交换是指在同城范围内银行间相互代收、代付票据进行相互清算。这是一种集中办理转账清算的制度。一般由中央银行管理,通过票据交换所进行。应收大于应付款的差额增加在中央银行的存款;应收小于应付款的差额减少在中央银行的存款。票据清算的结算原则是维护收付双方的正当权益,中央银行不予垫款。其优点是便利资金清算,节省大量现金使用。国际上最早的票据交换组织为英国伦敦的票据交换所,成立于1775年。在英国,清算银行实质上就是商业银行,不同的是,这些商业银行能参与伦敦票据交换所办理票据结算。各类银行能否参与票据交换所直接进行清算,因各国而异。英、美的票据交换所为少数大银行所控制,小银行被剥夺直接参与票据清算的权利。英国清算银行按经营区域不同,而分为城区银行和郊区银行。郊区银行逐渐被城区银行合并,并策划成为城区银行的分支机构,从而确立了英国的分行制。英国四大清算银行是:巴克莱银行、威斯敏斯特银行、米德兰银行和劳埃德银行。——译者注

经在部分地实施当中,而就我们的情况来说,其真正的不幸在于,从已经正式接受的错误观点下,硬是要把这一政策说成是在理论上言之成理、持之有据的。无论鲍德温先生的演说多么缠绵悱恻、感情充溢,也不会有哪个部门的工人仅凭这一点,就愿意安然地接受工资的降低的。为了削减工资,我们现在凭借的是对失业、对工人罢工和工厂停工施加压力。而为了确保这种结果可以实现,我们正在主动地扩大失业。

英格兰银行在金本位制度各项规则的逼迫之下,**不得不紧缩信贷**。在这方面的行为,英格兰银行可以称得上是勤勤恳恳、尽职尽责,所作所为也算得上"稳健可靠"。但是,这并不足以改变这样一个事实,那就是,把信贷控制得如此之紧——没有人会否认英格兰银行的确是在这样做——在这个国家当前这种局面之下,这样做必然会扩大失业。今天,我们要恢复繁荣,则所需要的乃是一种宽松的信贷政策。我们要鼓励企业家去创立新的企业,而不是像我们现在所做的那样,去打击他们。通货紧缩并不会"自动地"降低工资。它是要通过引起失业,由此而使工资水平趋于下降。高利率的真正作用,是在抑制正在开始的繁荣。那些因其错误的信念而利用通货紧缩政策来助长萧条的人,真该受到诅咒!

但是,我认为,煤炭行业最是受我们的货币政策影响,较之于这种政策对众多行业的危害,煤炭行业尤甚。另一方面,事实也的确是这样,煤炭行业之所以呈现出目前这种暗淡的图景,良有以也;这个行业还有其特殊的其他困难存在,正是这类困难已然削弱了它的抵抗能力,因此一旦再遭遇到新的不幸,它便再无余力用以支撑了。

在这样的情况下,煤矿业主们给出的建议是,无论生活费用是否缩减,这中间的亏损必当以工资来加以弥补——这就是说,通过降低煤矿工人的生活水准来弥补中间的亏损。他们提出这种牺牲办法,不过是为了适应环境,而所以会出现这样的环境,他们是绝对没有任何责任,而且这也是他们所无法控制的。

这类建议的提出，无论在谁的眼中来看，都是不合理的，这实际上是在对我们当前管理经济事务的方式提出严重的批评。尽管若是让煤矿业主承受这种损失，同样也是不合理的，除非我们有这样一种原则，认为承担风险的就该是资本家。如果煤矿工人们可以自由地转到其他行业，则一旦煤矿的业主们停了业，或者给他们的报酬远低于其他行业的薪金，工人们可以立即另谋出路，做个面包师傅、泥瓦匠或者火车站的搬运工，只要这些行业的报酬比煤炭行业来得高即可，那么，这就变成了另外一个问题。但是，谁都知道，他们哪里会有这般自由。和过去时代经济转型时期的牺牲者一样，摆在这些煤矿工人面前的，只有两条道路可选，一是忍饥挨饿，一是屈服投降，二者之间，必然要选择一个；一旦屈服投降，则所有果实就尽数转为了其他阶层的利得。而不同行业之间劳动的有效流动与竞争性的工资水平，如今早已杳不可寻，有鉴于此，这些煤矿工人的处境在某些方面是不是比他们的祖父辈还要更加恶劣些，对此我尚不敢确定。

那么，为什么唯独煤矿工人要罹此厄运，要承受比其他劳动阶层都要低的生活水准呢？他们可能是一群懒散怠惰、百无一用的家伙，工作既不用力，工作时间又太短。但是，有没有这样的证据，能够证明他们比起其他人来，就更懒惰或更没用呢？

按照社会公平而言，削减煤矿工人们的工资，并没有任何正当的理由。他们是经济世界最高主宰者（economic Juggernaut）[1]的牺牲者。他们真实生动地体现了财政部和英格兰银行巧妙设计的"基本调整"的真

---

[1] juggernaut 这个词有"世界主宰""难以控制的强大机构（或集团）""骇人的毁灭力量""不可抗拒的可怕力量"之意；而大写 J 开头的 Juggernaut，则是印度神话中 Krishna 神象的称号，相传神象载战车游行时，信徒伏于轮下，被车蹍死，灵魂可以升入天国。蔡受百先生以及其他译者均把这个词用音译，然后取 Juggernaut 的这个释义。译者以为，凯恩斯使用这个词，似乎以前面这个小写的 juggernaut 的意思多一些，当然，英文的读者或许会联想到后者的释义。为了尽可能地尊重原文语意，我采取了现译。——译者注

意。所谓的"基本调整",目的就是来满足那些市议员们急不可耐地希望弥补 4.4 美元和 4.86 美元之间"适度的差距"的殷切期待。这些煤矿工人们(踵乎其后的还会有其他人)所承受的"适度的牺牲",乃是确保金本位制度的稳定性所必需的。这就是丘吉尔先生政策的经济后果,在他的这一政策之下,遭遇到困境的,煤矿工人们是第一批,除非特别幸运,否则的话,他们绝不会是最后一批。

事实情况是,我们目前正处在经济社会的两种理论的中间。第一种理论认为,工资水平应该根据各阶层之间"公平"而且"合理"的原则来予以确定。另外一个理论——即经济世界最高主宰者的理论——则认为,工资问题应当在经济压力,又可称为"严酷的现实"之下予以解决,该理论认为,我们这庞大的经济机器应当一直向前猛冲,在这一前进的过程中,只能顾及整体的平衡,而无法对各个群体偶然发生的后果均加以考虑。

金本位全赖于纯粹的机运,所宗奉的是"自动的调整",对于社会现实的细节问题一贯不闻不问。这一制度,乃是隆然高卧在经济机器最顶端的那些人的基本象征和心中偶像。他们对社会现实的细节问题漠不关心,对于未来怀抱着盲目的乐观主义态度,认为一切真正严重的事态从来不曾发生过,大可以高枕无忧,坐看庭前花开花落。在我看来,这都是极端轻率、鲁莽的表现。这些人认为,十次当中有九次,真正严重的危局并未出现,只是给某些个人或者群体带来了些微的烦恼罢了。但是,如果我们继续把经济学从自由放任和自由竞争的假设下推出来的那些原理,运用到一个飞速地背离这些假设的社会之中,那么,我们就要冒着第十次所带来的危险,如此作为,非但使我们大冒风险,而且本身也是愚不可及的。

III. 有没有补救的办法？

在 1925 年的预算案中所宣告的货币政策，乃是我们困扰我们工业的真正根源，除非完全逆转这样的政策方针，否则，要想推荐一个真正令人满意的补救办法是绝无可能的。虽然如此，摆在政府面前，可供其进行选择的还是有那么几个办法，其中有些较之于另外一些，更为可取。

其中一个办法，是继续严格推行所谓的"稳健"政策，目的是以传统的方式，通过进一步限制信贷，若有必要，即在秋天提高银行利率，来完成"基本调整"，从而扩大失业，并利用我们手中的所有其他武器，来迫使货币工资下降。这样的做法，背后所坚信的结果是，当这一切全部做完之后，生活费用也会随之下降，由此就会使得平均实际工资恢复到它们以前的水平上来。如果这一政策可以得到执行，那么，尽管它会遗留大量社会不公的问题，从某种意义上来讲，它也算是成功的。之所以会留存大量社会不公问题，乃是因为这样的政策影响所及，必然厚此薄彼，不可能做到各部分都经历同等的变化，那些较为强势的群体，会以牺牲弱势群体为代价，来获取自己的利益。因为这种采取经济压力的问题解决方式，主要会使原本较为弱势的行业承受打击，这些行业的工资水平原来就已经较低，如此一番打击之下，又将使不同行业之间工资水平的差距，进一步拉大。

问题在于，公共舆论对于这样的政策所能容忍的程度到底有多大。即便通货委员会的成员自可给出一套说辞，来对扩大失业的合理性加以论证，但是，若要政府公开承认是他们在主动地实施这样的政策，在政治上恐怕也是绝不可能做到的。另外一方面，若由通货紧缩来悄无声息地发挥作用，这倒是有可能的。通货紧缩一旦开始，即便是起于青萍之末，但在发展过程中却会不断累积。如果企业界普遍弥漫着悲观主义的氛围，那么，由此而带来的货币流通速度的下降，即便银行未曾提高利率,银行存款也不一定下降,通货紧缩仍然会进一步持续下去。由于普罗大众总是只能了解和接触到一些个别的起因,而非一般性的起因,所以,他们容易把萧条状态归结到各类具体因素上来,比如这个过程中常相伴而生的劳资纠纷,再比如道威斯计划,比如中国,比如大战之无可避免的后果,比如关税,比如高税率,此外还有当今世界上发生的形形色色的事情,都会成为他们归因的对象。而公众们看不到的只是一般性的货币政策,而正是它,才是这整个事态演变的真正根源。

此外,这个政策必不能明目张胆地予以实施。英格兰银行完全可以在暗地里秘密地对信贷加以限制,同时,再辅之以鲍德温先生(他现在在感情上俨然取代了先前由维多利亚女王在我们心目中所占据的位置)在思想上的模棱两可状态,对于社会的慈爱之心是否需要他通过一系列不合理的补贴来缓和限制信贷发生的影响,随时加以斟酌;如此行事,可谓双管齐下。当严重的事务于幕后铺开之时,我们的"鲍德温女王"的这片菩萨心肠,是可以把我们的冲天怒气给平息下来的。而由于预算的限制,这些补贴也并不会高到什么严重的程度。最终,除非发生大的社会动乱,否则的话,"基本调整"将会如期实现。

有些人对于这样的预测前景,可能已了然于心,但是却能处之泰然。我却做不到。这一政策实施开来,必将使得整个社会蒙受收入上的巨大损失,完成之后,又会给全社会留下大量不公现象。最好的希望——其实也是唯一的期待——就是这样一种可能性的存在:在这个世界,会有一些意外的情况发生,尽管现在我们连一丝迹象也难以见到;这使我想到了另外一种补救的方法。那些我们期待其发生的变化,能不能**促成**它的实现呢?

目前这种局势之下,只有两个可以转化为对我们有利的因素。第一在金融——如果其他国家黄金的价值下降,那么,它就不会为我们这里的工资水平带来任何不必要的重大变化。第二在工业——如果生活费用**率先下降**，那么，我们要求工人接受更低的货币工资，也就可以问心无愧了，因为到了那个时候，工资的降低就并不是出于我们要降低实际工资的阴谋之一部分了。

最初宣布要恢复金本位制度时，当局中有很多人认为，我们是把赌注押在美国的价格会上升之上。而直到现在为止，这种价格的涨势也未出现。[1]还有一层，其实英格兰银行的政策宗旨所在，乃是促使美国价格的趋于稳定，而非使其上扬。伦敦的利率既然较高，则美国的资金就可以按照较高的利率在伦敦贷出，这使得纽约的利率比不存在这种情况时要高，这一事实足以吸引全世界市场残存的黄金剩余额，流向伦敦而不流向纽约。由是观之，我们的政策，已然缓解了纽约解除低息贷款与黄金库存增加的压力，若非如此，则这类压力就会迫使他们那里的价格上升。伦敦与纽约之间在货币利率上的这种反常差异，实际上正在妨害金本位制度按照它自己的规律发挥作用。根据传统的学说，当与 B 地相比 A 地价格较高时，则黄金将由 A 地流向 B 地，从而使 A 地的价格走低，使 B 地的价格上扬，最终结果是 B 地价格的上涨趋势与 A 地价格的下跌趋势，交会于中途。

目前，英格兰银行的政策阻止了这一现象的发生。因此，我建议，英格兰银行应该反其道而行之，采取相反的政策。新的政策不能降低银行贴现率，要叫停对信贷的限制措施。假如这样的政策带来了如下结果，那就是使正在威胁着伦敦金融市场的"有害的"美国货币又开始向美国回流，那我们就不妨用黄金来偿还，或者如有必要可以用财政部和

---

[1] 据我看来，对于美国的价格上涨，我们仍然不必抱着毫无希望的态度。美国价格的走势是向上的，只需要一根火柴，就可以把美国潜滋暗长的通胀之火点燃起来。正是这种可能性的存在，才为我们不必过于悲观，提供了真正的依据。

英格兰银行在纽约所安排的美元借款来偿还。依我看，还是用黄金来偿还更为可取，因为这样不但费用低廉，而且现行黄金的流动对美国价格水平还可以产生较大的影响。根据现行的规则，则使黄金存量中四分之三的部分无用武之地，如果能够把这一规则加以修改，那么，我们就可以减少6 000万到7 000万英镑的黄金存量[1]，而可以安然处之，这样会使得别的国家的情况发生重大的变化。这种做法将让我们在美国留有一笔随时可以动用的透支余额，但是，为了买进这些束之高阁、停止流通的黄金而支付四厘五的利息，又有什么意义。

除非英格兰银行放弃使用限制信贷的政策，并且对别种资产——如国库券——加以利用，来取代黄金，否则，如此大规模的黄金流动是不可能发生的。这也就是说，英格兰银行必须要放弃利用经济压力和主动扩大失业的办法来实现基本调整。因此，就这一政策自身而言，它也许会招致批评，认为这一政策把赌注过分地押在对美国价格上涨的预期之上了。

为了对此加以回应，我认为，鲍德温先生应该开诚布公地面对事实，根据以下方针，而与工会领导人进行合作。

内阁中的诸公，如果继续做出欺人之谈，大言目前这种工资降低的趋势与货币价值毫无干系，只要他们还抱着这种态度，那就不要怪工人阶级会把他们的政策看成对实际工资的蓄意攻击了。如果财政大臣的说法正确，即他所推行的货币政策与工资的变化毫无干系，就像墨西哥湾流与工资状况毫无干系一样，那么由此即可推知，现在这种降低工资的运动，实际上就是工人阶级生活水准的一次攻击。只有当政府当局承认我在这几篇文章里所谈到的当前形势的病源的确存在之时，他们才能够在

---

[1] 参看本篇末尾关于我们的黄金储备的注记。

公平、合理的基础上,取得与工会领导人的合作。

一俟政府当局者承认目前的问题从根本上讲是一个货币问题,那么,他们就可以这样向工人们说道:

> 这并不是对实际工资发起的攻击。我们已经提高了英镑价值10个百分点。这意味着货币工资必然会下降10个百分点。但是,它还有一层意思,当调整完成之时,生活费用也将会降低10个百分点。在这种情况下,实际工资并不存在严重的下降。现在,降低货币工资的方式有两种。一种是运用经济压力,通过限制信贷来扩大失业,直到工资**被迫降低**为止。这种方式令人憎恨,而且代价惨重,这不仅是因为它对强势群体和弱势群体造成的影响不均等,而且还因为实施这一方案的过程中难免会造成经济和社会各方面的浪费。另外一种方式是通过**协议**来实行**标准统一**的工资降低,他的前提则是要让工人明白,协议之下的平均实际工资与本年第一季度相比不会有任何的下降。这个方案在实际实施当中的困难在于,货币工资与生活费用两者之间是紧密联系的。一定要是货币工资下降了,生活费用才会下降的。货币工资必须**首先**下降,这样才能使得生活费用降低下来。因此,我们大可以在包括中央和地方政府的整个就业范围之内,将货币工资一概降低(比如说)5个百分点。如果过了一段时间,生活费用并未降低,因此使得工资的下降无法得到补偿,那么,工资降低的办法即告无效。我们是否可以在这一点上达成一致意见呢?

如果鲍德温先生提出了这样的建议,那么,工会的领导者可能马上就会质问,除了工资以外的其他货币支出,如租金、利润和利息,他打算怎么办。对于租金和利润,他可以这样来答复,这些并非是以货币来加以规定的,因此,当以货币来衡量时,它们会随着价格而逐步下降。但是,这一答复最让人不满意的地方在于,和工资一样,租金和利润也是具有黏性的,可能下降的速度较慢,也许对整个演变只是达到这种速度尚且还不足够。然而,至于证券利息,尤其是公债利息,他压根儿就没法回答。因为关于降低价格的任何政策,究其实质,总是有利于利息的取得者,而以社会中其他阶层的牺牲为代价的。通货紧缩的这种后果,是深植在我们的货币契约制度之中的,这一点无法避免。总而言之,除了一种粗略的从权办法,即对就业以外所得的一切收入均征收附加税,每 1 英镑征税 1 先令,一直到实际工资恢复其原来的水平为止,[1]我还真看不到如何去应付来自工人方面的反对意见。

如果这种自觉、全面降低工资的建议,尽管在道理上讲得通,但是在实际操作过程中存在着极大的困难,那么,就我而言,我宁可把一切赌注都押在提高国外价格的尝试这一点上——这就是说,我宁可把赌注押在英格兰银行现有政策的转变上。我从米德兰银行 7 月的月报中了解到,这家银行的最高当局者也给出了类似的建议。

在这所有的建议当中,要想加以实施,总是会遭遇各种巨大的困难,这是无可避免的事情。政府采纳的任何主动改变货币价值的计划,在现代经济的条件下,必然会牵涉到对公平所持的异议以及其他不得不为之的权宜之策。这些建议只能减轻错误政策所带来的不良后果,但是却无法从根本上杜绝错误的出现。悲观主义者认为,实际工资而不只是货币工资的水平,才是正确的攻击目标,对于这些人来说,上述的建议

---

[1] 如果长期中价格没有再次上涨,那么,这种征税办法就不会阻碍债券持有者在长期中获得收益。但是,债券持有者的这种得与失,却是不稳定的货币本位制度的一个无可避免的特征。不过,由于在长期当中价格一般会趋于上升,所以,长期来看,从这一制度而言,债券持有者却是输家而非赢家。

是不会得到他们的称道的。我们当前这种主动扩大失业的政策，是为了便于利用经济压力的武器，来对某些个体和特定行业进行强制性调整，手段是对信贷的紧缩，但是由于其他方面的一些原因，此时正是亟须放宽信贷之时。我之所以要提到上述的那些建议，乃是因为如果这样的政策其真实的内幕为国民所知的话，那么，它就绝不会得到允许而予以执行。

6 通过关税政策来缓和当前的事态[1]

I. 建议实施财政关税[2]

（1931年3月7日）

通过国外的投资和国内设备水平的增进，我们的资本财富在持续不断地增长，我们中的大多数人都能做到生活一如平日，或者比之以往更好一些。而与此同时，我们还要对大批被闲置下来的人们支付失业津贴，这种津贴数目之大，比世界上绝大部分地区的全职工人的收入还要多。然而，另一方面的景象却是，我们有四分之一的工厂处于停工状态，四分之一的工人陷入失业之境。请问，这样的现实情况是不是处于不可思议地自相矛盾状态呢？如果我们创造财富的潜在力量并不比我们一向所具有的大得多的话，那么，这就不仅仅是一个矛盾状态，而且是

---

1 在金本位制度崩溃之前几个月，形势已经极为明朗，除非采取非常手段，使得我们当前所面临的问题有所缓和，否则金本位制度的崩溃最终将无可避免。我曾不顾一切地提出了多种建议，其中之一就是有关关税制度方面的，我认为，如果可能，就应该将关税与出口的奖励两相结合来进行。而斯诺登先生身上的愚昧与顽固超出常情，刚愎自用，一意孤行，对于和他意见相左的一切替代办法，他是一概反对，这才使我们陷入了悲惨之境，待最终自然力量发挥作用，我们才算脱离了困境。

2 《建议实施财政关税》首次曾作为一篇文章发表在1931年3月7日的《新政治家与民族》上。由于它与英国一贯宣称的自由贸易者的形象大相径庭，举世哗然。——译者注

一个不可能发生的现实状态。但是,这种较之以往更为强大的潜在力量的确是存在的。这一潜在力量的存在,乃是源于以下三大因素——我们工业的技术效率在不断提高(我相信,即便与时间上非常接近的 1924 年相比较,人均产出也提高了 10%),女性的经济产出较之以前更大,以及处在生命周期当中工作阶段上的人口在总体中的比重有所扩大。与出口品相比,进口品价格的下降,也是一个促成因素。其结果是,我们只利用了全部工业力量的四分之三,就生产出了几年以前倾尽全部力量才能生产出来的那么多财富。试想,如果我们能够找到办法,将我们的全部四分之四的力量悉数加以利用,那么今天,我们该是何等富庶啊!

因此,我们的困难并不在于缺乏物质手段来维持我们高标准的生活水平,而是在于我们彼此之间进行买卖时所凭借的组织与机制这方面出了问题。

面对这样的情况,存在着两种反应。根据我们的脾气秉性,我们可以产生这一种反应,也可以产生另外一种反应。一种反应,就是下定决心,利用我们被弃置不用的生产力量,来维持我们的生活水平——这就是说,为了经济上的扩张和发展,要把恐惧乃至谨小慎微的心理都一概抛诸脑后。另外一种反应,乃出于但求收缩的本能,它是基于恐惧的心理之上的。那么,畏首畏尾的行事方式,到底有什么样的理由呢?

我们所赖以生存的社会,乃是以这样一种方式组织起来的,那就是整个社会的生产活动由各个企业家自己来决定,他们当然是希望能够从中获取合理的利润,或者至少是要避免实际的损失。驱动他从事这样的生产活动的那部分利润,可能只占生产总值中的一个极小的份额。但是,如果我们把这一部分从他手中夺走,那么,整个生产过程就会停顿下来。不幸的是,这正是当前所发生的情况。价格相对于成本的下降,再加上较高的税率所产生的心理影响,已经把进行生产所需的必要的动力给摧毁了。这就是现在我们处于恶性循环状态的原因所在。因此，我们如果对待企业家采取的是进一步威吓或折磨的办法，这也许是极不明智的。如果我们继续向前推进此类行为，那么政策之结果必然是目前这种情况。因为当一个人发现他处在入不敷出的危险境地时，他必然会谨慎小心起来，神经也将会大受摧折，在这样的情况下，受到一些似是而非的类比影响，他就往往会成为收缩论调的支持者，即便是这个论调对他来说是不利的，他也惘然不顾。

造成神经过敏的还有另外一个更深的原因。我们正在遭受**国际**不稳定所带来的不良后果。受到国内高标准生活水平的影响，我们在出口贸易方面的竞争力，减退的势头非常明显。与此同时，国内企业无利可图，投资者自然希望尽可能地把资金投放到国外去，而高税率又在同一个方向上起到了有害的影响作用。最重要的是，其他的债权国家不愿意借出资金（这一点是这次萧条的根本原因），这就使得伦敦承受了过于沉重的财政负担。凡此种种，都是对既有政策的推进不利的明显论据。因为国内就业的增加、生产活动的扩大，会带来入超额的增长，而政府的大规模借贷行为，(在他们目前这种心境之下) 有可能会吓退投资者，使他们不敢提供贷款。

因此，扩张性政策的**直接**实施效果，一定是引发政府的借贷行为，加重预算的负担，并且使得入超额增大。所以，对于这样的政策，反对者们指出，它将会使得人们对未来更加缺乏信心，国家的税收负担进一步加重，而且使国际局势越发不稳定，他们认为，这些都是我们当前面临困难的根本原因。

这一点上，反对者们分成了两派。一派认为，我们不但要把一切有关扩张的念头全部打消，而且还要积极地进行收缩，他们认为的手段就是降低工资，对预算的现有支出予以大幅度精简。另外一派，如斯诺登先生就位列其中，他们则抱持着对一切皆加以否定的态度，不喜欢收缩这样的主张（用上面所言的意思来解释），几乎也同样不喜欢扩张的主意。

然而，消极的政策实际上是一切计划当中最为危险的。因为随着时间的推进，我们的生活水准是否还能够维持得下去，就越来越需要打上一个大大的问号。失业人口是 100 万时，我们当然可以支持得下去；失业人口达到 200 万时，我们可能也可以支持得下去；而如果失业人口达到 300 万时，情况就可能很难应付了。因此，在消极的政策之下，如果任由失业人数逐步增长，最终必然会到达无法应付需求从而不得不降低生活水准这样的境地。如果我们没有一点长远的打算，不未雨绸缪，早做准备，那么，一俟事态至于最后的境地，我们就会一筹莫展、无计可施。

在这里，我必须重申，之所以失业现象会存在，乃是由于雇主们无利可图的缘故。之所以雇主会无利可图，原因则是各种各样的。但是，无论是什么样的原因，除了投入共产主义的怀抱之外，要扭转失业的困境，唯一的出路就是让雇主们取得适当的利润，除此之外，再也没有其他的办法可想。要做到这一点，有两条途径：一是提高对产品的**需求**，这是扩张主义者的治救方案；二是降低生产成本，这是收缩主义者的治救方案。两种方案都试图做到能药到病除。那么，这两者比较起来哪一个更好一些呢？

通过削减工资来降低生产的成本，再加上节省预算支出，可能真的可以提高国外对我们商品的需求（除非这引起了其他国家竞相模仿而采取收缩政策，这种结果是很可能会出现的），但是，它可能会使国内需求降低。因此，工资的**普遍**下降带给雇主们的好处并不像表面上看起来那么大。每一个雇主对于降低工资所带来的结果，只看到了自己的利益。但是，他的顾客的收入也下降了，而他的竞争者也同样会从这种工资的下降中享受到自己的利益，而这方面的后果却被他给大大忽略了。不管怎样，由此必然会造成社会不公现象，从而引起社会的强烈抵制，因为由此会使某些收入阶层大收其利，而使其他阶层蒙受损失。正是由于这些原因，所以在实施充分激烈的收缩政策时，要想取得真正的成就，事实上是无法做到的。

然而，对扩张主义者的补救措施也有反对的声音——国际局势不稳定、预算的负担加重和信心不足都是这类反对的意见。这些反对的意见并不能因为收缩政策本身有缺陷而得到解决。两年以前，对于这样的意见是毋须在意的。而今天情况已经大为不同。无端惊起了一滩企鹅，这些极寒世界中的动物拍着翅膀走掉了，而肚子里的金蛋也没有给我们留下，这样做可不是一个聪明的方法。要使扩张政策的实施达到充分激烈的程度，它才会有用，而这可能会迫使我们不得不脱离金本位制度。此外，两年以前，这还主要只是一个英国的问题，而今却主要是一个国际性的问题了。单就国内这个范围来讲如何补救云云，是不大会有用的。以今日之情势观之，国际性的补救是必不可少的，而且应该成为主要的方式。在我看来，要救治国际性的萧条，其最大的希望莫过于由英国来领导进行。而英国要想重新取得领导地位，它就必须要坚强有力，而且大家也认为它是坚强有力的才可以。因此，至关重要的一点是，伦敦要能充分恢复信心。我认为这并不是什么难事。因为国外舆论对于英国今日真正的实力是低估了的，而现在是时候要使这方面的舆论来一个突然的逆转了。基于以上这些原因，我反对恢复金本位制度，在这个问题上我给出了自己的看法，我这个不为人所信的预言家的话，其中一部分已经被我不幸而言中，我认为，我们应当不屈不挠地保卫我们的外汇阵地，重新去占据目前空置着的世界金融领导者的位置。如果从公认的实力而非我们的弱点来讲，世界上再没有哪一个国家像我们国家这样有着如此的经验以及为大众服务的精神,更适合来担当这样的重任的了。

因此,一个旨在为解决国内就业问题而主张实行扩张政策的人,是应该再三考虑一下的。我是已经思虑再三,下面就是我经过反复思考之后所得到的结论。

我认为扩张性的政策虽然值得期待,但是以今日之情势观之,这个政策并不一定就那么安全可靠,也不一定是切实可行的,除非在实施这一政策的同时还采取一些其他的措施来抵消它所带来的危险。我要提醒读者们注意,这一政策的危险性体现在:该政策在贸易平衡、预算负担和对信心的影响这些方面存在着困难。如果扩张政策积极有效地提高了利润水平,扩大了就业量,那么,这一政策就可以向大家表明它的合理性,如此,对预算和信心所产生的最后净效果也会是我们大家都乐于看到的,而且也许是非常乐于看到的结果。但是,这只是最终的结果,一开始的影响可能并非如此。

那么,我们有哪些措施可以来将这些危险予以抵消呢?失业津贴严重滥发的现状,要坚决进行纠正,对于预算中关于社会服务方面的一切新的支出,应当暂缓执行,然后把节省下来的资源用于扩大就业计划方面的需要,这些措施都是值得采取的适当的配合措施。但是现在,在我看来,还有一个主要的措施,也似乎应该是任何一位明智的财政大臣都必须要考虑实施的措施,无论这位财政大臣对贸易保护政策持有何种立场,他都必须要切实地推行财政关税制度。这些措施产生的直接后果不但为各方所乐见,而且也是效果适当,没有什么大的弊病,毋庸置疑,没有其他的措施能够赶得上这些措施的了。我心目中的财政关税并不包含差别保护税(discriminating protective taxes),但是它所包含的范围应该力求广泛,可以规定一种整齐划一的税率,或者规定两种这样整齐划一的税率,每一种适用于范围较宽的商品类目。与出口有关的进口材料，税额自应予以部分减免，至于构成出口产值重要份额的原材料，如羊毛和棉花，则应全部免税。税收总额预计将会相当巨大，应该不少于 5 000 万英镑，有可能会达到 7 500 万英镑。因此，具体而言，对于一切制成品和半制成品，应一律征税 15%。对一切食品和某些原材料，应征税 5%。还有一些原材料，则可予以免税。[1] 对于这样的税率规定，我是经过了一番考虑而做了打算的，我认为这样规定的税率对于生活费用的影响应该不会太大——应当不会大于目前逐月之间的价格波动幅度。更何况任何可以想象得到的解决失业的补救办法，都会造成价格上涨的后果，而且实际上这也正是我们的意图所在。同样，对于那些出口品的成本（指考虑了按一般简单方法计算的出口折扣之后的成本）所产生的影响，也是极其细微的。此外，假如世界价格重新回到了 1929 年的水平，那么，这样的关税就应该予以取消。至于自由贸易主义者那方面，按照他们的宗旨，他们对于这样的措施应该是会同意的。

可以供我们采用的办法不止一种，与其他办法相比，这一建议更具独到之处，那就是，它一方面可以解决预算方面的迫切问题，另一方面又可以恢复企业界的信心。我认为，不借助财政关税而仍然可以拟定出一个明智而又审慎的预算方案，是绝对不可能的事情。但是，这还不是这一建议的唯一优点。它能够促进国内产品对原来由国外进口的产品的替代，因此可以增加国内的就业机会。同时，它还可以解除贸易差额方面所带来的压力，这样就可以为支付扩张政策所亟须的必要的进口增量，并且为使伦敦对贫困债务国可以进行财政贷款，提供一笔需求迫切的资金。我们提高财政关税的税率，限制了某些商品的进口，从而攘夺

---

[1] 在随后一篇文章里我曾这样谈及，根据如此而定的税率，恐怕未必能够取得上面所说的那么巨大的收入，也许 4 000 万英镑是一个更为可靠的估计。

了世界上其他一些地区的购买力，通过这些增加进口、提供贷款的手段，我们就可以在另一方面来恢复那些地区的购买力。有些狂热的自由贸易主义者或许会认为，进口关税对出口产生的不利影响，将会使上述所有这些想法尽数化为泡影；但是，事实却并不会是这样的。

自由贸易论者可能会抱持着他们一贯的信念，把财政关税看成我们用来应急的备用干粮，只有在出现紧急事态的情况下才能使用上那么一次。而现在，紧急的时刻已经到来。现在，我们还有那么一点喘息的时机，还有一点剩余的财政力量，我们可以来拟定一个国内、国际的政策与计划，以便向收缩主义的精神和畏惧的心理发起进攻。

另外一方面，如果自由贸易论者拒绝这些权宜之计，无视这样的忠告，那么其不可避免的结果将会是使现任政府倒台，取而代之的新内阁，在缺乏信心的混乱状态下，必将全力来推行完全的贸易保护主义纲领。

II. 在取消金本位制度的前夜[1]
（1931 年 9 月 10 日）

这个民族的精神力量正在被引向歧途，如果我们不比以前更进一步地集中心智来对当前问题进行实质性的分析，那么，摆在我们面前的将会是一系列的苦难。

现在，全国、各地以及每个人，都把心力全部集中在"节约"这一个观念之上，而"节约"的意思就是采取消极的措施，对于那些足以促使生产力量转化为实际生产活动的开支，是一概拒绝发放的。如果我们

---

[1] 此篇是为《伦敦标准晚报》所作，时间是 1931 年 9 月 10 日，这篇文章当时的标题为《我们必须限制我们的进口》。——译者注

把这种行为错误地当成应尽的职责而不遗余力地加以推行,那么,也许就会产生非常可怕的社会影响,致使我们国民生活的整个系统都会发生动摇。

5月份的报告中提出的节约方案,是否在一般原则上适当可行暂且不论,几乎没有一项不是要增加失业,降低企业利润,并且减少国家收入的。我计算过,节约1亿英镑,也许很可能会减少预算赤字5 000万英镑,而如果我们认为我们可以在这样的节约计划下又不会影响到要进行援助的失业人群或不会影响到现行的租税收入,这就不过是自己在欺骗自己罢了(除非我们的真正目的并不在于此,而是在出于对国外金融家利益的考虑,故意**伪装**成预算平衡的样子)。

如果我们把一切形式的"节约"措施均付诸行动,那么,其逻辑上的结论必然是我们在最终取得预算的平衡,因为收支两处结果都将等于零。因为节约,所以我们拒绝购买彼此的劳务,其最终的结果是,我们所有人均躺倒在地上,奄奄一息,成为饿殍。

我们的首相曾经言道,现在就像是又来了一场战争一样,对此,很多人都很相信他的话。但是,事实恰恰与之相反。在战争期间,制止一切可以暂缓的支出是有其道理的,因为这样可以转移资源用来应对无穷无休的军事需要。而现在我们节约资源到底要做什么用?难道非得让一些人站在街道的角落里,紧着失业津贴来过活不成?

当下我们已经有了大批的失业工人,有着各种各样闲置不用的资源,如果此时再厉行节约,那么,从一个国家的立场出发来看,节约只有在以下这个方面是有用的,那就是节约**可以降低我们对进口品的消费**。至于其他方面,它所能取得的效果只会是完全消散在失业、企业亏损与储蓄的减少之中。而且,即便以减少进口这一点而论,它也是一种非常间接而且浪费的方式。

如果我们剥夺一部分人的工作机会,减少政府雇员的收入,从而使那些直接或间接受到影响的人无法购买与以前一样多的进口食品,那么政府的财政状况是可以取得一定程度上的缓和的。但是,这可能也不会占到总的节约额的20%。剩下的80%都被白白浪费掉了,要么是变成了单纯的亏损转移,要么就是由于英国国民相互拒绝购买彼此的劳务而造成了失业。

我说的这些可都是千真万确,然而,现在却有如此之多的人们整日叫嚷着要厉行节约,我真的非常怀疑,对于这样的呼吁将会产生什么样的真正后果,百万之中可有一人对之哪怕有一点点模模糊糊的笼统概念。

这并不是说不存在预算问题。事实正好相反。但是,我认为,预算的目前这种情况,乃是其他原因造成的结果和征象,而节约就其本身而言并不能消除这些原因,反而还会起到恶化的作用,因此,对于预算问题,如果想单纯从节约计划来入手加以解决,可能是难以做到的。

那么,我们所面临的困难,其根本原因到底何在呢?很大一部分是因为世界性的经济萧条,直接的原因则是伦敦财政当局的高层人士令人难以置信的轻率和鲁莽,一开始是由于恢复金本位政策,对于由此将会引发的困难的本质,完全缺乏了解。把我们的问题说成预算问题,就仿佛把德国问题说成预算问题,而完全忘记了战后的赔偿一样,令人感到可笑。

而对于这场世界性的经济萧条,目前我们绝对是无能为力的。去年5月份,我们似乎曾经一度取得过国际方面的主动权,但是现在我们又得而复失了。除此之外,我们对于国与国间银行业务的处理,也欠妥当,由此所造成的结果一时之间是无可挽回的。现在还留给我们的选择也就是这么一点,即对于外汇的现行黄金平价,到底是继续坚持下去,还是就此放弃了事。

最终的结果是决定继续坚持下去,所以如此,其中的诸般原因我是懂得的,但是我并不赞同。因为这一决策乃是在一种歇斯底里的精神状态之下做出的,对于摆在我们面前的另外一条道路,并没有能够深入地对之加以思考。政府的大臣们对于采取另外一条道路时将会发生什么样的后果,也曾加以分析,但是这一类分析,在理性的讨论当中,连10分钟都不到就会无法支持下去。

我相信,这一次的决策,还是会让我们感到懊悔不已的,就如同过去十年间,现任内阁的阁员们为应对局势的变化所做出的很多决定,都让人追悔莫及一样。

但是,这还不是目前的关键问题所在。我们不惜一切代价也要维持金本位制度的政策已经确定了下来。问题的关键在于,内阁和公众对于为执行这一决定,除显然需要募集一笔外债以应付眼前之急需外,究竟还应该做些什么,看来似乎还没有一个明确的概念。而借取外债的结果,无非是把原来用英镑计的借款,现在用法郎和美元计的借款来代替。但是,我们不可能永远依靠对外举债。问题的其余部分主要跟改善当前收入账户上的贸易差额相关。这就是内阁应当加以考虑的问题。

有关于此点,有两种可能可以采取的办法。一种(这一种是相对比较温和的政策)是通过直接措施来限制进口(若有可能,则可以同时实行出口补贴);另外一种是在国内全面削减货币工资。如果我们对降低货币价值心怀拒斥的话,那么,最终也许两种办法我们都不得不尝试一遍。

但眼下的问题是,我们应当先从哪一种办法尝试起来。要知道,后一种办法若能充分发挥作用,则必将引起工资的剧烈下降,从社会公平和实际的实施办法这两方面来看,这样做必将引起非常之大的困难,也许最终会带来无法解决的问题。而限制进口的第一种办法则相对温和很多,因此如果不先考虑这第一种办法,那简直就是愚不可及了。

事情也凑巧，前一种办法还有一些其他的重大优点。这种办法不仅可以缓和外汇方面的紧张状态，而且相对于其他任何单一的解决手段，它还能更为有效地促使预算保持平衡；要想使企业利润有实际上的增加，使就业的状况有所改善，使企业界的精神和信心有所提振，这是可供我们采用的唯一征税方式。

最后，这也是唯一能获得舆论广泛支持的措施。根据可靠的报道，前一任内阁是赞成这一征税办法的，有三对一的比率赞成实施进口关税，现任内阁似乎是四比一的比率赞成。只有已经当选的下一任内阁，对这一办法是一致赞同的。但是，现在的风尚是讲求牺牲，所以，我们在自我牺牲的精神之下设计了一个令人叹为观止的新发明，那就是所谓的"国家主义"政府，它的基本精神就是，只要是这一政府存续期间，那么，关于什么才是解决当前困难的最为妥善的办法这一点，它的每一个成员都同意放弃自己的看法。

我个人认为，现在使货币贬值不失为一个正确的挽救措施，但是国内还没有哪一个有组织的政党把这种见解当作自己的行动纲领的；如果将这个办法排除出去，我们还有三条道路可以选择。

第一条道路是发展国内的事业，这是需要冒风险的，但是也总比迫于无奈而失业要好。

第二条道路是普遍缩减工资，为了尽可能地考虑到社会公平，对于其他的货币收入者，也应尽可能地将他们列入处理对象范围之内。

第三条道路是对进口严厉地加以限制。

如果我对当前局势的理解是正确无误的话，那么，所谓"国家主义"政府对于上述三种办法实际上根本就不打算予以采用。他们的政策是在力所能及的范围之内，尽可能地降低更多人的生活水平，希望这种生活水平降低的结果，可以部分地对进口发挥影响，使之减少。

不想着直接限制进口，而宁可苦心孤诣地采用这样愚蠢的方式，简直可以说是心智失常、荒谬绝伦之举。

III. 取消金本位制度之后[1]

一直到最近，我都在竭尽全力劝告自由党人[2]和其他的一些人士，劝告他们推行普遍的财政关税，由此来缓和因为当前国内与国外货币成本之间产生的显著差别而带来的影响。但是，上个星期发生的事情，使局势发生了重大变化。在英镑的现有黄金价值之下，从多个方面来看，英国的生产者大概是处在世界上成本最低者的行列当中的。居于这样的处境，我们是不能再若无其事地听任事态这般发展下去了。在通货问题没有彻底解决之前，要想在关税问题上开展理性的讨论，那是绝无可能的。因为除非我们对英镑将来与黄金大体上的关系有了更进一步的了解，更重要的是，除非我们知道究竟会有多少国家准备以我们为榜样来加以效仿，否则的话，有关于我们将来会处于什么样的竞争地位这件事，我们是无从谈起的。

在此，请容我一言，眼下应当予以关注的已经不再是关税的问题，而应该是通货问题。正是后者，才是当前最亟需解决的、具有重要意义的大问题。它现在还是一个不具有党派色彩的问题，对这一问题，目前还没有哪一个党派对它提出过明确的主张。因此，这一问题适合作为非党派问题来加以处理。可以这样肯定地说，这一问题是非常不适合与大选发生关系的。通货问题为我们提供了绝佳的机会，使我们国家有可能

---

[1] 本篇是作者在1931年9月28日从戈登广场46号写给《泰晤士报》的一封信，此时是金本位制度取消一周之后，发表时间是1931年9月29日。——译者注

[2] 并非我所有主张自由贸易的朋友，都像我当初所认为的那样，事实上他们的成见是很深的。在财政关税不再有其必要之后，他们当中有很多人却是赞同这一措施的。

在金融方面重新居于领导地位。或许,我们可以带领整个大英帝国以及半数以上的世界其他国家,使它们来追随我们的脚步,从而使伦敦能够在稳定的基础之上,来重新确立其在金融方面的主导地位。与之相比,关于高保护性关税的建议,已经不再是一个紧迫的问题了。如果我们整个国家因为这个问题而陷入纷争之中,而把另外一个更加紧迫、更加重要的通货问题撇开不顾,这真是错误而又愚蠢的行为。让我们全心全意、勠力同心,为我们自己,也为世界上的其他国家,来制定出一个健全的国际通货政策吧。如若有人认为我们在没有这样的政策之下,也仍然可以恢复昔日的繁荣景象,或者认为我们可以用关税政策来取代这样的政策,那么,可以说,这些都不过是一番徒劳无益的空谈而已。一俟通货问题得到解决,我们就可以重新回到对关税的保护以及其他国内问题上来,待到那个时候,我们就可以在坚实的基础之上来对之加以讨论。那个时候,才是大选的真正时机。

7　金本位制度的终结[1]
（1931 年 9 月 27 日）[2]

我们终于从黄金枷锁的束缚中解脱了出来，英国人听闻这一消息，没有不欢欣鼓舞的。我们终于可以长出一口气，感到总算可以自由自在地做点合乎理性的事情了。富于幻想的浪漫局面已经过去，现在我们可以脚踏实地地来探讨一下，什么样的政策才算得上是上上之选。

现在回想起来，似乎很有些让人感到奇怪，当初要实施金本位时，这一带给我们巨大灾难的制度，却受到了那样热烈的欢迎。如今，我们已经不再使用人为的手段，来强使通货高出其实际价值了，这一决定对英国工商业将带来的巨大利益，会很快得到广泛的认可。

对于这一决定，内部意见过去之所以莫衷一是，主要是在于另外一种不同的观点。难以决定的困难问题乃是有关道义立场的问题。伦敦当局认为，按照已有的货币价值，已经从国外接受了大量存款，因此负有**道义**上的责任，应当尽一切力量来维持这一货币价值，即便因此而使英国工业背负上难以承受的重担，也在所不惜。那么，在什么样的程度

---

[1] 本篇是作者写给《星期日快报》（*Sunday Express*）的一篇文章，发表于 1931 年 9 月 27 日，标题为"世界的未来"。——译者注

[2] 英国于 1931 年 9 月 21 日取消了金本位制度。

上，我们把自己的利益摆在第一位才算是合情合理、名正言顺的呢？这的确是一个困难的问题。

如今事态的发展已经明朗，我们早日从痛苦中解脱的希望已经实现，至于道义上的要求如何满足，根据整个世界而进行判断，可以说我们已经算是尽到了最大的努力，做到了问心无愧。因为我们是在万不得已的情况下，才走了这一步，废除金本位制度的。在过去几个星期当中，英格兰银行已经用黄金或其他等价物支付了2亿英镑，这大概相当于伦敦所有国外债权的一半，而同一时期，伦敦向国外出借的资金则大部分被冻结。我们已经做到了仁至义尽，可以这样说，再没有哪一个银行家能够做得比我们更进一步的了。伦敦将要在废墟之上重整残局，收复河山，而此时，它的信誉是毫发无伤的。因为它为了维持这信誉，甚至甘冒置英国的商业于完全停顿状态之下的风险，这样的努力，俨然接近于堂吉诃德式不切实际的、愚蠢的骑士作风了。

那么，这也就难怪，解除了金本位制度之后，我们感受到了复苏之意，证券交易价格即扶摇直上，原本已经奄奄一息的工业又重新活跃了起来。原因在于，假如英镑的汇率降低，譬如说，降低了25%，那么，这就等于说用这样一个关税税率来限制进口；而用关税来直接限制进口并不能对我们的出口有所助益，或许还会产生不利的影响，但是，英镑贬值25%，就等于使出口获得了同等数量的补贴，这是可以促使国内生产者抵制进口的。

在很多行业当中，若以黄金来衡量，则今日英国制造商的生产成本，一定是全世界最低的。取得如此的利益，我们并没有削减工资，也没有出现劳资纠纷，而且在获得这样的利益的同时，就社会的各个部门来看，中间也基本上是全然公平的，对于生活费用并没有造成任何严重的影响。由于我们的总消费中有不足四分之一的部分是进口品，所以英镑汇率的下降还要远远超过 25% 这个数值以上，才有可能使生活费用提高 10%。英镑贬值对任何人都不会带来什么严重的困难，因为它只不过是恢复了两年前的情况而已。与此同时，对于就业，它还将会产生极大的促进作用。

在此后几天里，至于英镑汇率究竟会降低到什么程度，我不愿对之加以预测。不过，我想说的是，也许一时之间会有大幅的降低，甚至要比那些冷静的观察者核算之下所认可的平衡价值水平还要低。待到彼时，很自然，靠投机获利的投机分子所做出的有利于英镑汇率的举动，与另一方面出于恐慌心理所产生的抛售行为，会两相抵消。我们的当局当初允许英镑汇率达到如此之高的程度，是一个重大的错误，因为日后英镑汇率必然要逐步回落，趋向于更为真实的水平，而在这一过程中，下降的趋势一定会削弱信心，让那些无知无识者产生这样一种印象，还以为下滑的趋势是无以挽回的呢。那些对前途过分乐观的人，很有可能会为过度的悲观主义心理所屈服。但是，悲观主义的心理与乐观主义的心理，同样都是缺乏凭依的。英镑的均衡价值与其一个月之前并没有什么差别。当英镑价格下降的幅度过大时，自然会有惊人的伟力来对它加以支持的。据我判断，现在并没有什么危险因素，会造成灾难性的英镑价格的低落。

简单地说，上面所讲的这些是在英国方面的影响情况。那么，世界上其他国家又将受到什么样的影响呢？它们受到影响的具体情况在不同的国家是不一样的。我们先来看看那些债务国。英国对这些国家，如澳大利亚、阿根廷和印度，过去曾贷出以英镑计的巨额贷款，这些债款的到期利息也是以英镑计的。对于这些国家而言，英镑贬值就等于我们在它们的欠款方面做出了巨大的让步。今后它们用商品来偿还英镑计的债款时，所需要的数量就要比以前为少。各国欠英国的债款利息，以英镑来计，每年大约为 1 亿英镑。就这一项而言，英国现在的表现，可称是一位非常通情达理的债权人。近来商品价格大跌，情况发生了巨大的变化，因此他酌量降低了权利要求。

我们再来谈一谈英镑贬值对其他工业国家所发生的影响。在与这些国家的竞争中，我们现在处于较为优越的地位。英镑贬值对它们的影响，相对要复杂一些。因此，我预料，世界上有很大一部分地区，将会效法英国，降低它们货币的原有黄金价值。现在，已经有迹象表明，有很多国家不准备再用高昂的代价来维持黄金平价了。最近几天，加拿大、意大利和斯堪的纳维亚已经加入我们的行列，按照我们的方向在行事。印度和英国的各直辖殖民地，包括海峡殖民地，已经自动地在跟着英镑走了。澳大利亚和整个南美洲也已经不再努力保持黄金平价。德国不久就会紧随我们之后，效仿我们的行为，如果它在这点上行动迟缓，会让我感到非常奇怪。我们想想看，荷兰会听任荷属东印度群岛束缚在黄金平价上，坐视那里的橡胶业和蔗糖业遭受毁灭性的打击吗？世界上有很大一部分地区必将以我们为追随的榜样，按照我们的方向行事，其背后的动机是极为强烈的。尽管由于通货紧缩的结果，使我们遭受了困难，但是，英国所遇到的困难毕竟还不是很大，相比之下，有很多国家的困难情况还要严重得多。

就这方面的情况而言，现在，我们和效法我们的所有国家，将会得到价格提高所带来的好处。但是，我们之间却并没有发生以牺牲其他国家为代价来攫取竞争利益的情况。因此，处于不利的竞争地位的，将会集中在那些极少数仍然保持金本位制度的国家。当此之时，米达斯的悲惨命运将会降临到它们的头上。由于它们在出口商品时不愿意接受除黄金以外的其他交易物，所以，长久来看，它们的出口行业将会逐渐萎缩，以至于彻底消亡，到了最后，这些仍然保持金本位制度的国家既不能享受到对外贸易的顺差,也难以得到来自国外的存款,使之流向本国。这主要是指法国和美国。这些国家出口贸易所蒙受的损失,乃是它们自己的行为所带来的结果,这种结果是难以避免的,从一开始就可以对之加以判定无疑。由于战争和战争协定之结果,这些国家使世界上的其他国家对它们欠下了为数巨大的债务。它们构筑起关税壁垒,阻止其他的国家用商品来偿还债务。同时,它们又不愿意向债务国借出贷款。它们已经将全世界几乎所有的黄金剩余吸纳一空。结果,对于世界上其他国家来说,要想保持清偿债务的能力和那点自尊感,从逻辑上来说,就只剩下一条路可以走了,那就是停止购入这些国家的出口品。只要金本位制度还在维持——这就意味着在任何地方国际商品价格都必然是大体相等的——就必定会引发通货紧缩的竞争性活动,我们每一个国家都竞相设法让自己的物价水平下降得比其他国家要快,其结果是失业规模不断扩大,企业亏损达到了难以忍受的地步。

但是,所有这些,一俟金汇兑关系崩解,问题就迎刃而解了。由于法国和美国的货币相对于其他国家的货币,在价值上差距悬殊,这就使得两国的出口商就不可能向国外售出它们的商品。如果这两个国家依然故我,继续把它们近来所施行的政策坚持下去,那么,它们只会给出口行业造成困难局面,除此之外不会带来任何其他的结果。它们这是有意要毁灭掉自己的出口业,只有它们自己采取必要的步骤,才可能有恢复的希望,这正是所谓"解铃还须系铃人"。这两个国家货币价值的提高,也必然会给它们的银行系统造成严重的困难。实际上,美国是给世界各国出了个题目,就要各国想出个办法来,找到一条不依靠美国的小麦,以及它的铜产、它的棉花和它的汽车,而独立地过好自己日子的道路。它出的这个题目,只有一个答案,我们已经被逼迫着找到了这个答案。

然而,上述这些颇为悻悻的语气,与我实际上的本意却是截然相反的。我们所不得不接受的解决办法，虽然可以马上让我们松一口气，把紧张的局面转移到了别的国家，但是，实际上这个办法不论对哪一个国家来说，都是不能令人满意的。如果美国的商业不能复兴，那么世界经济繁荣就没有希望。世界各国之间，本身就是密切关联在一起的，和平、信心以及和谐一致的经济平衡，是唯一值得追求的目标。

我相信，上个星期发生的那些重大的事件将会开启世界货币史上新的篇章。我怀抱着这样一个希望，期待着藉此可以冲决国与国间存在的似乎难以逾越的重重阻隔。我们现在需要共同坐下来，进行亲密无间、开诚布公的商讨，以求实现对我们的事业前途的更好安排。自去年6月份起，美国总统似乎进入了"睡眠状态"。在这一时期，世界上正有着许多重大的问题值得他予以关注。但是，美国却一直保持缄默，无所作为，这种神秘的气氛笼罩白宫，一直到现在也还是如此，不见有消散的迹象。或有人问，是不是我们找到的解决办法总是不够及时，总是来得太过迟缓呢？我们是否可以将全世界四分之三的地区，也包括我们整个大英帝国的代表，请他们来到大不列颠，同我们一道来设计一个能使得商品价格保持稳定的新的通货制度呢？又或者，我们也不妨考虑重新实施金本位制度，当然，新实行的制度必须要进行彻底的改革，新立的条款一定要做到精确、严密；有关这些条款应该如何来加以考虑、订立，实行金本位制度的各个国家在这个方面又有没有研究兴趣呢？

第四部分　政　治

1 俄罗斯掠影（1925年）[1]

I. 共产主义的信仰是什么？

要想对俄国不怀偏见，是极端困难之事。即便我们抱持着公正之心，但是，在英国，没有人有这方面的背景知识和切身体验，而且对于那些如此陌生、变幻不定而又自相矛盾的事物，我们又将如何表达对它们的真实印象呢？在俄国，没有一家英国的报纸设有常驻记者。对于苏维埃当局关于他们自己所给出的说法，我们均持有怀疑的态度，这一点是极为正确的。我们的消息来源，要么是来自有偏见的劳动者代表，要么就是来自同样有偏见的流亡者。因此，对于发生在苏维埃社会主义共和国联盟治下的另外一个世界所发生的一切，对于其中进行的试验和逐渐演化出来的一种秩序，我们犹如雾里看花一般。俄国正在经受多年的所谓"宣传"所带来的痛苦后果，这种"宣传"因其言辞虚伪、缺乏可信性，而最终把远距离的沟通交流之手段几乎尽数毁弃。

---

1 凯恩斯和莉迪亚·洛波科娃（Lydia Lopokova）婚后不久，于1925年访问俄罗斯之时，他写了三篇文章，后来以《俄罗斯掠影》（*A Short View of Russia*）为题出版。本篇首次发表在1925年10月10日、17日和25日的《国家文艺杂志》上，霍加斯出版社曾于同年12月作为"霍加斯文集"系列一集中的一篇加以重印。凯恩斯基本上是把其中的第一章和第三章给编入了《劝说集》中。——译者注

列宁主义是宗教与企业这两种事物的结合；若干世纪以来，欧洲人是在内心深处将这两者分开存放，各不相混的。而由于这种宗教是崭新的，因此令我们大感震惊；又由于它的企业乃是隶属于其宗教而非其他的范围，而且效率极为低下，因此又让人轻视。

与其他的新创宗教一样，列宁主义的威力不是从群众中得来，而是从少数热情的皈依者那里取得；这些皈依者们的热情和排除异己的偏执精神使得他们在力量上跟那些宗教观念薄弱的人们比起来，自是强上百倍。与其他的新创宗教一样，领导者的见闻比他们的追随者们要广博得多，他们能够——也许是诚心诚意的——将新精神与那些至少带有一些政治上的犬儒主义的政治家们结合在一起，他们对那些反复无常的经验主义者可以笑脸相迎，也会冷眼相对，他们在宗教感情的驱使之下，无所谓真理与慈悲，但是对于事实与利害得失却并不是视而不见的，因此难免被指斥为伪善（这种指斥尽管肤浅而且无用，但却正是教会和世俗的政治家们所关心的）。与其他的新创宗教一样，它似乎要把日常生活中愉快与自由的气氛一扫而空，取而代之的是虔诚的信徒们那一张张毫无生气的呆板面孔。与其他的新创宗教一样，对于那些积极的反抗分子，它进行迫害时完全没有所谓的公道和哀矜。与其他的新创宗教一样，它充满着的是传道者的热忱和要把教义发扬光大到全世界去的野心。但是，如果把列宁主义说成是在伪善者领导下进行迫害、进行宣传的少数狂热分子的信仰，那就不偏不倚，正是在说它是一种宗教，而不只是一个党派；列宁是一个穆罕默德，而不是一个俾斯麦。如果我们坐在资本主义的安乐椅上非要自惊自怪，那么，就不妨把俄国共产主义者想象成当年在阿提拉[1]领导下

---

1 阿提拉（Attila，406—453年），与中国历史上北魏太武帝拓跋焘同时的人物，古代欧亚大陆匈人的领袖和皇帝，史学家称其为"上帝之鞭"，曾多次率领大（**转下页**）

的早期基督徒，他们依靠着宗教裁判和耶稣传道的装备，强制施行《圣经新约》规定的经济制度。但是，如果我们只是坐在这个安乐椅上自我安慰，那么，我们当真可以满怀希望地认为，由于这种经济制度与人类本性格格不入，故而不论在传道方面还是武装设备方面都不会有足够的财力，所以必然会导向失败吗？

这里，有三个问题需要回答。第一，这种新创宗教是否与人类精神部分地相符合或者是相共鸣？第二，它在物质方面的效率是不是如此之低，以至于使它难以生存下去？第三，随着时间的推进，其狂热情绪会不会被充分淡化，不纯洁的情况增加之后，它还能不能再抓住群众？

关于第一个问题，那些对基督教资本主义或自我中心主义的资本主义心满意足，不为浮词诡辩所惑的人，应该如何来回答，是没有什么犹豫之余地的。因为这些人本身可能已经有了一个宗教，或者根本就不需要宗教。但是，在这个时代，还有很多没有宗教信仰的人，他们对于任何真正的新创宗教，对于不仅仅是旧时花样加以翻新，而且证明了自己的鼓动力的任何宗教，必然会产生难以遏制的、出于感情冲动的强烈的好奇心。俄罗斯，是欧洲这个大家庭中最年轻的儿子，一表人才却又行

（接上页）军入侵东罗马帝国及西罗马帝国，并对两国构成极大的打击。他曾率领军队两次入侵巴尔干半岛，包围君士坦丁堡；亦曾远征至高卢（今法国）的奥尔良地区，在沙隆之战后，被迫停止了向西进军。然而后来他却攻向意大利，并于公元452年把当时西罗马帝国首都拉文纳攻陷，赶走了皇帝瓦伦丁尼安三世，使西罗马帝国名存实亡。在阿提拉死后，他的帝国迅速瓦解消失，使他在欧洲历史中更富传奇性。在西欧，他被视为残暴及抢夺的象征，但也有历史记载形容他是一个伟大的皇帝，尤见于古北欧的萨迦文献记载中。过去匈人曾被一些学者认定是中国古代文献中记载的游牧民族"匈奴"，现代学术界对此基本认为是不同的两个群体，没有确凿的证据显示入侵欧洲的匈人是匈奴的后代。北匈奴残部于公元160年左右进入锡尔河流域，匈人在同一地区崛起于公元290年左右（大约在同一时期，南匈奴崛起，刘渊于308年攻入中原称帝），之间120余年没有任何史料记载他们之间有传承关系。考古显示，除了名字的发音，匈人的文化、军事、政治制度基本与匈奴没有相近之处。——译者注

事鲁莽,青丝如云,方在盛年,比起西方那些早已两鬓斑白的兄弟们来,要晚生两个世纪,干云的青春豪气尚未丧失殆尽,也就是还没有到一味地耽于安乐、墨守成规的地步,故而尚且能够从家庭其余成员的中年人式的幻灭颓废中振作精神、奋发有为。这样一个国家,所产生出来的新鲜事物,是会格外容易引发这样的好奇心的。所以,对于那些想从苏维埃俄国寻找到些新鲜、美好事物的人们,我是抱持着同情态度的。

但是,一旦我们接触到现实的事物,我们又将会作何感想呢?对于我,我是在自由的氛围中成长起来的,没有受到宗教恐怖的侵染,天下之事没有什么可怕的,而红色的俄国,让我感到厌憎之处实在是数不胜数。安逸与习惯很自然地把我们与他们的生活方式彼此隔开,摒弃在我们的生活之外,但是,于我却还不止于此,这种主义并不关心它把日常生活的自由和安全毁坏到什么程度,而且还故意使用迫害、毁弃和国际冲突这些作为武器,因此我对这种主义是很难认同的。在这种主义下,所施行的政策有着一个特有的表现,即花费无数的钱财,在国内的每一个家庭和团体中收买间谍,而在国外则是不断煽风点火、制造麻烦。对于这样的政策,我又怎么能够表示赞许呢?也许,与另外一些政府的贪婪、好战和帝国主义倾向相比,这样的政府未必就更坏,或许还要更有意义一些,但是,除非它是一个比这样的政府高明得多的政体,否则是很难让我脱离常规、改弦更张的。它的那些学说,被奉为至高无上、不容批评的圣经,不过是一部陈腐过时的经济学教科书罢了。我知道,它不仅在科学上是错误的,而且也与现代世界毫无关系、格格不入。试想,我又怎么可能接受这样的学说呢?这种主义宁要河底的淤泥而不是河里的鱼儿,把粗鄙愚陋的无产阶级捧上了天,高高凌驾于资产阶级和知识阶层之上,对于这样的教义,我又怎么可能会接纳呢?资产阶级和知识阶层,不管有着一些什么样的缺点,终究是人类的精英;人世当中一切进步的种子，当然要靠这些人士来加以传播。即便我们当真需要一种宗教，这种宗教又怎么可能会在红色书肆的一堆混杂的垃圾当中找到呢？一位在西欧受过教育、正派而有着理解力的子弟，除非他曾经历过一场奇谲可怖的心理转变，使得他改变了对一切事物的看法，否则的话，他是很难在这种主义当中找寻到他的理想的。

然而，如果我们就说到这里为止，那么，我们就仍然没有抓住这种新创宗教的本质。共产主义者或许会义正词严地回答道，这一切都不是他们最后的信仰所在，这都不过是革命的策略罢了。因为他所深信的是这样两件事情：一件是在世界上建立"新秩序"，第二件是以革命的方式作为达到此一目的的唯一手段。[1] 这种新秩序决不可从革命的恐怖或过渡时期的贫困来加以衡量。新秩序才是最终的追求之所在，而革命则是因目的而被证明手段正当合理的一个最高典范。革命的战士必须压抑自己的人性，行事毋须考虑道德原则，肆无忌惮而又冷酷无情，同时，还要饱受一种毫无安全或快乐可言的人生之折磨——而所有这一切，都只是它用来达成目的的手段，不是它的目的。

那么，作为世界上的一种新秩序，这种新创宗教的本质究竟是什么呢？我是一个局外之人，了解得并不怎么清楚。从这一新创宗教的代言人所说的情况看来，有时候似乎它纯粹不过是物质的或技术性的而已，这一点正与现代资本主义有着相同的意义。这就等于说，好像共产主义最后之所要求的，也不过是要成为像资本主义那样为获得同样的物质经济利益而提供更为先进的技术工具，最终，它会使得田地取得更大的产出，在对自然力的驾驭方面它可以做得更为严密，仅此而已。如果是这

---

[1] 这些章节里，我使用"共产主义"一词时，指的是这种新秩序，而不是像在英国工党政治纲领那样指的是革命，也即把革命作为实现这一目的的手段。

种情况，那就压根儿不存在宗教这回事，一切不过是虚张声势而已，目的是要促进一种变化，这种变化可能会，也可能不会带来经济技术的进步。但是，我怀疑，代言人所以要抛出这样的说法，用意之所在，很可能是因为我们方面的人士对他们的这种经济制度的低效率曾加以非难的缘故，而作为对这种非难的反应才有了上述的说法的。在俄国共产主义者的心目当中，和人类前途担负着更大的干系的，乃是其他的一些东西。

在某一方面，它只不过是在模仿另外一些著名教派的做法而已。它颂扬平凡之人，把他们捧入云端，把他们看成是无所不能的。这样的做法可是一点也不新奇。但是，这里头还包含有另外一个因素，当然，这个因素本身也不是它所新创出来的。不过，它以一种新的形式、新的背景来加以展示，这就兴许产生出了一些变化。如果这个世界上真有所谓真正的宗教的话，那么，在这一点上，它是对真正的宗教有所贡献的。**列宁主义是绝对地、公然地反对超自然主义的，它在情感上、道义上的精神，集中在个人和社会对金钱爱好的态度这一点之上。**

我并不是说，俄国共产主义会改变或者企图改变人类的本性，可以使犹太人不再那么贪婪，或者使俄罗斯人不再那么奢侈放浪。我也不仅仅是说它树立了一种全新的生活典范。我的意思是说，它所试图建立的乃是一个社会体制，在这种体制之下，原来影响人们行为的金钱动机，其相对的重要性将会有所变化，社会对于这个动机的认同标准较前将会有所不同。有一些行为，原先被认为是正常的、可敬的，现在的看法会有所变化，同样是这些行为，现在会被看作既不是那么正常，也不是那么可敬了。

在今日之英国，一个有才华、有德性的青年，当他打算踏上社会、开始谋生时，他会在从政和经商这两种人生方向上进行权衡，二者之间在利害得失方面并没有什么大的出入。而如果他选择第二种人生方向，社会舆论也并不会因此而对他就不太尊重了。把一生倾洒在对企业的经营上,尽可能地扩大范围,孜孜牟利,赚取钱财,并不会使社会对他的尊重有所减少。不但不会减少,比起那些把一生精力都奉献给政治、宗教、教育、科学或艺术的人来,所获得的尊重也许还可能比他们为多。但是,在将来的俄国,一个自重的青年在步入社会之时,决不应选择赚钱牟利的事业作为一生职业生涯的开端或毕生奋斗的目标,若然他执意如此,这就相当于是要蓄意地把自己变成作奸犯科的盗窃犯。甚至在我们社会中某些关于金钱爱好的最能博得同情和赞赏的方面,譬如节俭和储蓄,以及努力取得个人自身及其家庭经济上的安全以及行动上的独立,在俄国尽管并没有将它们看成在道义上是错误的,但是在实现它们的道路上也是被设置了重重困难,使之极难付诸实现,因此而成为不值得为之努力争取的目标。新的教义规定,人人皆应为社会而工作,若能恪尽职守,社会是会对他予以支持的。

这种制度并不是说要把一切人的收入都拉到平均的水平上来——至少现阶段还不是这样。在苏维埃俄国,一个有才干、有成就的人,收入要多一些,日子也过得好一些。当上人民委员,每一个星期会有 5 镑的收入(**外加上**其他各种免费供应、一辆汽车、一套住房、剧院里一个包厢,等等),日子过得还不错,但是与伦敦的一个富家翁相比,那可找不到一点儿相像的地方。有成就的大学教授或一位文官,每星期有 6 镑或 7 镑的收入(**除去**各种捐税),其实际的收入水平也许三倍于无产阶级工人,六倍于较贫穷的农民的收入。但是,农民们的收入也非铁板一块,有些人的收入是其他人的三倍或四倍。失去工作之人可以取得部分收入。但是,在俄国的高物价和严格累进税制下,像这样的收入水平,是不可能有人可以积攒下来任何值得积存的储蓄的;过一天算一天的生活是非常艰难的。这种累进税制以及估定房租与其他费用的方式,实际上对那些每周收入在 8 镑以上、10 镑以下的人是颇为不利的。在这里,要想获取巨大的进款,这种机会是不存在的,除非冒着与在其他的地方收受贿赂、侵吞公款一样的风险,否则并没有别的办法可想。而说到那些收受贿赂、侵吞公款的现象,在俄国也并没有绝迹,甚至也并不是什么罕见的现象,不过,任何一个被其奢侈浪费或其本能的冲动所驱使而走上这条道路的人,都将冒着极大的风险,一旦被发觉,他就将受到严重的惩罚,甚至会被处以极刑。

在现阶段,俄国的制度对于那些为牟利而进行的买卖行为也并没有在实际上加以禁止。俄国的政策并不是绝对地禁止这类职业,而是使它们成为非常危险、非常不体面的行当。私商则是一类允许存在的法外之徒,不享受任何特权,也不受法律的保护,与中世纪的犹太人无异——这为那些在这方面的天性上有特别倾向的人提供了出路,他们可以从商,但是,对一个规规矩矩的常人来说,这份职业既不正当自然,也不合意愉悦。

我认为,这些社会变迁的影响结果,已经使人们对金钱的基本态度产生了真正的变化,而一旦那些没有受到过去那种对待金钱的态度所浸染的下一代成长起来以后,这些社会变迁的影响结果可能还会产生更为巨大的变化。俄国的人民,也许只是因为他们贫穷的缘故,故而对金钱的追逐欲望是非常之强烈的,其贪得无厌的程度,至少不输于其他地方的人们。但是,对于一个接受了苏维埃规律的有理性的人来说,贪求钱财和聚敛财富,是不能像我们这样把它们列在人生计划之列的。这样的社会,它所发生的变化即便是部分真实的,也已经是翻天覆地的大变革了。

所有这一切,也许都会被证明只是不切实际的"乌托邦",或者对真正的福利是有着破坏性的,虽然由于是以一种强烈的宗教精神在追求着这一切,所以就不像以一种务实的精神来进行的那样显得更具有"乌托邦"的气息。我们一向基本上都是把它看成是没有诚意或充满邪恶的,但是,这样的看法果真是恰当的吗?

两位坚定的共产主义信徒，在与季诺维也夫[1]进行了长久的辩论之后，到我这里来谈话，谈到最后的时候，他们的眼中均是充满信心的狂热。他们这样对我说道："我们可以预言，十年以后，俄国的生活水平将会高于大战之前，而欧洲其他地区的生活水平则将低于大战之前。"看看苏俄所拥有的天然财富，以及旧体制之下的腐败情形，再看看西欧所面临的种种问题，以及我们在处理这些问题上表现出来的明显的无能为力，难道我们就能够有着确切的把握，来断然否定这两位同志的凿凿之言吗？

II. 共产主义的生命力

随着时间的推移，当热烈的程度被充分地予以淡化，不纯洁的情况与日俱增之后，当是时也，共产主义还能不能抓得住群众呢？

对于这个问题，我无法做出回答，答案也只有时间才能显露给我们。但是，有一点我可以深信，那就是，如果共产主义能够取得一定的成就，其中的原因断然不会是因为经济技术上的改进，而只能是因为它是一种宗教。我们一贯的对共产主义的批评倾向，犯了两种相互对立的错误。我们对共产主义一方面是深恶痛绝，把它以一种宗教视之，这就会夸大它在经济上的效率低下；另一方面，又由于我们对于共产主义在经济方面的无能印象极深，而把它视为一种宗教之时，又会对它作为宗教方面所发挥的作用做了过低的估计。

在经济方面，我尚看不出俄国的共产主义对于我们的经济问题，在

---

[1] 季诺维也夫（1883—1936 年），共产国际执行委员会首任主席，苏联共产党早期领导人，联共（布）党内新反对派的主要代表之一。1936 年和加米涅夫一起被处决。苏联最高法院于 1988 年 6 月 13 日宣布撤销了 1936 年对格里戈里·季诺维也夫的判决，并为其恢复名誉。——译者注

智识方面或科学价值上会有什么贡献。我不相信它含有或可能含有任何如果我们想应用而无法应用的有效经济技术。把这种经济技术应用到像我们这样一个保留了英国资产阶级理想特征的社会——我且不说十九世纪的那种个人主义的资本主义社会——时,就不会取得同等程度或者更大程度的成就。至少在理论上来看,我也不认为会有非要以革命作为必要手段的任何经济上的改进。与之相反,我认为,剧烈的社会变革,这种方式将会使我们失去一切。在西方的工业条件下,若然实行红色革命的策略,势必会把全部人口抛入贫困与死亡的深渊。

那么,我们要问,俄国共产主义作为一种宗教,它的力量究竟怎么样呢?可能这种力量还是相当之大的。将平凡之人的地位加以抬高,这是过去曾屡试不爽地抓住群众的教义。**任何**一种宗教,或者团结同一教派信徒们的纽带,总有一种力量,足以对抗没有宗教信仰的自我中心的原子主义。

而现代资本主义绝对是没有宗教信仰的,它缺乏内在的团结性,也缺乏公而忘私的精神,虽然不总是,但也经常只是一群财富的拥有者与追逐者的集合体。这样一个体制,一定要获得巨大的成就,还不能仅仅是差不多过得去的成就,才能长期地生存下去。十九世纪之时,从某种意义上来说,这种制度还是存在着理想主义成分的。而且不管怎么说,它那时都可以说是一个同心同德、洋溢着自信的制度体系。当彼之时,它不但取得了巨大的成就,而且蒸蒸日上、前途远大,日后还可以继续发展下去,取得更大的成就。然而今天,它获得的成就只是不大不小还过得去罢了。如果没有宗教信仰的资本主义最终要战胜宗教的共产主义,仅仅是依靠经济上更有效率一点点,那还是不够的,必须要在效率方面高出它很多倍,方才有获胜的希望。

我们过去一向有这样的想法,认为现代资本主义不但能够维持现有的生活水准，而且还能够导引我们逐渐地步入到经济的天堂之中，到了那个时候，我们也就大体上可以摆脱经济上的操劳和牵累了。但是现在，我们却开始有些怀疑，企业家到底是不是真的能够引导我们改天换地，更上层楼，进入一个比现在的情况要好得多的崭新天地。若然把企业家看成是一种手段，那么，这样一种手段似乎还是差强人意的。而如果把他作为一种目的来对待时，那么，这样一种目的似乎就不那么让人满意了。于是，在人们心中就开始疑云密布，很想知道把企业和宗教这两者在我们的心灵深处一分为二，各就各位，井水不犯河水，这样做所得到的物质利益，以及由此引起的精神上的损失，二者之间是否可以相互抵补，达成平衡。基督教新教徒和清教徒[1]是可以心安理得地把企业和宗教这两者分离开来的，因为在他们看来，前者的活动属于尘世，而后者则属于天国，那是另外一个世界。那些信奉发展论的人士也可以心安理得地把这两者分开，因为在他们看来，前者是使天国今后得以在尘世呈现的一种当然的手段。然而，还有第三种思想认识，它既不相信天国之不得见于人间，而是属于另外一个世界，又不能认同发展论信奉者们的那种信念，以为天国必将于未来的某一天得以在尘世出现。天国既不在另外一个世界，也不可能在今后呈现在尘世之上，那么，它肯定只能是就在眼前，否则就是纯属虚构，压根儿没有这回事。如果在经济发展

---

[1] 基督教新教（Protestant），是与"公教""正教"并列的基督教三大派别之一。新教是由十六世纪宗教改革运动中脱离罗马天主教会的教会和教徒形成的一系列新宗派的统称。词源来自德语"Protestanten"（抗议者），原指1529年神圣罗马帝国举行的帝国议会中的少数反对派，该派对于支持天主教压制宗教改革运动各派的决议提出了强烈的抗议，后即以"Protestant"泛指称宗教改革各新教派。清教徒（Puritan），是指要求清除英国国教中天主教残余的改革派。"Puritan"一词于十六世纪六十年代开始使用，源于拉丁文的 Purus 一词，意为"清洁"。清教徒信奉加尔文主义（Calvinism），认为《圣经》才是唯一最高权威，任何教会或个人都不能成为传统权威的解释者和维护者的基督徒。——译者注

中缺乏精神上的目标，那么，由此就可以断定，我们绝不可以为了物质上的利益而牺牲精神上的利益，哪怕是一天也不可以——换言之，我们可能再也不能在心灵之中将企业与宗教分开贮放了。一旦一个人的思想步入了这样一种思想类型的轨道上，那么，他就会怀着好奇心，想到共产主义的内核当中去探究、去发现，他们将会看到，真实的情况将与我们的报纸上所描述的景象大异其趣。

不管怎么样，以我观之，似乎越来越清楚的是，我们时代的精神问题，与我们对金钱的爱好有关，与对在生活活动中要占到十分之九的对金钱动机的习惯适应有关，与对作为主要努力目标的个人经济安全这一点的共同争取有关，与以金钱作为衡量事业成就的社会认可的尺度有关，与对于贮藏金钱的倾向——那是为家庭、为将来做必要准备的基础——的强大社会吸引有关。在我们的周围，宗教都处在衰败之中，除了用作一种令人感到愉悦的传道仪式或社会典礼的形式上的需要之外，大多数人民对它们的兴趣是越来越寡淡，它们已经失去了往昔那种精神上的重要意义，因为与它们某些方面早期的意义不同的是，它们与现代人关心的主要问题已经是了无相干之处了。现如今，人们在对金钱的思想情感方面所发生的一场革命，也许已经成为理想体现的日渐增长的目标。因此，也许俄国共产主义的确代表着一种伟大宗教在这方面的思想动乱的第一幕。

一个来到俄国的访问者，如果想不存有任何偏见，去体悟这种氛围，那么，我想，他必然会在这样两种心境之间徘徊——时而郁闷压抑，时而振奋昂扬。马丁·康威爵士（Sir Martin Conway）[1]在其《苏维埃

1　马丁·康威爵士（Sir Martin Conway）（1856—1937年），英国艺术批评家、政治家、登山家，曾任英国伦敦帝国战争博物馆（Imperial War Museum）第一任主任。他所写的《苏维埃俄国的艺术珍品》一书出版于1925年。——译者注

俄国的艺术珍品》一书中，本着实事求是的精神，在叙述到他离开俄国之时，他这样写道：

> 经过很长时间的停留之后，火车又继续前行了大概有半英里路，来到了芬兰边境，在这里护照、签证和行李再次受到了检查，不过这次比前面要马虎得多。车站是新近落成的，地方非常舒适，朴素、洁净而且方便，服务也非常周到。这里还有一个收拾得很不错的餐室，里面是一派殷勤好客的气氛，供应的食品虽然简单但烹调得颇有滋味，服务态度也极好。
>
> 我在俄国受到了如此友好的殷勤款待，如果还想要对它说些闲话，似乎显得我这个人不免有点太过不近人情。但是如果要我把真实的景象毫无保留地说出来，那么，在此就得再补上一笔，那就是，我在芬兰边境这个小小的车站，体验到了一种感觉，觉得一直以来压在我心头的一个沉重的包袱终于可以卸下来了。我无法解释我到底是怎么感觉到有这样一个包袱压在我的心头的。在我初入俄国国境时，我是没有这种感觉的，而以后，随着日子一天天过去，似乎就觉得这个包袱就越来越重，这种感觉与日俱增。自由感渐渐消逝不见了。虽然在这里人人都很友好和善，但是却总能感觉到有一种压力的存在，这种压力并不是施加于哪一个人的，而是普遍弥漫在社会当中，无处不在的。我到国外游历，身处异邦之时，还从来没有像这次这样感到自己完全是"独在异乡为异客"。一开始，这还只是一种模糊的感觉，后来越来越清晰、明确，逐渐凝聚起来，变成了一种越来越为我所意识到的压抑感。我在想，也许在沙俄时代的俄国，人们也有过同样的经验体会。美国人常常以他们的"自由空气"而自我夸耀，把这说成是他们国家的特征所在。这一特征

是他们与讲英语的地区所共同拥有的。而俄国的精神氛围，则是一种非常不同的情感化合物。

火车现在正在穿越的芬兰地区，这里在物质特征方面与未越过俄国国境之前所看到的地方并没有什么不同，但是，我们却感到正在通过"小康"之境，眼前展现着的是一派安乐舒适，甚至繁荣的兆头……

这种压抑的心境，以如此的文笔来诉诸笔端，写得真是不可能再好了。之所以会让康威爵士有这种感受，部分无疑是由于共产主义的红色革命所带来的结果——在俄国看到的很多情况，让人看后会生发出这样一种愿望，那就是，在心里祈祷自己的国家在实现它的目标之时，可千万不要采取这样的方式。而这种情况，部分也是俄国人粗暴、残忍的性格使然，或者是由于俄国人的性格和犹太人的性格共同发挥作用的结果，现在这两种性格已然是杂糅在了一起。然而，除此之外还有另外一个原因——这也是红色的俄罗斯无限的热情以及高度的严肃认真之表现的一个方面，而换一个角度来看，这可称是一种蹈厉奋发的精神。可以这样说，再也没有谁像革命中的俄国人那般**认真的**了，即便是在纵情狂欢之时，他们也没有失却这种严肃认真的态度，他们认真到甚至有时候会忘记今夕何夕，忘记了明天的一切。这种认真态度，往往粗鲁愚蠢，令人感到极端厌烦。普通的共产主义者都是些**单调乏味**之人，如同褪尽颜色的事物，一无可观，他们就像任何一个时代的卫理公会派教徒[1]那样一般无二。

1　卫理公会派是新教派别之一，英国人约翰·卫斯理（John Wesley，1703—1791年）创立了基督新教卫斯理宗（Wesleyans），亦译卫理公会。教会主张圣洁生活和改善社会，注重在群众中进行传教活动。——译者注

这种空气紧张的程度，已经超出了人们通常所能忍受的限度，这就要使人对伦敦逍遥自在的生活无限向往了。

然而，俄国的这种奋发向上的精神，一旦为人们所感觉到的话，则是十分之伟大的。人们常常会感到，贫穷、愚昧和压抑这些现象尽管总是存在于周边，但是，这里却是一个生活的实验室。在这里，化学制品皆是按照新的化合方程式化合起来的，正在发生着剧烈的化学反应，会发生爆炸。在这里，只要有一个机会，可能就会发生点什么。即便是同样的机会，在俄国所引发的影响，可能就会比（例如）美国所引发的具有更大、更重要的意义。

有些人对俄国怀有着戒惧之心，就像《泰晤士报》的读者来信中所流露出来的那样。我认为，这中间有些部分是合情合理的。但是，俄国在外部世界如果要形成一种力量，那这也绝不会是季诺维也夫先生金钱资助的那些活动的结果。除非俄国作为一种精神力量，否则它是绝对不可能与我们有什么重大的关系的。现在这个国家一切都已木已成舟，又是这般义无反顾，因此，我愿意给它一个机会，去助它一臂之力，而不是选择从旁阻挠。应该这样来设身处地看问题，如果我是一名俄国人，即便对各个方面都已经虑及，相比之下，我也总是会愿意将我的一份力量贡献给苏维埃俄国，而决不愿意把它贡献给沙皇俄国！我对于新与旧的官方信仰均无好感。对新政权的专制行为之憎恶，其程度并不比对旧政权的行为有稍许的减轻。但是，我总觉得，对于事物之前途，我的眼光应该加以正视，而不是回避不见；我总觉得，在旧俄国的残酷与愚昧之下，是不会有什么好的事物出现了，而在新俄国的残酷与愚昧之下，或许还潜伏着那么一丝曙光。

2　自由放任主义的终结[1]

让我们来把那些时常作为自由放任主义所得以建立的抽象或一般的原则进行一下澄清。认为个人在他们的经济活动中按照某种说教而那样享有"自然自由",这种看法并不**正确**。对于有所占有或有所获取的那些人们,人世间并**没**有什么"契约"曾赋予他们永恒的权利。那种认为私人利益和社会利益总是能够彼此达成一致的看法,也并没有什么根据可言,上天**可不**是这样来统治这个世界的。而认为这两种利益实际上彼此一致,这个说法也不真确,下界凡间**也不**是这么来管理这个社会的。认为开明的自利行为总是会为公共利益而努力,这种观点也并非根据经济学的原理而得出的正确推论。自利行为一般来说也并**不总是**开明的;每个人各自为争取实现自己的目标时,往往表现得过于愚昧或过于脆弱,有时候甚至都因为这般的愚昧和脆弱而使得他们连自己的目标都难以实现。既有的经验并**没**有表明,当众多的个体组织成为一个社会单位时,总是比他们单独地进行行动时,就一定在其精明干练方面会逊上一筹。

---

[1] 这篇文字最初是由霍加斯出版社作为一本小册子于 1926 年 7 月份出版,内容所依据的是凯恩斯于 1924 年 11 月份在牛津所做的西德尼·鲍尔讲座(Sidney Ball Lecture)以及于 1926 年 6 月在柏林大学所给出的讲座的讲演词。《劝说集》中编入的是其中的第四章和第五两章。——译者注

因此，我们不能在一些抽象的基础之上来判定哪些属于政府的职责范围，哪些该由个人来行裁决之事，而是应该具体地根据各自的优长来界定这种责任的划分范围。在谈及这一问题时，埃德蒙·伯克曾这样说："在立法当中存在着一个极为微妙的问题，那就是，如何来确定哪些是政府应当通过公众的智慧而要承担起来的管理责任，哪些又是政府应当尽可能地避免对之加以干涉，而该由个人自己来努力完成的事务范围。"边沁曾使用过现在已经被人忘却但却很恰当的两个名词——"任务"（Agenda）和"非任务"（Non-Agenda）——来说明哪些事务需要政府过问，哪些事务是政府不必过问的。我们来对边沁提出的这两者加以区分。在边沁那里，还有一个假定的前提，认为政府干预一般来说总是"不需要的"，并且是"有害的"。[1]有关于此点，我们倒不必和他一样抱着同样的态度。这样看来，当前经济学家的主要使命就是要在政府的"任务"和"非任务"之间重新进行辨别一下。与之相伴还有一个使命，是要在民主政体之下设计出能够完成这样的"任务"的管理方式。我用下面两个例子，来说明我心目当中这应当是怎样的一些管理方式。

（1）我认为，在很多情况下，管理单位和组织单位的理想规模，当处于个人和现代国家之间。因此，我认为对于国内的一些半自治的团体，应当予以发展和鼓励，这是能不能取得进展的关键所在。这些团体在其自己的范围之内，它们的行动准则纯粹是为其所了解的公共利益服务，而为个人谋利益的动机则不在它所考虑的范围以内。虽然在人们利他主义的襟怀尚未取得进一步的扩大之前，对于各种集体、阶级或派别的各自的利益，也许仍有必要对之加以相当的照顾，在这个方面需要留一定的余地。这类团体在一般事务的处理范围上，在它们的规定限度之

---

[1] 参见边沁的《政治经济学手册》，宝林出版社1843年于作者身后出版。

内,基本上是自治性质的,但是,最后还是须服从民主制度的统制,而统制应当是通过议会来实现的。

可以这样说,我是主张回到中世纪的那种分立自治的概念上来的。不过,在英国,法人组织(corporations)一直都是一种占据着重要地位的管理方式,而且这种方式是与我们的制度彼此协调的。这种组织模式与我所说的分立自治方式,或者已经彼此相合,或者已经有所接近,若然就既有的实情而予以举例说明的话,还是颇为容易的,譬如各综合性大学、英格兰银行、伦敦港务局,甚至包括一些铁路公司,皆可称是这样的例子。在德国,几乎可以肯定地说,也存在着与此类似的情况。

但是,比这类组织更值得关注的是这样一种趋势:股份组织经过相当一段时期并发展到一定规模时,在地位上表现得与公共团体更相接近,而反倒与个人主义的私人企业不相接近了。这是近几十年来的一个极富意义而又没有受到关注的演变趋势,这是一种大企业在使自己社会化的趋势。有一些大公司,尤其是大型铁路公司或大型的公用事业企业,还有大银行或大型保险公司,在其发展过程中已经达到了这样的地步,公司资本的所有者,也即股东,已经差不多和公司的管理完全脱离了关系,其结果是,股东在谋取厚利这一方面的个人直接利益已经渐次退居次要地位。当组织的发展达到了这一阶段时,管理方面所考虑的更多是整个组织的稳定和声誉,而不再是股东利润的最大化。股东将不得不满足于能够获得惯有的适度红利即可,而一旦这一点得到了保证,管理层所直接关注的往往是如何才能避免来自社会或来自其顾客方面的批评。如果组织的规模已然很大,或者已经居于半垄断的地位,从而特别容易引起社会的注意,容易受到社会的非议时,这种倾向就会更加明显。有关于这种倾向,其最为极端的例子,可能当数英格兰银行,这间银行在理论上仍然属于不受限制的私人财产。而事实上,几乎可以这样说，当英格兰银行的总裁要决定其政策时，不能不去考虑来自国内各个方面的利益诉求，当此之时，对各方人物他之所考虑最少的，恐怕非他的股东莫属了。而这些股东们只是享有惯常的股息红利，除此之外，他们所享受到的其他权利几乎可以减少到零。而且，对于很多其他的大型机构，在一定程度上，情况也是如此。随着时间的推移，这类机构也在走上社会化的道路。

这种演化的结果也并非是有利无害的。这种情况也促进了保守主义的倾向，而且使得企业渐趋衰落。事实上，我们已经在这些情况当中发现了国家社会主义的许多优点和缺点。尽管是这样，我还是认为，从中我们可以看到演化的自然趋向。社会主义对不受限制的个人利益的斗争，具体来看是正在逐步地取得胜利的。这种斗争在其他的领域内依然保持着较为尖锐的态势，而在这里我们所说的范围内，则已经不再是一个迫切的问题了。举例而言，如铁路的国有化实际上就已经没有比它更不重要的所谓重要政治问题了，与英国经济生活的改革发生的关联，也没有比它更少的了。

的确，有很多大型企业，尤其是公用事业企业以及其他需要大量固定资本投入的企业，仍然需要在半社会化的形式之下继续经营。对于这种半社会主义的形式，我们必须内心当中做好随机应变的准备。对于时代的自然趋势，我们要充分地加以利用；与那些由部长们直接负责的中央政府机构相比，半自治组织也许还要高明一些，我们抱持着这样的思想准备也许是颇为必要的。

我批评空想的国家社会主义，不是因为它企图将人们的利他主义动机向社会事业来引导，不是因为它与自由放任主义相违背，不是因为它剥夺了孜孜为利的自然自由，也不是因为它具有勇敢向前、敢为天下先的气概。相反，这些都是我所赞美的部分。我之所以批评它，乃是因为它没有抓住实际发生的事态之重要意义，因为它事实上并不比那应付旧时代问题之计划的一点黯然的残余好多少，那些旧时代的问题还是五十年前的前尘往事，而且还是出于对某人在一百年前所说的一番话的误解而来的。十九世纪的国家社会主义源于边沁，发端于自由竞争之类，乃是对于作为十九世纪个人主义基础上的个人主义哲学的反映，在某些方面这种反映比较清楚一些，而在某些方面这种反映则比较模糊一些。而这两者都一样在尽力地强调自由这一点，一个消极地主张不要限制现有的自由，另一个则积极地主张消除自然存在的或以人力取得的垄断。这两者是对同一种精神氛围的不同反应。

（2）接下来我要谈及的是有关政府"任务"，尤其是对于那些迫切的、希望在不远的将来要执行的任务之准据问题。我们必须对那些不同的事务之性质加以区分，有些事务**在技术上是属于社会性的**，有些**在技术上是适于个人来经营的**。有些事务个人已经在实施完成，并且已经卓然有所成就，而有些事务则在个人活动范围以外，有关于这后一类，政府如果不来做出决定，就再也没有人来过问了；政府最重要的**任务**是与后面这一类事务有关，而不是与前面那一类事务有关。对于政府而言，关键不是在于去做那些个人已经在那里做的事务，也不是在于比个人会做得更好或者更坏，而是在于去做那些现在还没有人在那里做的事务。

而关于在这方面的实际政策是如何执行的，是不在我这里要讨论的范围之内的。因此，我在这里只是局限在举出若干个例子，仅就我所偶然关注到的、考虑相对最多的那几个问题来加以阐述。

我们这个时代，很多最为显著的经济病症乃源自风险、不确定性和愚昧无知。这些病症的发生，乃是由于某些个人，凭靠他们所处的地位或所具有的才干，对于不确定性与愚昧无知这类现象，能够对之加以利用，乃是在同样的原因之下，使大企业往往成为风险分布下的侥幸产物,带来了财富分配程度上的巨大不平等。这些因素也是造成工人失业、企业合理的预期遭遇挫折以及生产效能受到削弱的原因。然而,要使这些现象得到矫正,却不是个人活动所能办得到的。不但如此,甚至由于个人的利害关系,从而造成病态的恶化。我认为,对这些问题进行补救的方法,部分在于中央机构对通货和信贷的审慎控制,部分在于将与企业情况有关的资料大规模地加以收集并进行传布,如果有其必要的话可以用法律来规定,将企业的一切实际情况只要公开之后对社会有利,就应当尽可能地予以公开。有了这些措施,就可以使社会通过某种适当的行动组织来对私有企业内部错综复杂的情况,发挥起监督的功用来。即便这一类的措施并不能充分地发挥效力,它们也可以使我们拥有比较丰富的认识,便于我们采取下一步的行动。

我要举的第二个例子,与储蓄和投资有关。我认为,就整个社会应该达到的合宜的储蓄规模而言,储蓄中有多大的比例应该以对外投资的形式流出国境,现今的投资市场组织对储蓄是不是在沿着最有利于国内生产的路线而进行分配,在这些方面都尚且需要某种能配合理性的判断的行动方可。有关这一类问题,我认为不应该像它们现在这样完全受个人判断和个人利益的引导,而凭着机运来予以判定。

我要举的第三个例子是关乎人口问题的。每个国家就其人口的规模当为多少,是需要一个审慎的国家政策的,我们需要根据目前的人口来进行计量,看看是应当加以扩大还是加以缩减,还是既不增加也不减少,维持现状即可,现如今正是对这样的国家政策应该有一个认真的思虑的时候。一旦这个方面的政策确定之后,我们就必须要进一步采取实际的行动了。也许就在不久的将来,会产生这样进一步的要求,即整个社会对于它未来的成员,不仅需要关注其人数的多寡,还需要关心他们内在的素质如何。

这里之所谈,意在凭借集体行动的力量来对现代资本主义做出技术上的改进。以我观之,资本主义的主要特征,乃是依靠个人牟利和个人嗜利本能的强度引力,而以之作为经济机器的主要动力,与上述我之所谈,似乎并不存在什么势同水火的矛盾在里头。本篇行将结束,谈锋所向,也不打算再牵涉其他的方面。尽管如此,我还是愿意在这即将结束之时为诸君做出提醒,今后将要展开的最猛烈的斗争和观念上最深刻的分歧,可能不是在技术问题——即当这类问题不论在斗争的哪一方看来主要属于经济性质的问题时——而是在于另外一个方面,关于这一方面,还没有什么比较恰切的词语来进行表达,可以暂且称其为心理的或者也许可以说成是精神方面的。

我们的社会是建立在对个人金钱动机进行鼓励、助长和保护这一基础之上的,在欧洲,或者至少在欧洲的某些部分——不过据我观之,美国似乎不在其内——对于我们在这一方面之所为,是存在着一种相当普遍的、隐藏着的反感之情。有些人认为,在我们对各种事务的安排当中,所采取的方式越是借助金钱动机比较少就越好,而不是尽可能地越多越好,这般言论也许不一定是出于推论之结果,而是基于经验对照而做出的。不同的个人,由于所选择的职业各异,金钱动机在其日常生活中会起着或大或小的作用。历史学家会告诉我们,在社会组织的其他状态之下,这一动机所起的作用较之现在所起的作用,会小许多。而多数宗教和哲学,至少可以这样说,它们对于以个人牟利思想为主导的生活方式是明确地不赞成的。但是,今天大多数的人们都不愿意接受禁欲主义的观念,对于财富的真正好处都是毫不怀疑地加以拥抱的。在这些人们看来,人不可没有追逐金钱的动机,而且除了某些无可否认的流弊之外,这一动机极是能够做到恪尽职守、表现优异,这些都是极为显明的。其结果是,一般的人们不会再留心这个问题,在这方面他们究竟作何感想,有着何种感受,根本就没有一个清晰的观念存在。

思想与感觉上的这种混乱局面,造成了语言上的混乱结果。很多人,实际上是反对作为一种生活方式的资本主义,但是,在他们的言语当中,反对的理由又似乎是资本主义在实现其自身的目的上不够有效。与之相反,资本主义的积极拥护者却又往往抱持着过分的保守态度,不愿意接受技术上的改革,生怕因此会开了脱离资本主义的头,他们并不知道,这实际上是有助于资本主义的,能够使它取得巩固地位,并得以长存。有些人之所谈,则是资本主义在技术上效率高低的问题,有些人之所谈,则是这一主义本身是否可取、是应当加以拥护还是反对的问题。当下我们往往把这两个方面的论调混同起来,对这一点有更加清楚的辨识,是可以期之于将来的。以我观之,我倒认为资本主义在明智的管理之下,较之于我们到目前为止所看到的任何一种其他的制度,可能的确是可以做到更加有效地实现其经济目的的;不过就这一制度本身而言,有很多方面则是极不可取,是应当鸣鼓而攻之的。我们的问题是,如何努力地设计出一套社会组织,既不与我们所满意的生活方式的观念相抵触,其效率又可以得到尽可能的提高。

下一步的行动,一定不能是由政治上的煽动或不成熟的实验所催动,而应该是由思想所促成。我们需要一番心智思考上的努力,去廓清我们的感受。目前,我们的同情心和判断力飘忽不定,很容易落到其他不同的方向上去,这是一种痛苦而又陷于麻痹状态的心境。那些拥护改革之人,非得有明确的目标,不足以坚决地去追求这一目标,不足以使他的理智与情感协调一致,否则的话,在实际的行动之中是不可能有任何成就的。在我来看,当今天下,尚且没有哪一个政党能够使用正确的方法去追求正确的目标的。物质上的贫穷造成了这样一种动机,希望改天换地,而关于所想要换成的那番天地,实际上能够供来进行实验的余地是几乎没有的。正当时机来临,可以安全地对革故鼎新之举做一番谋划和尝试之时,物质上的富裕反而又打消了这种动机。要采取行动,欧洲所缺乏的是手段,而美国所缺乏的则是意志。我们内心对于外在事物的感知,若然能够加以正直坦率地检视,是可以由此而自然地生发出一套新的坚定的信念来,而我们现在所缺乏的,正是这样一套新的坚定信念。

3 我是一名自由党人吗?[1]

I.

如果人天生就是一个政治动物,那么,他若不加入任何政治党派,就一定会感到极不舒心;那种冷寂、孤独,被漠视而倍有身如微尘之感,这些都是不让人感到愉快的情绪。如果你加入了一个坚强有力的政党,而且该政党所秉持的施政纲领和哲学理念又颇值得同情,能够满足你对于喜欢社会交往、希望经纶世务以及满足智识上的要求这些本能的需要,那该是一件多么称心如意之事啊!这样的政党是值得你大量捐资襄助的,也值得你把所有的空闲时光全部花费在这样的事情上,而其前提是,你得是一个政治动物。

因此,作为一个政治动物,如果他不甘心喊出这样一种遭人轻视的话——"我是一个无党无派的人",那么,他就会选择加入任何一个党派,而不会成为一个无党无派之人。如果他不能根据"相吸"原则,他就应当退而根据"相斥"原则来找一个安身之所,寻找一个相对而言最不感到厌恶的政党加入进去,这也总比寂然一身地站在圈子外面要好得多。

---

[1] 《我是一名自由党员吗?》首度发表是在 1925 年 8 月于剑桥大学举行的自由党暑期学校的演讲上。然后,此文被分成两篇文章,分别发表于 1925 年 8 月 8 日和 15 日的《国家文艺杂志》上。——译者注

现在我来说说我自己——在这样的一个消极标准之下，我到底该处在什么样的立场之上呢？我可以让自己成为一名保守党党员吗？这怎么可能呢！他们既不给我吃，又不给我喝——既不能在智识上使我有所增益，又不能在精神上使我得到安慰。他们既不能使我感到中心愉悦，感到兴奋，也不能让我得到任何的启发。这个党派的人士——算了，我还是不去提他们的名字了——所共享的那种心理上的倾向，那种人生观，既不能增进我个人的利益，也不能增进公共的利益。从他们的政治纲领当中，我既看不到其最终目标到底是意欲何往，也没有看到要实现的理想在于何地，它与任何智识上的标准都格格不入，甚至就我们所已经达到的文明程度而言，它也不能或者不打算去防止迈向退化之路。

那么，我应不应该加入工党呢？表面上看来，加入工党是有着较大的吸引力的。但是，若然深入地仔细考虑一下，我就发现，这里面也存在着很大的困难。首先，工党是一个阶级党派，而这个阶级并非我之所属的那个阶级。如果我真是为了追求阶级的利益而加入党派，我应该追求我所属的那个阶级的利益。在涉及这一类的阶级斗争时，除了某些热衷于此的捣乱分子之外，我和其他任何人没有什么两样，我那有着阶级属性的个人的爱国情感，是与我自己的生存环境密切地联系在一起的。我可能会受到从我的立场来看似乎是公平的、良好的那些观念的影响，但是在**阶级**斗争中会发现，我是站在受过教育的**资产阶级**一边的。

但是，最主要的一点是，我不相信在工党内那些有识之士能够一直掌握着适当的控制权；有些人简直**根本**不知道他们自己到底在说些什么，但是正是这些人决定着党内的许多问题。如若党的控制权一旦为某一个独裁的内部团体所操控——而这并非不可能——这个政党就会为那些极左翼人士的利益代言。工党的这一支派颇不可取，我称之为"破坏派"。

在消极标准之下，我认为还是自由党比较起来是最有前途发展的良好工具，前提条件是它能一直拥有坚强的领导和正确的施政纲领。

但是，如果我们从积极的方面来考虑政党问题，也就是说我们从相吸的方面而不是从相斥的方面来看待政党时，那么，不论我们把希望寄托在党的策略上还是人选上，我们都会感到这个政党与其他任何政党一样，前景令人感到黯淡。之所以会出现这样的局面，就各个政党而言，彼此乃是出于同样一个理由。十九世纪历史上的政党问题，历历已成陈迹，而关于未来的问题，却方兴未艾，这些如今都尚且还没有成为政党问题，但是，却也已经越过了旧有的政党路线。

公民自由和宗教自由问题、选举权问题、爱尔兰问题、自治领的自治问题、上院的权限问题、所得税与财产税的税率之差扩大的问题，国家财政收入在"社会改革"方面，也即疾病保险、失业与退休养老、教育、住宅、公共卫生等等的费用支出问题，所有这些自由党曾经为之努力奋斗的问题，或已经取得了成绩，或已经成为过往，或所有政党意见已经取得了彼此的一致。那么，除此之外，还剩下什么问题呢？有些人会说，还有土地问题。但是我却没有这样的想法，因为我认为这个问题，在其传统的形式之下，由于事实上的悄然变化，现如今在政治上已经没有什么重大的意义可言了。就自由党的传统施政纲领而言，我只看到还有两个值得关注的问题——禁酒问题和自由贸易问题。这两者当中，因为一些偶然的因素，自由贸易问题仍然是一个当前重大的政治争议的焦点问题。有关自由贸易，一直存在着两种不同的论调。一种是自由放任主义的论调，这种论调过去是、现在也仍然是与自由党的个体成员们心意相投的；还有一种是经济论调，这种论调的根据在于，各国使用资源的情况不同，各有其比较优势，如果听任其自由流动，可以互受其利，实现共赢。关于自由贸易的原则，背后是有一套政治哲学为之铺陈的,但是现在我对这套哲学已经不再抱有什么信心了。我之所以相信自由贸易,乃是因为从长远来看,一般而言,这是唯一的在技术上正确、在理智上无懈可击的可取之政策。

但是,从最好的方面来看,自由党在土地、禁酒和自由贸易这三项议题上,即便对前面两个问题已经达成了一致的、明确的施政纲领,难道它就可以凭借这三个问题而实现长期的持续生存吗?作为一名自由党员,目前在对这些方面进行积极的论证尚且显得极为贫乏。那么,其他的政党在这些方面进行积极的论证上,情况又如何呢?

保守党始终是极端顽固派的发祥地。但是,就积极的意义而言,它所处的情况也并不见得就比自由党好到哪里去。在保守党内部,那些比较年轻的进步分子与一般的自由党员比较起来,无论是在政策上还是在观念上,都没有什么真正的区别,而所属党派之所以有别,常常只不过是因为偶然的气质上或过去的渊源上的关系。而过去的那些战斗口号,现在其声音或者已经趋于低沉,或者早已湮没无闻。教会、贵族、地主利益、财产权利、帝国荣誉、勋业光耀,乃至啤酒和威士忌酒问题,所有这一切,都绝不可能再构成英国政治上的主导力量。

个人主义的资本主义将来要如何与环境的演化相适应,这是时代的一个重大问题;保守党应该如何对这样一个当前的重大问题贡献意见,进行解释,是需要多加留意的。困难在于,在伦敦和议会里的资本家巨头们,对于什么是保卫资本主义的新举措,什么是布尔什维主义,根本就没有能力来辨别清楚。如果旧式的资本主义在智识上能够保护自己,那么,长治久安是可以实现的,再过很多世代也不会被击垮。但是,对社会主义者来说可称幸运的是,这样的希望尚且渺茫得很。

我认为,那种使个人主义的资本主义在精神上趋于腐朽的种子乃是源自一种制度,这种制度绝非资本主义自身的特征,而是从它的前身即封建制度继承而来的,这就是资本主义下的世袭原则。在财富和企业的管理经营方面代际承传的继承原则,正是为什么资本主义事业的领导权会如此虚弱和无足轻重的原因所在。现在处在主导地位的人,其中太多是创业者的后代,是第三代人。要使一种社会制度趋于衰退,再没有比坚持世袭原则这个办法更为有效的了。为说明这一点,我们可以拿教会作为例子来加以说明,这是在我们一切制度中历史最悠久的了,它始终没有沾染上世袭的恶俗,而且是避之唯恐不及,所以这个制度才得以长期存在。

正如保守党总是有它的极端顽固派一样,工党内部也总是有这么一个"破坏派"为其羽翼——也可以叫它做雅各宾派(即过激革命派),或者共产主义者,又或者布尔什维克,只要你喜欢你可以任意叫它做什么。这一派所仇视或轻视的是现行的制度,认为只要推翻这些制度,就会取得极好的效果;或者至少可以这样认为,推翻现行的制度是获得极好的效果之必要前提。只有当社会受到压迫,在苦恼、忧郁的氛围之下,或者是对顽固派的统治产生反感时,像这样的派别才会有滋长荣发的余地。在英国,这一极端派别在人数上是极其微小的。可尽管是这样,在我看来,它的理论在冲淡了的形态之下也已经渗透到了整个工党。这一破坏派,普遍存在着极端的愤激和猜忌;不管工党的领袖们内心如何平和中正,他们要想赢得选举上的胜利,总是不能不对这样的情绪多少有所迎合。工党在实施其某种建设性政策时,就仿佛是在扬帆前进,而腐蚀船身、降低其适航性的蛀虫,在我看来,就是这种隐藏着的对破坏派的迎合态度。对社会上的那些有钱有势之人(甚至包括他们自己团体中的这样的人)抱持着仇恨、嫉妒之类的激烈感情,这样的氛围与建立一个真正的共和国家的理想,是颇不相宜的。然而,作为一个成功的工党领袖,却不能不带着些粗犷、凶残的风格,或者至少在表面上要装出这个样子来。他只是表达对自己同胞的爱意尚且并不足够，他还必须要表露出对他的同胞的仇恨情绪才行。

那么，我对自由主义所要求的是什么呢？一方面，保守主义立场是颇为鲜明的。它的右翼是那些极端顽固派，这使它拥有了力量和激情；它的左翼是有教养、通情达理的保守自由贸易主义者，这些人堪称他们当中的"最佳典范"，正是这些人使保守主义在精神上、道义上提高了威望。另外一方面，工党的立场也是很鲜明的。它的左翼是那些破坏者，这使它拥有了力量和激情；它的右翼是有教养、通情达理的社会主义改革者，这些人是他们当中的"最佳典范"，正是这些人使工党在精神上、道义上提高了威望。那么，在这两者之间，尚且存在着可转圜的余地吗？是否还可以容纳一些别的什么吗？是不是说，我们在这里只要每个人都只需要自己考虑一下，是让自己成为保守的自由贸易主义者的"最佳典范"呢，还是让自己成为社会主义改革者的"最佳典范"呢？是不是这样考虑了之后，就算万事大吉了呢？

也许，这就是我们如何来找寻到归宿的一种办法。但是，我还是认为，这中间是存在着可以容得下另外一个政党回旋之余地的。我们有极端的顽固派，也有另外一个极端的破坏派，他们两者会相互损害对方的建设。这个另外的党派对于阶级之间的利益须不感兴趣，为前途谋求发展之时，就不会受到上述两个极端派的影响。像这样的一个政党的理论和实践，大体上又该是什么样的呢？现在，我就自己所考虑到的来略加诠释一下。

首先，它必须要从过去的僵局之中把自己解放出来。在我观之，世易时移，现如今除了保守党的左翼之外，那些全心投注在过去那种旧式的个人主义和自由放任主义的人，现在已经找不到他们的位置了，虽然十九世纪之所以能够取得成就，这两种思潮是起到过伟大的作用的。

我之所以这样说，并非是因为我认为这些理论当初处在发轫期的环境下就是错误的（如果我早生一百年，我也会希望在那个时候加入这样的一个政党里去的），而是因为它们与现代的情况已经不相适应了。我们的施政纲领一定不能再纠缠于自由主义的那些历史争端了，而应该是针对那些当前的利害关系和当前的重大而迫切的问题——而不论它现在是不是已经成为了政党问题。我们这样做的时候，即便颇罹非议或者遭受讥讽，亦当在所不惜。抱定这个信念之后，锲而不舍，**那么**，我们的集会就可以逐渐吸收群众，我们这个团体也就可以获得新生的力量。

II.

我把当前的问题分成了五个方面：（1）和平问题，（2）政府职责问题，（3）性的问题，（4）毒品问题，（5）经济问题。

首先，且让我们抱着极端和平主义者的态度来谈谈和平问题。关于大英帝国，除印度之外，我看没有什么重大的问题。在别的地区，就统治权问题而言，友好分离的进程差不多已经完成，这对有关的各方都有很大好处。至于和平问题和军备问题，现在我们才只是刚刚开始。我愿意为了和平的利益而冒险，就像过去我们为了战争的利益而冒险一样。但是，我不想冒下面这种形式的风险，即我反对在种种假设的情况下发动战争。我也是反对订立盟约的。把我们的全部武装力量都拿来保卫解除了武装的德国，使它不致受到军事力量正盛的法国的侵袭，这种态度是愚不可及的。认为我们在西欧将来的任何一场战争中都不会置身事外，这种假设也是没有必要的。不过，我赞成在国际仲裁和军备裁减问题上进行努力，即便冒着削弱自己力量的危险，也在所不惜，希望能够在这个方面树立一个良好的榜样。

接下来要谈到的是关于政府职责的问题，这是一个沉闷但又非常重要的问题。我认为，政府过去避之唯恐不及的很多任务，今后将不得不担负相应的责任。在这些方面，部长们和议会是无能为力的。我们的方针是必须尽我们之所能地将政府的职责分散、下放出去，特别要注意的是，要去建立半独立性质的团体和监管组织，把新兴的以及原有的一部分任务委托给这样的团体和组织。当然，前提是不能危害到民主整体的原则或者是议会的最终统治权。这些问题在将来的重要性程度和困难性程度，将不会亚于过去存在的选举权问题和两院关系问题。

我把一部分问题集结起来，概之以性的问题，它在过去并非是政党问题。因为这类问题在过去从来没有，或者很少成为公众讨论的题材。但是，在这一方面，现在一切都起了变化。现在的广大民众，最感兴趣的就是这一类的题材，很少有什么别的题材被讨论得比它更加广泛的了。这一类题材具有极为重要的社会意义，它们一定会引起人们在意见上真实而又发自内心的不相苟同。它们当中有一些是与某些经济问题的解决有着紧密关系的。性的问题不久即会登上政治舞台，对于这一点，我毫不怀疑。参政权运动只是一个非常初步的开始，它不过是一些征候，在事态的表象之下，尚且酝酿着更深一层也更为重要的争论之点。

像控制生育、使用避孕药物、婚姻法、对性侵害和性变态的处理、妇女的经济地位、家族的经济地位等所有这类问题，法律和传统的现行立场仍然是中古式的，与文明的思想和文明的行为，与无论是受过教育还是没有受过教育的私人相互之间所要谈论的事物，已然是全然脱节。有人认为，这类思想见识上的变化只是局限在少数受过教育的知识分子圈子，只局限在上流社会的一小部分人群之内，这真是自欺欺人之论。还有人认为，提倡控制生育或者修改离婚法律，会让职业女性们惊慌不已，对于这一类误解，希望将来不要再存在了。事实上，在这些职业女性们看来，这一类事物所体现出来的是新自由，是从最难以忍受的暴虐之政下获得了解放的标志。作为一个政党，如果能够在集会时公开、开明地讨论这类问题，就会使选民们产生新鲜而又生动活泼的兴趣，因为在这样的情况下，政治又和每个人都想了解、与每个人自己的生活皆有深切联系的那一类问题有了接触。

这些问题与那些难以回避的经济问题彼此紧密相关。控制生育，一方面关系到妇女的自由权利，另外一方面也关系到国家的职责，政府关心人口规模的大小，应该像对军队编制的增减或预算额度的多寡一样关心。女性工薪收入者的待遇和家庭工资收入的计划，不仅会影响到妇女的地位（首先影响到的是有酬劳动的完成，其次还会影响到无酬劳动的完成），而且还牵涉整个的关于工资的问题——这个问题就是工资应当依照自由放任主义的传统理论，让供求的力量来决定工资的水平，还是应该在综合考虑各种环境因素之后，照顾到"公平"与"合理"的原则，对供求力量的自由调节逐步地加以限制。

在英国，毒品问题实际上只是局限在禁酒的问题上，尽管我还想把赌博也算在这个项目之内。我希望禁止销售酒精饮料、禁止把赌博作为职业，这样对于社会而言是很有好处的事情，但是问题并不能就此得到解决。那些烦恼丛生、倍受痛苦袭扰的人生，应该在多大程度上允许他们时不时地有点安慰、有点兴奋，给他们点刺激和变化？这是一个重要的问题。在既不损害健康，也不过度耗费的情况下，适当地放纵一下，狂欢一下，来一次节日庆祝的嘉年华会，而同时又严格地防止堕入在美国被人们称之为"瘾君子"的那一类人无法摆脱的悲惨境地，这样的情形能不能容许它存在呢？

对于这类问题究竟该如何处理，我不能坐等答案，在这里必须马上转到一切政治问题当中最为重大的那一类上去，也就是我最有资格来谈论的问题——经济问题。

美国有一位杰出的经济学家，康芒斯教授，[1]对于我们现在所处的经济变迁的早期阶段，他是最先认识到其性质的人之一。他把这个阶段分成三个时期，也即三种经济秩序，我们现在正在进入的是第三个阶段。

第一个阶段是稀缺时代。之所以会出现这种现象，乃是因为"缺乏效率，这是由于暴力、战争、风俗、习惯的缘故，或者是由于迷信造成的"。中间除了出现短暂的间歇时期，属于特殊的情况之外，在这个阶段，"个人自由降到最低的限度，而共产主义、封建主义或政府的控制达到了最高的限度"。这就是直到（比如说）十五世纪或十六世纪为止世界的正常经济状态。

接下来是丰裕时代。"在极端丰裕的时期，个人自由到达最高限度，而政府机构的高压统治降低到了最低限度，个人之间的交易代替了定量的配给。"从十七、十八世纪开始，我们从经济匮乏的状态中艰难地走出了一条生路，进入了丰裕的自由之境，到了十九世纪，仰仗自由放任主义和历史的自由主义的胜利，这个时代到达了光辉的顶点。自由党的前辈们，对于这个顺风顺水的时代总是常怀眷恋，这是不足为奇的，也并不是什么丢脸的事情。

但是，现在我们正在进入第三个时代，康芒斯教授把它称为经济稳定的时代；把它看作"马克思的共产主义以外真正可以择取的替代之物"，这的确是说出了这个时代的特征。在这个阶段，康芒斯教授说，"个人自由再一次降到了最低限度，之所以会如此，一部分原因在于政府的制裁，不过这主要是通过经济制裁来体现的。这种经济制裁是通过社团、劳资协会、工会以及工商业者、工人、农民和银行业者的其他集体

---

[1] 约翰·罗杰斯·康芒斯（John Rogers Commons, 1862—1945 年），美国制度经济学派的代表人物，1904—1932 年任威斯康星大学教授。1920—1928 年任美国国民经济研究局局长。——译者注

行动来实现的,这种集体行动有些是秘密的,有些是半公开的或公开的,也有些是公共裁决之结果。"

在政治领域内,这一时代特征的极端形式,一方面表现为法西斯主义,另一方面表现为布尔什维主义。社会主义是没有提供出一条中间道路的,因为它同自由放任主义的个人主义和经济力量的自由运动一样,也是导源于丰裕时代的那些前提假设的;而报纸经济专栏的编辑先生们,几乎可以称得上是人类社会当中独一无二的一群人,他们残酷无情而又昧于事理,却依然摆出一副低眉顺眼的可怜相。

要从经济上的无政府状态转到一种其目的是社会公正与社会稳定、对经济力量加以控制与指导的社会组织,无论在技术上还是在政治上,这一点都会引起巨大的困难。尽管如此,我仍然认为,新自由主义的真正使命,就是为这一困难问题去寻求解决的办法。

我们在煤炭工业上所面临的处境,恰好可以作为一个由当前流行的思想引起的混乱之实际例子,供我们从中汲取教训。一方面是财政部和英格兰银行,它们仍然追随十九世纪的传统政策,这一政策所依靠的前提假设是供求力量的自由调节能够自己完成,而且也应该由它来完成对经济的调节。财政部和英格兰银行仍然认为,或者不管怎么样直到一两个星期之前还认为,在自由竞争和资本、劳动力的流动性假设之下所发生的那些事物,在今天的经济生活中也确实在发生。

但是在另一方面,不仅是事实,而且舆论也向着康芒斯教授所称的经济稳定时代的方向迈出了一大步。工会所拥有的力量已然足够强大,完全可以干扰供求力量的自由调节,而舆论对于工会虽然怨怼不已,愤愤不平,但也生怕工会逐渐发展到危险的地步,对于工会的主要论点仍然表示赞同,认为煤矿工人不应该被称为残酷的经济力量之下的牺牲品,认为这种力量并不是由**他们**所发动,所以也不能让他们来承担这样的后果。

旧世界政党中还存在着这样一些观点,认为我们可以变更货币价值,然后任其自然地让供求力量来发挥作用,完成对经济的调节。这种想法,仅适用于五十年前或一百年前的情况。那个时候,工会尚且没有什么势力,经济世界的伟大主宰完全可以在发展的道路上横冲直撞,不受任何阻碍,甚至还能得到人们的嘉许和掌声。

我们的政治家所宗奉为金科玉律的那些陈腐浅薄的教条,其中泰半所依据的假设,一度也是正确的,或者是部分正确的,但是现在已经一天天地变得站不住脚了。时移世易,在新的时代之下,我们必须要去创造新的教条,新的智慧。而与此同时,如果我们今天还想有所作为,那就必须要做一些在我们的前辈们看来是离经叛道、自寻烦恼、凶险无比而又难以掌控的事情。

在经济领域内,这意味着我们首先必须得寻找新的政策和新的工具,以便我们可以与经济力量的运行相互适应,并从而加以控制,使这些力量不致阻遏与追求社会安定、社会正义的宗旨相适应的时代思潮。

这一政治斗争尚且处在发轫期,这一个时期会拖得比较长,斗争的形式也会多种多样,不过基本上应该会集中在货币政策这个方面,这整个现象其实并不是偶然的结果。因为对社会安定和社会正义最强烈的干扰,恰恰是由价格水平的波动引起的;对于这类干扰,因为经济丰裕哲学之影响,十九世纪曾以相当满意的态度表示服从,但是现在的情况已然大为不同。对现代思潮和现代制度而言,这类变动之结果已经再难让人领受;尤其是当官方还把它们当成一剂苦口之良药,药性之烈,较之于十九世纪所服食的药剂让人更难以下咽之时,这就更使得我们感到不堪忍受了。

不知不觉之中,我们逐渐改变了对待经济生活的人生观,改变了对什么才是合理的，什么是可以忍受的等等之看法；但是，在这一改变过程中，我们所熟悉的技巧或者我们所秉承的陈腐之教条，却并未更易。这就会使我们感到痛苦和烦忧。

  一个政党的施政纲领必须在实际事变的压力和刺激之下，以具体的细节逐渐地制订出来；要在事前加以确定是没有意义的，除非使用极其笼统的语句来表述。但是，自由党如果想要恢复其既往的力量，那就必须有一个态度、一种哲学、一个方向。我已经尽力表达了我自己对政治的态度；至于我在本文伊始处提及的那个问题——即我是不是一个自由党人——还是让别人根据我在上面之所述，来替我作答吧。

4　自由主义与工党[1]

我不希望在接下来的二十年里在保守党政府的治下生活。我相信，国内进步力量在自由党与工党之间不容分说地分成了两派。不管在什么可能出现或可以预见到的环境下，我都不相信自由党在下院的席位会占到三分之一。除非保守党的错误政策经过相当长时间之后带来了经济上的灾难——有关于此也并不是没有可能——否则的话，我也不相信工党在下院的席位会占到二分之一。然而，如果工党只有靠国家发生不幸才能取得执政的机会，那这可不值得我们向往。因为这只会扩大破坏派的势力，而这一派在他们所属的那个社会阶层里已经是一个重要成分。事态即已至此，除了让保守党政府继续执政，我们已经别无他望。如果保守党在政策上犯下了不是那么严重的错误，这在过去兴许会打破政治势力的均衡态势，但是在今天则仍然不会发生什么决定性的影响。除非他们一错再错，累积起来，最终铸成难以挽回的大错，否则现在这样的局面是不会改变的。我不愿意在这样两者

---

[1] 这篇文字最初是在曼彻斯特改革俱乐部里给出的一个演说的文字稿，时间是1926年2月9日，彼时下院中三个政党的力量消长正可以带来某种投机活动，自由党和工党能够达成某种联合来对抗保守党。这篇演说词被冠之以"自由主义与工党"之题发表在《国家文艺杂志》上，时间是1926年2月20日。——译者注

之间进行抉择。

那些希望看到进步原则，并打算及时地将之付诸实施的人们，认为在这方面如果行动迁延，会把国家拖到必须做出极端抉择的境地，到那个时候，就再无转圜之余地了。对于这些人来讲，无论他们属于哪一个党派，上述所提及的无疑都是一个实际的政治问题。

工党的雄辩家们惯于采取这样的反驳态度，他们要求自由党人解散自己的政党，转而投奔到他们那里去。现在的情况十分明朗，要让自由党从政治舞台上彻底消失，在事实上是有可能的。将来也许会出现这样的情况，任何人如若想从事积极的政治活动，他只需要在两种选择而不是现在的三种选择之间展开。但是，我认为要想实现这样的目的，无论从政治上还是从个人的行为上来看都是不足取的；而从这两个方面看，对它们加以抵制才应当是值得嘉许之举。

之所以从政治方面抵制这种情况是明智之举，乃是因为如果自由党不复存在，那么，选民当中的进步动机将会因此而削弱而非得到加强。在国内的很多地区，以及选民中的很多阶层，在今后许多年之内是一定不会有足够多的人数和充分高的热情去投工党的票，来让它赢得选举的；但是，一旦政治局势有了变化，这些人就会毫不犹豫地投自由党的票。工党的领袖们如果看不到这一点，那就只能这么说，他们没有以清晰的眼光来看待政治的真实景象。

我们说从个人行为方面来看，也应当反对上述的这种想法，乃是因为多数现在活跃的自由党人，虽然一旦有其必要也会愿意投工党的票，或者与工党一道行动，但是却不会像正式的工党党员那样，感到那么的心安理得、真心诚意。就拿我自己来说吧。我自信我在性格上趋于保守的倾向，是低于工党一般选举人所可达到的程度的。我认为，有关社会改革所可能出现的变化，我所设想的可能的社会改革方案，比之于诸如西德尼·韦伯[1]、托马斯先生或惠特利先生这些人士现有观念中所接触到的，在范围上要更加广泛些。我的想象力所遨游的太空，乃在它的极左之地。尽管如此，我感到我还是与自由党人处在同一个屋檐之下的；只要自由党人给我的居处有那么一砖半瓦，它就是我真正的家园。

自由主义的传统，虽然遭逢如此的厄运，却犹能具备如此的魅力，这中间的原因到底是什么呢？工党由三类分子组成。第一类是**工会主义者**，他们曾一度受到过压制，现在翻身成了压制他人的暴君，对于这些人自私、偏狭的主张，我们必须勇敢地加以反对。第二类人主张使用激烈手段，进行突然的变革，由于语言上的误用，他们被人称为**共产主义者**，他们固守着不破不立的信条，认为必须先进行破坏然后才能进行建设，由于他们不敢公开制造灾祸，因此不得不使用阴谋诡计，故弄玄虚试图瞒天过海。最后一类是**社会主义者**，他们认为现代社会的经济基础弊病丛生，但尚不至于病入膏肓，仍有向好的可能。

现在许多自由党人与上面的第三类分子——也就是我所称为"社会主义者"的那部分人们——在进行交往或交谈时并不感到他们之间有什么志趣不相投的情况。但是，除非我们对这些社会主义者们所要走的道路以及所要达到的目标到底是什么，有着相当的了解，否则的话，我们是不可能和他们一道前行的。他们的历史信条是国家社会主义以及它的最新表现——基尔特社会主义[2]，我不认为他们在这些方面的兴趣会比我

1　西德尼·韦伯（Sidney Webb, 1859—1947年），比特丽丝·波特·韦伯（Beatrice Potter Webb, 1858—1943年）的丈夫，英国著名的工联主义者、费边社会主义理论家、改良主义政治活动家、经济学家。韦伯夫妇是英国工人运动史上两个很有影响的人物。他们一生积极从事社会问题的调查研究，参与社会改革的实践和工会运动实践，并且留下了大量著作。——译者注

2　基尔特社会主义（Guild Socialism），又叫行会主义，产生于二十世纪初期的英国，是费边社会主义（Fabian Socialism）之外，介于社会主义与工团主义（Syndicalism）之间的一种调和理论，改良主义的一种，他们否定阶级斗争，主张在工会基础（**转下页**）

们对这些方面的兴趣更大一些。这些主义不论对谁而言，都已经不再具有鼓动力量。工党中有建设性头脑的思想家以及自由党中的那些有建设性头脑的思想家，正在思谋着另辟他路，寻找更好、更合用的主义来取代这些陈腐的教条。他们两方在观念上都还处在含糊不清的层次，但是彼此之间却有着巨大的同情共感，其思想倾向也颇为相类。我相信，随着时间的推移，这两类人物在建设中将会成为越来越亲密的朋友和同志。但是，作为一名进步的自由党人，还有一个很大的优势。他可以不借助工会主义者们的横暴、阶级斗争的煽动或者国家社会主义的空谈，而拟定自己的政策，他大可以不必在这些方面与之周旋，对于这些，他是全然不予置信的。

在实际的政治领域，必须要有两件事情发生方可，而这两件事情也确有发生的可能。头一件是必须再来一次大选，以便使工党内部的乐观主义者清楚地认识到，他们在独立情况下所具有的政治力量究竟可以达到什么样的程度。此外还有一件事情，那就是自由党人这方面也必须要发生一次某种程度上的变化。如果迫不得已要进行抉择，自由党人将会分成两个派别，一派会投保守党的票，在同样情况下另外一派则会投工党的票。从历史以及过去的贡献上看，这两派都有资格称自己为自由党。在自由党内部，有些人跟温斯顿·丘吉尔先生以及阿尔弗雷德·蒙德爵士（Sir Alfred Mond）[1]的态度是一致的，认为最好把此后的政治斗争看成是资本主义和社会主义之间的斗争，认为应该在这样的依据之下，为捍卫资本主义而战斗到最后一息。我认为，为了保持自由党的

（接上页）上成立专门的生产联合会来改善资本主义。其代表人物有彭迪（A. J. Penty）、霍布森（S. G. Hobson）、柯尔（G. D. H. Cole）等。——译者注

[1] 即 Alfred Moritz Mond（1868—1930 年），被封为爵士，是英国一名工业家、金融家和政治家，晚年成为了一名积极的犹太复国主义者。——译者注

健全，那些抱持着这种看法的党员，最好应当让他们退出这个党去。保守党的头脑与性格，总是从自由党这边取得补充的，我们应该把我们最好的材料供给他们，切不可有所吝惜，使他们在智识上陷入饥馑之中，这是我们的历史任务所在。前面所说到的那部分忠诚而卓有才识、又与保守党人保有着同情共感的前自由党人，对于我们来说，已经显得过于老迈、过于顽固；但即便如此，如果保守党能够由这部分人士来主持，增添这部分新生力量，与由他们那个党中的顽固派来把持相比，还是要好得多。自由党可以为保守党的政府提供内阁大臣的人选，可以为工党的政府提供思想的来源，也许自由党为国家效力的方式，再也没有比这更好的了。

作为保守党党员，丘吉尔先生和阿尔弗雷德·蒙德爵士直到前不久还是自由党的一员，即便是现在，在自由党内部也仍然有好几位是持有与此相类的性格的人。工党不愿意和这样一个政党合作，无论如何，在我看来是情有可原的。不过，这样一个困难很快就会自行解决。待这一点得到解决之后，自由主义和工党之间的关系，不管是在议院，还是在选区，皆可不必借助于任何盟约、协定或其他具体形式，而变得更加地密切，较之于我们当中有些人所乐见的那种密切程度还要更进一步。

保守党应该从自由党的老一辈党员中获取补充，这种办法不但正确而且也是非常合适的。但是，如果当下的局面只是被一帮过了时或者软弱无能的工党分子所把持，那么，自由党在这样的世界中是找不到自己的位置的。自由党的进取精神以及对新思想的敏锐性，不应该落后于工党。在建设新世界的进程中，它不应该甘居人后。我不相信，自由党能够以保守党和工党所采取的那种方式，成为与这两个政党相媲美的大的政党机构。但是，在铸造未来的进程中，在命运前途的决定上，它也能够发挥举足轻重的作用。如果没有工党的积极襄助，重大的变革想得以实现是不可能的。然而，固然是这般境况，若是没有自由党的预作思谋和批评相佐，那么，这一类变革就会不够健全，而且难以持续。像牛津勋爵[1]所具有的那种冷静沉着之气质，以我观之，正是**自由党人**所特有的风格，与那些感情用事的狂热之徒相比，他们更加勇敢，身上也具有着更值得嘉许、更加宝贵的政治素质和天分。

人类的政治问题要把以下三件事物结合起来，那就是经济效率、社会正义和个人自由。经济效率所需要的是鉴别力、审慎的态度和技术上的知识。社会正义所需要的是公而忘私的精神、热忱的内心以及对普通民众的热爱之情。个人自由所需要的是慈悲为怀、休休有容的宽阔之胸襟，对各类美德和独立精神所持有的嘉赏之态度，对于那些无论是以何种方式表现出来的卓越之辈以及雄心广大之人，要能够对他们不加阻挠，给他们以发展的机会。这第二种要素是无产阶级政党所具有的最大的优势。但是，第一种和第三种要素则是具有这样品质的政党所具有的：由于该政党的传统和由来已久的声气相投，它乃是经济个人主义和社会自由的发祥之地。

---

[1] 即赫伯特·亨利·阿斯奎斯（Herbert Henry Asquith，1852—1928 年），英国第 51 任首相，自由党领袖，晚年以牛津勋爵（Lord Oxford）称之。——译者注

第五部分　未来的展望

1　克里索尔德[1]

威尔斯先生[2]和他的出版商采取了一种别开生面的方法，让他的这本最新出版的作品[3]被反复评论了三次，现在再对它发表意见，也许为时已经过晚，或恐有画蛇添足之嫌。但是，在阅读完那些书评之后，又来拜读了这部大作，对于那些职业评论家之所言，我深感不满，有些话如骨鲠在喉，不吐不快。这些现代的批评家们的弱点就是缺乏辨别力，无法把不同的事物加以区别。甚至威尔斯先生所选择的写作形式，也让他们大惑不解。这些人们根本就搞不清楚威尔斯先生内心中所追求的目标到底是什么。就好像是那位买椟还珠的古人，自以为决不能舍弃的，只不过是一些不值一提的糟粕，而威尔斯先生奉献给英国读者的精华所在，倒反而弃如敝屣。或许这些人的感受力实在太过于纤弱，对于作者那

---

[1] 本章内容是对 H.G.威尔斯所著的《威廉·克里索尔德的世界》一书所写的评论，发表于 1927 年 1 月 22 日的《国家文艺杂志》上。——译者注

[2] 即 Herbert George Wells（1866—1946 年），是一名多产的英国作家，作品涉及领域极广，包括小说、历史、政治、社会评论等等。在今天，威尔斯先生最为人所知的是他的科幻小说，他被尊称为科幻小说之父，《威廉·克里索尔德的世界》是其科幻作品的代表作。在中国，威尔斯先生最为知识界所知的是他的《世界史纲》一书，该书由梁思成先生领衔主译，王云五、何炳松、竺可桢等先生校审，影响了许多代中国的知识分子。——译者注

[3] 即《威廉·克里索尔德的世界》（三卷本）。

丰富驳杂的情感、恢宏的气魄、博大的胸襟压根就无法体会。作者用他那如椽巨笔，以粗犷豪迈的笔触，挥毫泼墨，成就了这般宏大之作，意在攫住千百万读者们的心灵，推动他们的思想向前进。

威尔斯先生在此所提出来的并不完全是他自己的观点，也并不只是以他个人的经历或生活方式为基础而发展起来的，而是变换了角度，在这个角度下表达的观点，其中所依赖的经验基础，与他自己的阅历基本上是大相径庭的。这是一个事业有成、思想开通、粗通科学知识而又不自命清高、以博学自炫的英国企业家的经验。其结果，这部书基本上不再是一件艺术作品。思想，而非形式，才是它所要传达的主旨。这是一部富有教育意义的作品，如果你喜欢的话，也可以称之为宣传品，它是企图把已为一小部分人所熟知的那种思想态度，传播给广大的公众。

这部书的内容无所不包，所涉五花八门，堪称是一盘大杂烩。我想从中择取两个较为突出的、半经济性质的主题来谈一谈。除此之外，这部书所关注的一个主要话题是妇女问题，以及在现代社会，妇女跟她们自己、跟诸如克里索尔德类型的男性可能具有的关系情况之问题。有关于此，作者是以高度的坦率、深切的同情以及敏锐的洞察，来对之加以讨论和处理的。读者们读后掩卷，觉其余味辛涩，不绝于心者，此正是作者的意图所在。

上面这些主题中的第一个是对保守主义的激烈抨击，持续强调的是迅速变革的必要性和紧迫性、依恋过去表现出来的愚不可及以及因循守旧隐藏着的危险所在。就像威尔斯先生以前的某些浪漫文艺作品一样，这部书同样带给了我们一种奇妙的感觉，他在巨大的时间跨度中沉思默想，回首过去，眺望未来，给人一种悠闲从容的印象，似乎以为这整个进度都是那么的悠缓（在可得永生的时间之中，自然可以做到闲庭信步），然而，时间之轮驶到今天，它的运转在不断地加速，其结果是我们

现在不得不在非常高的速度下飞身前行，再也没有成百万年的时间供我们徘徊悠游了。我们生活当中的那些保守势力，就像远古时代的恐龙，赫然地等在他们面前的，只能是彻底被消灭的命运。我们的思想、习惯和既有的成见，没有能够随着物质的变化而并驾齐驱，二者之间已然形成了鲜明的对立之状。我们的环境变化实在是太快了，远比我们自身的变化要快得多。时间的车轮前进得太快，我们无法在车厢中安坐，身子后倾，车壁已然碰触到了我们的脑袋，强拉着我们向前进；要不赶紧挤上前去，恐怕就要被摔下车来。看来，保守主义实在比自杀好不到哪里去。唉，这该死的恐龙，真是让人心中悲哀！

　　这是一个方面。我们已然身处危境，却仍旧裹足不前。时间则如过隙之白驹，疾驰而去。不过，同一事物还存在着其另外一面——克里索尔德正是在这里出现了。生而为一个现代人，在现实生活当中，他的思想乃能与时代齐头并进，但是，在习惯和生活方式上，他却依然原地踏步，这会给他带来何等的苦恼啊！那些伦敦用来褒奖成功者的宴会和庆典，对他来说又是何等的令人生厌！这些东西经过社会上的诸般矫饰，皆已失却了其原有的意义，失却了惯常的快乐感受，已经无法再让人感到满足，这样的感觉是何等的无聊啊！一位现代商业的巨头，一面是精力充沛地从事着建设性的活动，另外一面，在其办公时间之外却又显得无所适从，这两者之间的对立的确非常尖锐。更何况，在其孜孜为利的活动当中，大部分的内容是全然枯燥乏味而又毫无建设性可言的。在这部书的第一卷中，对于实业家们的那种无可奈何的苦闷心情，有一段精彩的描述。克里索尔德的父亲，是书中那家公司的发起人，也是一名投机商人，由于心情苦闷，先是陷入了骄狂自大的状态里，然后又卷入到了欺诈活动当中。因此，我们要用两只手来把社会生活这块塑料，模铸成我们自己的当代塑像。

　　我们这些人不仅属于当今这个时代，而且与我们的先人们相比，当我们成熟并掌握事权的时候，平心而论，我们的年纪是比他们要大一些的。威尔斯先生着重指出了一个一向被我们所忽略的特征，那就是我们这一代人的寿命比之以前要长得多，而且更为重要的一点是，我们处在健康和有活力的时间段是得到了延长的，在这个延长了的时间段上，我们一改过去的衰弱之态，因此，现在一个平常之人也可以期望取得持续的一段活动时期，而在以前，只有少数人可以有这样的预期。实际上，我还可以对此加以补充，（我认为）这也是威尔斯先生所忽略的一点，那就是在规模迅速增长的人口当中，其平均年龄要比规模稳定的人口低很多。这一特征在今后的五十年，要比过去五十年表现得更加突出。例如，在今后两代，人口规模可能会出现较为稳定的局面，而下面这种情况则会比较快速地涌现出来，也即与最近几年相比较，老年人在总人口中的比例（比如说，年龄在六十五岁或六十五岁以上者）将会提高100%，中年人（比如说，年龄在四十五岁或四十五岁以上者）的比例将会提高50%。在十九世纪掌握实权的人们，与十六世纪的那些人相比，平均年龄差不多要高出不下十五岁；而在二十世纪到来之前，除非我们能在明显的体力或脑力衰退之外，还能找到使高级职位空缺的其他有效方式，否则的话，这个平均年龄可能还要再增加十五岁。克里索尔德（要注意，他当时的年龄是六十岁）对此的看法与我有所不同，他看到了更多的优势，而劣势却比较少。人心大抵如此，年龄愈大，对于金钱和生活的安稳就愈发地重视，而创造和建设之心就愈发地淡薄；而且在他们对具体问题尚具有合乎理性的判断力明显衰退之前，这一过程早已经开始了。威尔斯先生更为偏爱具有成熟心智的年长者的世界，而非年轻人性欲色彩浓郁的世界，也许不无道理。但是，这个年长者的世界与中年人金钱气息浓郁的世界，二者之间的分界实在是非常狭窄的。即便从最好的方面来考虑，我们也总不免会受到所谓的体魄强健的"退休者"这一骇人的问题所威胁。有关于此,威尔斯先生自己对里维埃拉地区[1]常住的外来居民所做的令人心生绝望的描述,就是在这方面提供的一个显著事例。

因此,当今我们所处的这个时代,日新月异,却又难以使我们称心如意。在这个时代;大多数人,特别是那些站在时代浪潮之上的人们,常感到他们自身与周围的环境格格不入,难以相合。在精通世故方面,他们赶不上他们的先辈;而在天真素朴这方面,他们不及他们的后辈。因此,他们的日子过得比之于他们的先辈和后辈都不是那么的快乐。威尔斯先生对于那些在实际活动中讨生活的人所下的诊断,与埃德温·穆尔先生(Mr Edwin Muir)先生在他那部极为有趣的批评著作《转变》(*Transition*)中,对那些投身于艺术与冥想之生活的人所下的诊断,简直如出一辙。按照穆尔的说法,我们时代第一流的作家们,在这个世界总是**郁郁寡欢**的;他们对于任何事物都不能满怀信心地加以支持或予以反对,结果他们的作品均未能充分地反映出他们的天赋和才能,与那些在比较快乐的时代所产生的作品相比,不免相形见绌——正如他们自己对天地之间万事万物的感觉一样,空虚、憔悴、枯燥乏味、残缺不全。

总而言之,我们不能固步自封,我们要不停地运动起来,这种运动,不一定要么是上坡,要么是下坡,而只是要来寻求平衡。那么,为什么不走上坡而一切向好呢?为什么不从物质的丰收之中去动手收割精神的果实呢?如果真要这样做的话,那么,采取这一值得期许的变化之动力,又将从何而来呢?这就把我们带到了威尔斯先生的第二个主题上来。

威尔斯先生在《威廉·克里索尔德的世界》之第一卷中,描写了书中主人公对社会主义感到幻灭的情况。在第三卷里,他开始提出这样的

---

[1] 里维埃拉(Riviera),地中海沿岸区域。包括意大利的波嫩泰、勒万特和法国的蓝岸地区。该地区是旅游的黄金胜地。——译者注

问题,究竟还有没有其他的出路?我们企图"变革这个世界的法律、习俗、规章和制度",我们就得有力量,那么,这些力量我们又当从何处获取呢?"革命者要从哪个阶级、哪种类型的人当中产生?怎样才能使他们彼此合作?他们要使用的又当是些什么样的手段呢?"工人运动被看成是一个巨大而危险的毁灭性力量,它的领导者是一些"以感情代替思想"的感情用事者和伪知识分子。在这类人的手里,建设性的革命是不可能发生的。在人类之中,那些有创造力的智者,是不可能从这类人群中找到的,对于这些智者的寻找,要到科学家和现代大企业家那样的人群中去。除非能够让具有这一类型的思想、性格和气质的人来担此重任,否则的话是绝不可能取得成就的,因为这是一项在时间上具有高度的复杂性,在智力上又极为艰难的任务。因此,我们必须从右翼而不是左翼中寻找革命之人。有这么一类人,他们现在以创造大的企业为自己的人生乐事,我们必须说服他们,告诉他们,还有更加伟大的事业在召唤着他们,从中他们可以获得更大的乐趣。这就是克里索尔德的"公开的阴谋"。克里索尔德的方向是向左的,而且是左得不能再左。但是,他却试图从右翼中寻求创造性的力量和建设的意志,这样的做法可以把他带到他想要到的地方。他把自己描绘成在气质上基本上是一个自由党人。但是,政治自由主义必须脱胎换骨,以"更为坚定的外表和更加明确的意志取得重生"。

克里索尔德对社会党表达了一种反感之情。这种反感之情是很多人,也包括社会党人自己都感觉到了的。想要重塑世界,需要的是有创造力的梵天[1]的妙手一触。但是,这位创造之神现今正在为科学和实业尽力,而

---

1 梵天亦称造书天、婆罗贺摩天、净天,华人地区俗称四面佛(大乘佛教并无此佛与佛像),是印度教的创造之神,梵文字母的创造者。与毗湿奴、湿婆并称三主神。他的坐骑为孔雀(或天鹅),配偶为智慧女神辩才天女,故梵天也常被认为是智慧之神。——译者注

未于政治或政府效劳过。用克里索尔德的话来说，当今之世最大的危机乃在于，"在富有创造力的梵天能够开始工作之前，湿婆（Siva）[1]，或者换个说法，即工人阶级，现在由于觉悟到其已经无需忍受压迫和贫困而进行的激情破坏，可能使梵天无法完成他的任务。"以我观之，大家对此都有同感。我们都晓得，现如今迫切需要的是创造一个**适宜的社会环境**，使梵天能得以及时地开始他的工作，不要拖得过晚以至难以收拾的境地。因此，可以这么说，无论在哪一个政治阵营里，大多数积极有为、富有建设性的分子，在某种程度上，都是打算参与这个"公开的阴谋"的。

那么，到底是什么东西让他们举步维艰呢？我认为，就是在这一点，《威廉·克里索尔德的世界》未免有些美中不足，显然缺乏敏锐的判断力。为什么那些实干家对于赚钱牟利孜孜不倦，却觉得参加公开的阴谋远不如这般有趣呢？我认为，这和他们在星期天更喜欢打打桥牌而不是上教堂做礼拜，道理是一样的。他们压根儿就没有这样的动机，如果他们真有这样的动机的话，那么，就可以说，他们是抱持着某种信仰的。但是他们并没有什么信仰，这些潜在的公开阴谋者，根本就没有任何信仰可言。因此，这些人除非是因为运气较佳，成为了科学家或艺术家，否则的话，他们就不得不将全部身心寄托在另外一个伟大的动机、一个完美无缺的代用品上。事实上，他们的这种安慰剂不是其他，不过是金钱而已。克里索尔德指责工人中的狂热分子是"以感情代替思想"。但是，他并不否认他们也是有感情的。可怜的库克先生（Mr Cook），不是也有一些兴许克里索尔德先生所不具备的东西吗？克里索尔德和他的

---

[1] 湿婆，印度教三主神之一，毁灭之神，前身是印度河文明时代的生殖之神"兽主"和吠陀风暴之神鲁陀罗，兼具生殖与毁灭、创造与破坏双重性格，呈现各种奇谲怪诞的不同相貌，主要有林伽相、恐怖相、温柔相、超人相、三面相、舞王相、瑜伽之主相、半女之主相等变相，林伽（男根）是湿婆的最基本象征。——译者注

兄弟迪肯（Dickon），那个广告商，四处奔走，想找到点东西，可以来满足他们的欲望，以使他们无比充沛的力比多（libido）能够有用武之地。但是，却没有能够找到。他们很想成为某种信仰的布道者，但是终究没有做到。他们依旧只是商人而已。

本书所论之主题不下两掌之数，我仅从中挑选了两个而已。对于这些主题，在这部书中讨论的并非皆如这两个那样精彩。而关于大学这方面的认识，我自问是比威尔斯先生更加清楚一些的，我认为，他之所述的这个故事，其中包含的真理之成分，比之于一幅漫画所能包含的，并不为多。他完全低估了大学这个方面所可能具有的发展之潜能——大学未尝不能成为梵天的庙宇，到了那个时候，即便是湿婆也要对之敬让三分。不过，就总体而言，《威廉·克里索尔德的世界》还是取得了伟大的成就的，这部大书乃是出自大手笔的一部发人深省、意味深长的光辉之作，字里行间洋溢着的，是一种真挚、豁达而又匠心独运的意蕴。

尽管我们以前从来没有像这样来谈论纯艺术，但是，对于纯艺术家来说，这尚且称不上是一个理想的时代；要想在艺术方面臻于化境，这个时代并不相宜。试观今日之域中，即便是那些最具才华的作家，他们的作品也不免充满了缺点，这些作品很容易招致批评，看上去似乎并不大像能够流芳百世的样子。也正是因为这样的原因，作为这些作家同时代的人们，我们其实对待他们是有所亏欠的，如此对待他们，也是颇欠公允的。每一个有理解力的人，对萧伯纳欠下了一笔多大的债啊！对于威尔斯先生，我们也是如此，他的精神世界似乎在他的读者身旁不断地成长，所以我们从童蒙到成年，在各个相继的人生阶段当中，从他的作品中总能不断地获得享受，给我们以启迪，为我们的想象力指明方向。

2　我们孙辈的经济可能性[1]

I.

现在，我们正在遭受经济悲观主义的严重侵扰。我们时常听闻人道，作为十九世纪之特征的经济突飞猛进的时代已经是明日黄花；曾经得到飞速提升的生活水准日今也逐步降低了提高的速度，这种情况至少在英国是这样的；今后十年之内，繁荣的程度多半将是衰退而非增长。

在我看来，对于当前我们所遭遇的状况，这样的论调乃是一种粗暴的误解。目前我们所遭受的病痛，并不是老年阶段无可救药的风湿病，而是由于过快发育所引起的成长性疾病，这是从一个经济阶段过渡到另外一个经济阶段，二者之间在重新调整过程中所引起的苦痛。技术效率的提高，其速度远大于我们对劳动力吸收问题的解决速度；生活水平的提高，步子也略嫌大了些。当今世界的银行和货币体制阻碍了利率的下降，使它在降低时不能如平衡所要求的那般迅捷。即便如此，由此所引起的浪费和混乱，造成的结果也不过只占到国民收入的七点五个百分点罢了；可以这样

---

[1] 这篇文字首先是以1928年给几个小的团体所做的讲话而呈现在世人面前的，这些团体中包括有温彻斯特学院文友会和剑桥大学政治经济学俱乐部。1930年6月，凯恩斯将他的这些笔记进行了扩展，在马德里以"我们孙辈的经济可能性"为题目作为一个讲演而发表。后以书面形式分两期连载于《国家文艺杂志》，时间是1930年10月11日和18日，彼时正值大萧条期间。——译者注

说，即我们在每1英镑中浪费掉了1先令6便士，只得到18先令6便士，而如果我们只要稍微聪明一点，本来是可以得到整整1英镑那么多的。不过，尽管是这样，现在的18先令6便士，也抵得上五六年前的1英镑。我们不要忘记了，1929年英国工业的实际产出是达到了历史上的峰值的，而且我们去年在国际收支方面，偿付了所有进口品之后，余下可以用作新增对外投资的净顺差额，比任何其他国家的相应余额都高，与美国相较，我们甚至超出了50%之多。或者另外换上一说，为了便于与其他国家进行比较，假设我们将工资削减一半，把国家债务减少五分之四，并且停止对之进行清偿，将余下的财富不能生息的黄金形式贮藏起来，而不是按照6%或更多的利率把它们借出去，那么，我们和现在这个让人艳羡不已的法国，情况就非常相近了。但是，这能说得上是一种改进吗？

试观今日之世界，正陷于普遍的萧条状态，到处是贫困的景象，失业在大规模地发生，我们在政策上又出现了严重的错误，所有这一切，均会使我们失去判别力，对于事物的表象之下正在发生什么视若无睹，对于事物发展趋势的真正解释置若罔闻。现在有两种不同观点的悲观主义论调：一种是革命者的，他们认为事态已经恶化到了无以复加的地步，除非采取激烈的变革，否则绝无生机可寻。还有一种是保守派的，他们认为我们的经济生活与政治生活之间的平衡已然如此岌岌可危，难以维持，因此不能再心存侥幸，冒险进行任何改革的尝试。对于这样两种彼此对立的论调，世人议论纷纭。以我观之，这两种论调均非正论，根本就是错误的，而这一点，在我们这一代就会得到证实。

不过，本篇的主旨并非是来探讨现在或者较近的将来会发生什么样的情况，而是使我自己能够摆脱目光短浅的看法，风物长宜放眼量，把眼光投到遥远的将来。对于百年之后我们经济生活的水平，可以做出一些什么样的合理之预期呢？在我们孙子那一辈，经济上又会有什么样可能的发展呢？

自有历史记录的最初时代开始，譬如说，从公元前2000年起，一直到十八世纪初，生活在世界上各个文明中心的人们，一个普通之人的生活水平，并没有发生多少变化。当然，中间的起伏是难免的。瘟疫、饥荒、战争，种种人祸天灾，时有发生。其间也会有短暂的盛世。但是，总的说来，并没有什么累进性的或剧烈的变化。一直到公元1700年为止的4000年间，以某些时期与其他时期相较，在生活水平上，或者可以提高50%，但最多也不会超过100%。

在这样一个历史时期，发展的速度极为缓慢，或者可以说几乎没有发展，盖乃是因为以下两个原因造成——其一，是技术上的重大革新极为罕见；其二，就是资本没有能够累积起来。

从史前时代到相对比较晚近的时代，这一段漫长的时期，始终没有重大的技术发明出现，这一现象的确显得有些不同寻常。但凡对于人们至关紧要，在近代初期即已为人们所拥有的几乎所有重要事物，在历史的黎明时期就已经为人们所知晓。语言，火，与我们今天所蓄养的完全一样的家畜、小麦、大麦、葡萄和橄榄、耕犁、车轮、船桨、风帆、皮革、麻布和毛织品、砖瓦和壶罐、黄金和白银、铜、锡和铅——铁是在公元前1000年以前才进入到这个长单子里去的——银行、政治、数学、天文和宗教。所有这一切，到底我们是从什么时候就开始有了的，并没有确切的历史记载。

在历史开端之前的某一时期——也许还在最后冰河期之前某个比较安乐的间隔时期——一定有一个充满着进步和创造力的时代，这样一个时代，足可以与我们现在所生活的这个时代相媲美。但是，在整个有记载以来的历史当中的大部分时期，却从来没有出现过与那个时代相像的情况。

我认为，现代这个时代，是从资本积累开始的，而资本积累又是从十六世纪开始的。我认为——其中的原因我们就不在本篇之内加以详述了，免得喧宾夺主——这最初乃是因为西班牙人将金银财宝从新大陆运回了旧大陆，从而引发了物价的高涨，并带来了利润的增长。从那时候开始，一直到今天，按照复利计算的资本积累的力量，就仿佛是经过了很多世代的沉睡，又苏醒过来似的，获得了新生的力量。而两百年来，这复利的伟大力量所发挥的巨大作用，简直令人难以想象。

为了说明这一点，在这里，我把自己计算出来的一个数字列出来。英国现在的对外投资总额，估计大约有40亿英镑，这个数额每年可以为我们带来一笔大约6.5%的利息收入。其中的一半，我们把它带来国内来享用了。另外一半，也即3.25%的利息收入，则在复利的计算之下，把它在国外累积起来。像这样的事情，我们已经进行了大约250年之久。

我认为英国的对外投资肇端于1580年德雷克（Drake）[1]从西班牙盗窃来的大批财物。在那一年，德雷克回到英国，满载而归，他的舰队旗舰金鹿号[2]装满了掳掠而来的丰厚战利品。伊丽莎白女王[3]是资助这次远

1　弗朗西斯·德雷克（Francis Drake，约1545—1596年）是英国历史上著名探险家与海盗。他出生于英国德文郡一个贫苦的农民家庭。德雷克从学徒干到水手，最后成为商船船长。据知他是第二位在麦哲伦之后完成环球航海的探险家，即是第一位完成环球航行的英国海员，他的地位和经历常为人所津津乐道。1580年9月，德雷克远航归来，带回了数以吨计的黄金白银，丰富了英国女王的腰包，更重要的是德雷克为英国开辟了一条新航路，大大促进了英国航海业的发展，而且他还发现了宽阔的德雷克海峡，自此以后，太平洋再也不为西班牙人所独享。——译者注

2　Golden Hind，即金鹿号，1578年德雷克发现了德雷克海峡，同年8月，他率舰队通过了南美洲南端最危险的麦哲伦海峡，在这一航行过程中，德雷克将舰队旗舰鹈鹕号更名为金鹿号，因为此船的赞助人海顿爵士的徽章盾牌上是一只金鹿。——译者注

3　即伊丽莎白一世（Elizabeth I，1533—1603年），名叫伊丽莎白·都铎，是都铎王朝最后一位君主，英格兰与爱尔兰的女王（1558—1603年在位），也是名义上的法国女王。伊丽莎白即位之初成功地保持了英格兰的统一。经过近半个世纪的统治后，使英格兰成为欧洲最强大的国家之一。英格兰文化也在此期间达到了一个顶峰，涌现出了诸如莎士比亚、弗朗西斯·培根这样的著名人物。英国在北美的殖民地也在此期间开始确立。伊丽莎白一世统治时期，在英国历史上在位时被称为"黄金时代"。伊丽莎白一世于1603年3月24日在里士满王宫去世，终身未嫁。——译者注

征的辛迪加的一个大股东。结果，这次远航使她所获颇丰，她用自己所得的那一份，偿清了英国的全部外债，弥补了预算亏负。这些全部做完之后，她手上还剩有 4 万英镑。然后，她又把这 4 万英镑投入利凡特公司（Levant Company）[1]，这个公司又大发利市，生意隆盛。东印度公司就是靠了这家公司的利润而起家的，而东印度公司的利润，又为日后英国的对外投资打下了基础。掐指算来，把 4 万英镑按 3.25% 的复利累积而计，所得的数额恰与英国在各个时期对外投资的实际总额大致相合，算到今天，这个数额总计当为 40 亿英镑，而这就是上文我所提到的我们现在对外投资的实际总额。因此，德雷克当初于 1580 年带回来的财物中，每 1 英镑现在已经变成了 10 万英镑。复利的威力何其之大！

从十六世纪起，科学和技术发明的伟大时代开始了，到了十八世纪之后，这样的特征日益加强，从十九世纪初叶开始，更是进入了鼎盛时期——煤炭、电力、蒸汽、石油、钢铁、橡胶、棉花、化学工业、自动机械、大生产的方法、无线电、印刷术、牛顿、达尔文、爱因斯坦，还有千千万万家喻户晓的人物和事物，竞逐绮丽，各显风流，不可胜计。

那么，这一切究竟带来了什么样的结果呢？虽然世界人口有了巨大的增长，与此同时，新增的部分必须要有相应的房屋和机器设备来与之相配合，但是，我认为，欧美的平均生活水平还是有所提高的，这个提高大约是原来的四倍之多。而资本的增长，较之以前任何时代所曾见到的情况，高出的程度又何止百倍。而且，人口的增长，今后未必再会像过去那般巨大了。

如果资本的增长幅度每年可达 2%，那么，20 年间，世界上的资本

---

[1] 利凡特公司是 1592 年成立的一家在英国注册的公司，一直到 1825 年都是由它管辖英国与土耳其和地中海东部地区的贸易的。——译者注

设备将会增加一半，100 年内，将会增加 7.5 倍。我们可以在物质，如房屋、运输这一类的根据之下，来想象一下这一发展前景。

同时，在工业与运输方面的技术改进方面，近十年来的速度是历史上以前任何一个时期都不曾有过的。在美国，1925 年的人均工业总产出比 1919 年提高了 40%。在欧洲，因为一时的障碍而有所退缩，但是，即便是这样，仍然可以肯定地说，技术效率的增长率总体上每年至少可达约 1%。现在，情况已经相当明显，尽管革命性的技术革新，矛头所向，到现在为止还主要针对着工业领域，但是，很快就会转到农业方面。粮食生产的效率提高，将与在矿业、工业制造和运输业方面业已取得进步同样巨大，我们也许正处在这种巨大改进的前夜。在若干年之内——我的意思是，在我们自己这一代之内——也许就可以看到这样的情况：农业、矿业和工业方面的一切工作，只需使用我们一向使用的人力的四分之一，就可以完成。

就当前而言，这些变化的速度之快，正在使我们困扰不已，这一现象本身为我们带来了诸多困难的问题，需要加以解决。那些不是处在进步队伍最前列的国家，则在相应的程度上蒙受同样的痛苦。我们正受到一种新的疾病的折磨，有些读者可能还没有听说过它的名称，但是，在今后几个年头里，这个名称会让他们的耳朵磨出老茧来，这个疾病就称为"**技术进步引发的失业**"。它的含意是指，由于我们发现节约使用劳动力办法的速度远远超过了我们能为劳动力开辟新用途的速度而造成的失业。

但是，这只是经济失调的一时之现象。所有这一切都说明，长期来看，**人类终将会解决他们的经济问题**。我敢断言，一百年以后，进步国家的生活水平，比之于现在，要高出四到八倍。即便按照我们现有的知识来观之，这一点亦属意料之内，无足为奇。即便对前途来做更为乐观的估计，若然认为可能会有的发展程度还远远不止于此，这也不能说是毫无根据的异想天开之念。

II.

为了便于讨论，我们可以这样来假定，100年之后，所有我们这些人，平均而言，经济境况一般要比我们今天好上八倍。毫无疑问，对于这一点，我们不应该感到奇怪。

现在来看，人类的需要似乎是永无止境这一点，是可以肯定的。但是，人类的需要可以分为两类：一类是绝对的，也就是说，不管周围的其他人境况如何，我们都会感到这种需要的存在；还有一类是相对的，意思是说，只有当对这种需要的满足，能使我们有一种凌驾于他人之上的优越感时，我们才会感受到这种需要的存在。上面所说的这第二类需要，也即满足优越感的这种需要，也许才真正称得上是难以餍足的需要，因为当一般的水平有了提高之后，这方面的需要也会跟着进一步提高。不过，绝对的需要情况则非如此，要达到某一种程度也许并不需要很长时间，得到实现的时间也许要比我们大家所意识到的还要早得多，而当这些需要得到了满足时，我们就会改变意图，把精力投放在那些非经济的目的上去。

现在来谈谈我的结论，我想，你对这个结论思考得越是深入，就会发现它越是让人感到惊奇。

我得到的结论是，假如日后没有重大的战争事件，人口也没有大规模增加，那么，**经济问题**是可能会在100年之内得到解决的，或者至少在100年之内有解决的希望。这就意味着，如果我们展望未来，可以看到，经济问题并非是**人类永恒存在的问题**。

你可能会问，这一点何以让人感到惊异？而这一点的确是让人感到惊奇的。因为，我们先不说去眺望未来，姑且看看过去，就会发现，经济问题、生存竞争，一直是人类首要的、最迫切的问题——不仅是人类，而且在整个生物界，从最原始的生命开始，情况莫不如此。

因此，我们天生是凭靠我们全部的冲动和最深层的本能来解决经济问题的，这一演化的进路确然无疑。如果经济问题得到解决，那么，人类就会失去他们传统上的那种生存目的。

而这，对人类来说究竟有什么好处呢？如果你完全相信人生的真正价值，那么，这一远景至少为我们展示了可以从中获得利益的可能性。但是，经过无数世代的培养和积累，对于一个普通人来说，这已经是根深蒂固的习惯和本能，要他在几十年之内悉数加以抛弃，从而由内而外脱胎换骨、焕然一新，在习惯上、本能上来一次改头换面，真的能够毫无滞碍吗？一念及此，我还是隐然有畏惧之感。

用我们今天的话来说，这会不会引起普遍的"精神崩溃"现象呢？有关于此，我们已经有了些经验。在我所说的这种精神崩溃现象问题上，在英国和美国富裕阶层的家庭妇女当中，这表现得已经是极为常见的了。这些不幸的妇女，其中很大一部分人的传统任务和工作，已经被财富所剥夺，"经济上的需要"这一推动力量已经消失，因此，她们从烹饪、日常洒扫以及缝补浆洗这一类活动中已经无法得到足够的消遣，然而要想从其他的消遣中来代替这类活动，却又感到完全无所适从。

对于那些每日为了面包而奔波劳碌的人们来说，得以享受浮生半日闲，乃是何等甜蜜之事啊，这可以称得上是他们长期梦寐以求的事；而等到这一梦想真的实现的时候，他们却又发现此时是"别有一番滋味在心头"。

传说中，曾有这样一段墓志铭，是一位打杂女工为她自己而写下的：

> 朋友们,
> 请不要为我悲伤,
> 也毋须为我哭泣;
> 因为,从今而后,
> 我什么也不用再干了,
> 我将永永远远地获得休息。

这就是她心目当中的天堂——永永远远地获得休息。她的心情,和那些以获得闲暇为最大享受的人的想法一样,她觉得让别人来歌唱而自己在一旁倾听,以此来打发时光将会是何等的惬意,因为在她的诗篇中,还有这样的两行:

> 宛妙的歌声,甜美的曲调,是天国的仙音;
> 而我只需在旁安然享受,什么事也不用张罗。

然而,只有自己加入了大合唱的那些人,才会真正体会到人生的真谛——而我们当中又能有几人可以真正放声歌唱呢!

因此,到了那个时候,人类自从在世间出现以来,第一次遇到了他真正的、永恒性的问题。这个问题就是,当人类从迫切的经济顾虑中解脱出来之后,将怎样来利用他的自由?科学和复利的力量为他获取了闲暇之后,他该怎样来遣此有涯之身,让他能够明智而惬意地生活下去呢?

那些全心全意、孜孜不倦地扑在求财牟利上的人,也许可以把我们大家带到那种经济上的富裕之境。但是,当这种丰裕社会实现之后,那就只有那些能够懂得生活的艺术,能够保持这种艺术精神,并把它加以发扬光大,臻于更为完美之境界,而非为了生活把他们自己给出卖了的人,才可以从这种丰裕之中获得享受。

然而，我认为，没有任何一个国家，或者任何一个民族，在期待这种有闲和丰裕的时代到来的同时，不在内心当中怀有畏惧之情的。因为长期以来，我们都是被训练着如何去奋斗，而不是怎样去享受。对于一个没有特殊的才能可以寄寓身心的普通人来说，处在这样的丰裕、有闲的环境，是一件甚为可怕的事情，尤其是当他再也无法从他土生土长的环境或者他所珍爱的传统社会的风俗习惯中找到自己的根脉时，这个问题就更严重了。从今日世界上任何一个地方的富裕阶层的行为和成就来看，要想指望这些人来使这个问题得到完满的解决，其希望是非常渺茫的！照理说，这些人可谓是我们人类当中的先锋人士，他们要为我们探求着尘世间的乐土，并且要在那里安顿下来。然而，他们对于这样的使命，绝大多数的结局都是以完败告终。因此，以我观之，似乎只有那些有着独立的收入，而又没有社团关系或职责或束缚的人，才有可能解决这些困扰他们的问题。

丰裕而有闲的社会，是我们新近才发现的自然的惠赐，我确信，等到我们再多些经验之后，对于这一自然的惠赐，我们就会懂得如何来加以利用，而利用的方式，也会与今天的那些富人们截然不同，到了那个时候，我们就可以为自己来制定一个全然不同于他们那种方式的生活计划。

在此后的很多年中，我们身上的劣根性还是会那么牢不可破，所以，对于任何一个人来说，要使他生活得舒心畅意，那就得让他**做点工作**。比起现在的那些富人来，那个时候，我们将会为自己做更多的事，如果有些什么细小的任务需要完成，或者有什么日常琐事需要料理，我们将会感到非常的高兴。但是，一旦超过这一限度，我们就会努力减少每一个人的工作负担，对于到那个时候仍然必须要予以完成的工作，我们将尽可能地进行广泛分配。每天工作三个小时，或者每周工作十五个小时，可能会使上述的问题在很长一段时间内得到缓解，不至于使它尖锐起来。因为，对于我们大多数人来说，一天三个小时的工作，已经足够使我们身上的劣根性得到满足。

除此之外，在其他的方面，也会发生变化，对此我们必须要有所考虑。当积累财富不再具有那么大的社会重要性时，我们先前的道德准则也将会发生重大的变化。过去200年来，有很多困扰着我们的伪道德原则，在这些原则之下，我们把人类品性当中某一些最令人憎厌的部分加以抬高，奉为最高的品质。等到那个时候，我们就可以把这些伪道德原则悉数推翻。对于金钱的动机，我们也会有胆量来按照它真实的价值来加以评价。同样是作为对金钱的热爱，有的乃是作为守财奴式的占有欲，有的则把它当作享受与维持现实生活的手段，这两者之间是有着天地之别的。到了那个时候，我们对于前者到底是什么样的情况就可以有所认识，那是一种令人憎恶的病态，是一种一半属于犯罪、一半属于变态的性格倾向，人们不得不心怀恐惧、战战兢兢地把它交托给精神病专家去处理。只要是影响财富分配和经济奖惩的各类社会习俗和经济惯例，无论它们本身如何让人感到憎恶、如何有失公平，由于它们对促进资本积累有着极大的推动作用，因此，我们也就不惜一切代价来对之加以支持。但是，到了那个时候，我们将会从这些桎梏中解放出来，将它们完全摒弃。

当然，即便是到了那个时候，也还是会有很多顽固不化之人，心中怀着无比炽烈而又贪得无厌的意图，盲目地追求财富。这些人除非能够别有途径，找到某种目标来替代这种意图。但是，其他的人们，到了那个时候，将不会再有任何的义务，要对这一类意图表示嘉许或鼓励。造化弄人，我们几乎所有的人都在不同程度上受上天的安排，而被这种"意图"所熏染；但是，它的真正的性质到底是什么，到了那个时候，我们就可以抱有着要比现在更进一步的好奇心来加以探察了。这种所谓的"意图",意思指的是,我们所比较关心的乃是因我们的行动而产生的遥远的未来之结果,而不是行动本身的性质或行动对我们自己的环境所带来的直接结果。有着这种"意图"的人,总是企图通过永远保持他们对这些行动的兴趣,来使他们的行动取得一种假想的或虚拟的永恒性。他之所爱,并非是他的猫,而是他的猫所生的小猫,实际上他所喜欢的也不是小猫,而是小猫的小猫,这样无穷无尽地类推下去,到了最后,他所追求的只不过是一个抽象的"猫的概念"而已。对于他来说,果酱并不是果酱,在他的心目中,绝不是今天的摆在现实当中的一听果酱,而是想象中的明天的那听果酱。由于他总是要把他的果酱推入到未来的领域中去,因此他总是竭力地想要从他的行动中升华出一种永恒性来。

且让我们回想一下《色尔维和布鲁诺》(Sylvie and Bruno)[1]一书中提到的那位教授吧:

> 门外响起了一个谦恭的声音:"只是一个裁缝,先生,是来收账的。"
>
> "啊,**他的**事情我很快就会处理完的。"教授对他的孩子说,"你

---

[1] 《色尔维和布鲁诺》是刘易斯·卡罗尔于1889年出版的一部小说,其第二卷出版于1893年,这是刘易斯·卡罗尔有生之年出版的最后一部小说。刘易斯·卡罗尔(Lewis Carroll,1832—1898年),原名查尔斯·路特维奇·道奇森(Charles Lutwidge Dodgson),英国数学家、逻辑学家、童话作家、牧师、摄影师。他生性腼腆,患有严重的口吃,但兴趣广泛,对小说、诗歌、逻辑、儿童摄影等颇有造诣。毕业于牛津大学,长期在牛津大学任基督堂学院数学讲师,发表有关于行列式与平行原理的若干数学著作。其间还著有不少散文与打油诗,著名的诗集有《蛇鲨之猎》(1876年),诗集中创造的新词"snark"(蛇鲨)被英语词典收录。所作童话《爱丽丝漫游奇境》(1865年)与《爱丽丝镜中世界奇遇记》(1871年)为其代表作品,通过虚幻荒诞的情节,描绘了童趣横生的世界,亦揶揄十九世纪后期英国社会的世道人情,含有大量逻辑与文字游戏及仿拟的诗歌,流传与影响甚广。——译者注

们只需要等一小会儿。嗨！老兄，今年的账款是多少？"就在他说话间，那个裁缝已经走了进来。

"您老是知道的，这笔账是成倍翻上去的，到现在已经有很多年了。"那个裁缝答道，声音颇有些粗里粗气，"我现在就想拿到现钱。算算的话，这个数目已经有2 000英镑那么多了，2 000英镑啊！"

"哦，小事一桩！"教授满不在乎地说着，一边在口袋里摸索，就好像他的口袋里总是随身带着**那么大数目的一笔款子**似的。"可是，如果你愿意的话，为什么不再等上一年，把它滚成4 000英镑呢？你想想看，到那个时候，你会变得多么富裕啊！哎哟，要是你愿意，你到时简直可以像一个'王爷'那样风光！"

"王爷不王爷的，我倒不一定在乎。"这个人若有所思地说道。"不过，这笔款子听上去数目**真是**不小！那好吧，我看我还是再等一等吧……"

"当然了，你当然应该这样做！"教授说道。"我明白，你可是很会打算。再见，我的朋友！"

"你果真打算付给他4 000英镑吗？"等那个债主离开，色尔维把门带上，向她的父亲问道。

"**那怎么可能**，我的孩子！"教授毫不犹豫地回答道。"他会让这笔款子一直成倍地滚下去，一直到他死为止。你要知道，只要再等上一年，这笔钱就会增加一倍，这件事**总是**值得做的啊！"

我们这个民族，曾经不遗余力，要使"万世不朽"这一承诺，成为自己宗教信仰的核心和本质，而同时也最为热衷对复利原则的运用，对于人类制度当中这一"最有意图性"的部分，别有一番眷顾，这样的现象也许并非偶然。

因此，以我观之，当我们达到了那种丰裕而有闲的境地之后，我们对宗教和传统美德中的某些最为确定不移的原则，就可以重新对之真正地重视起来——认为贪婪乃是一种恶德，重利盘剥是一种罪过，喜好金钱是一种陋习，那些在德行上、智慧上真正走在正道之上的人，他们对于未来的顾虑是最少的。到那个时候，这种本末倒置的现象就会绝迹，人们对于目的的重视，就会大于手段，所看重的将不是事物是否有用，而是是否善良。到那个时候，我们所尊崇的那些人，他们会教导我们如何将当下的每一分每一秒，都过得充实而美好，这些人心中欢悦，能够从事物之中获得直接的享受，他们既不再是每日如牛马般辛苦劳作，也不是光阴虚掷之辈，他们逍遥有如神仙中人[1]。

但是要注意！上面所论及的这所有一切，现在都还嫌为时过早。至少还要再等上100年的时间，在这段时间里，我们还得要自欺欺人地把好的说成是歹的，把歹的说成是好的；因为歹的有用，而好的不能带来实利。在相当长一段时期之内，我们还是要把贪得无厌、重利盘剥和小心防备这些奉为神明。因为只有这些，才能把我们从经济生存所必需的漫漫长夜中，引向朗朗白昼之世界。

因此，我期待着，有那么一天，这一天就在不远的将来，整个人类生活的物质环境，将会发生史无前例的最大变化。但是，这样的巨变只能是逐步实现，不可能一蹴而就。实际上，巨变的帷幕已经拉开。这一变化的过程只是这样，那些经济生存之必需的问题得到实际解决的阶层

---

[1] 原文为"lilies of the field"，它的原意是指"野地里的百合花"；"逍遥有如神仙中人"的翻译，是取其引申意义。这里其实是凯恩斯所用的一处典故，语出《圣经》："何必为衣裳忧虑呢？你想野地里的百合花，怎么长起来，他也不劳苦也不纺线，然而，我告诉你们，就是所罗门极荣华的时候，他所穿戴的，还不如这花一朵呢。"(《马太福音》六：28—29)——译者注

和群体的人数会越来越多。一俟情况发展到那般普遍的程度，以致博爱之义务在性质上发生变化之后，我们就能体会到其间的临界性的差别。因为当你在经济上的意图得到解决之后，这种经济上的意图对你自己来说已经不再是合乎情理之时，他人的情况却不同，他人在经济上存有意图仍然是理所当然的。

我们要达到这种在经济上的极大满足之境地，前进**步伐的大小**，当取决于以下四个因素——我们对人口的控制力，避免战争和内讧的决心，把理应属于科学范围以内的事务交托给科学来处理的自觉自愿，以及由生产和消费之间的差额所决定的积累的速度。只要前面三者不出什么问题，最后一条也会迎刃而解。

我们在进行经济意图上的活动之同时，也不妨来提高一下我们生活的艺术水平，尝试着进行一些试验，从而为我们终极之宏伟目标，做一些不疾不徐的适当准备，这样做我看并没有什么坏处。

但是，主要的一点是，我们不能把经济问题的重要性估计得过高，不能过于偏重经济问题的重要性，而牺牲其他更加重大、在性质上更加持久的问题。经济问题应该由经济专家们来处理，就仿佛牙医来处理牙病一般。如果经济学家能够这样来处理经济问题，使社会对他们能产生这样一种印象，认为他们是一群平凡而又胜任自己事务的专门人才，就像牙医的地位一样，那就再好也没有了！

译者跋

约翰·梅纳德·凯恩斯是二十世纪当之无愧的伟大经济学家和重要思想家,其经济思想对今天世界各国的经济政策制定仍然有着相当的影响。

凯恩斯生前一共出版过九部著作,分别是:《印度的通货与金融》,《〈凡尔赛和约〉的经济后果》,《论概率》,《条约的修正》,《货币改革略论》,《货币论》(全二卷),《劝说集》,《传记文集》,《就业、利息和货币通论》。此外,他还出版过六本小册子作品。译者在研习经济思想史时,发现凯恩斯著作的汉译本虽然很多,但多是对其中几本名著如《就业、利息和货币通论》和《货币论》的重译,而诸如《货币改革略论》和《论概率》这类反映其思想渊源与流变的重要著作,却付诸阙如。经过几年的阅读和准备,译者这才起心动念,打算在前人译本的基础上,提供一套较为完备的凯恩斯生前审定出版之著作的中文译本。

凯恩斯先生是一代英文大家,译者虽然不辞辛劳,心里存着追慕远哲、裨益来者的决心,但是才疏学浅,译文中的错讹之处必多。祈望海内外学人,对于译文能够多予教诲,译者先在这里表达一下感激之情。

李井奎

写于浙江工商大学·钱塘之滨

图书在版编目(CIP)数据

劝说集/(英)约翰·梅纳德·凯恩斯著;李井奎译.
上海:复旦大学出版社,2025.8.
(约翰·梅纳德·凯恩斯文集).
ISBN 978-7-309-17824-1

Ⅰ.F091.348

中国国家版本馆 CIP 数据核字第 2025U3J356 号

本书据 MACMILLAN AND CO., LIMITED 公司 1931 年版 *Essays in Persuasion* 译出。中文简体翻译版由译者授权复旦大学出版社有限公司出版发行,版权所有,未经出版者预先书面许可,不得以任何方式复制或发行本书的任何部分内容。

劝说集
[英]约翰·梅纳德·凯恩斯 著
李井奎 译
责任编辑/谷 雨
装帧设计/胡 枫

复旦大学出版社有限公司出版发行
上海市国权路 579 号 邮编:200433
网址:fupnet@fudanpress.com http://www.fudanpress.com
门市零售:86-21-65102580 团体订购:86-21-65104505
出版部电话:86-21-65642845
上海盛通时代印刷有限公司

开本 787 毫米×960 毫米 1/16 印张 20.75 字数 257 千字
2025 年 8 月第 1 版
2025 年 8 月第 1 版第 1 次印刷

ISBN 978-7-309-17824-1/F·3091
定价:108.00 元

如有印装质量问题,请向复旦大学出版社有限公司出版部调换。
版权所有 侵权必究